Mission de réflexion et de propositions en vue de l'élaboration d'un code des professions judiciaires et juridiques

Maître Jean-Marc Varaut

La **documentation** Française

ISBN : 2 11 004002-5

Paris, le 17 AVR. 1996

Le Garde des Sceaux

Ministre de la Justice

…I/PC/MTM

Maître,

La rédaction d'un Code des professions judiciaires et juridiques figure au nombre des priorités du Gouvernement en matière de codification.

En effet, les règles applicables à ces professions, nombreuses et éparses, apparaissent souvent d'un abord difficile. Par ailleurs, la superposition de textes d'origines diverses conduit parfois à des difficultés d'interprétation susceptibles d'engendrer des contentieux inutiles.

Il m'apparaît donc souhaitable que ce Code ne soit pas réalisé "à droit constant", mais que soit envisagée une refonte des textes, conforme aux exigences de clarté et de logique souhaitées par les usagers du Droit. J'attache aussi une importance particulière à ce que ce travail prenne en compte les attentes légitimes et l'expérience des professionnels qu'il concerne directement.

En vue d'atteindre cet objectif, je souhaite qu'une mission de réflexion et de proposition soit menée.

Votre notoriété alliée à votre grande expérience, ainsi que l'intérêt que vous portez à ce domaine, me conduisent à vous demander de bien vouloir en assumer la responsabilité. Il vous appartiendra, en étroite liaison avec les professionnels intéressés, d'entreprendre et de mener à bien cette réflexion.

Maître Jean-Marc VARAUT
Avocat à la cour d'appel de Paris
Membre de l'Institut
9, rue Alfred de Vigny

75008 PARIS

.../...

Vous pourrez naturellement procéder à l'audition ou à la consultation de toute personne susceptible d'y contribuer utilement. Vos travaux s'appuieront notamment sur l'inventaire préalable des textes qui sera établi et vous sera communiqué selon un calendrier convenu.

Il va de soi que l'examen approfondi de la doctrine et de la jurisprudence devra vous permettre, lorsque cela s'avèrera nécessaire, d'en retenir les interprétations les mieux adaptées.

Vos propositions, qui s'inscriront à la fois dans une perspective de long terme et dans le contexte européen, pourront ne pas ignorer des exemples offerts par d'autres systèmes juridiques lorsque ceux-ci vous paraîtront pertinents et compatibles avec les principes fondamentaux de notre Droit.

Je souhaite pouvoir disposer d'un document d'orientation pour le 31 octobre prochain et vous demande de me faire parvenir vos conclusions définitives avant la fin du mois de mars 1997.

Je vous prie de croire, Maître, à l'assurance de mes sentiments les meilleurs.

Amicalement à toi,

Jacques TOUBON

SOMMAIRE

PREAMBULE

LA SOCIETE DE DROIT

CHAPITRE PREMIER

LES CONCEPTS

La profession libérale
La représentation et la postulation
La liberté de la défense
L'exécution
L'authentification

CHAPITRE DEUXIÈME

LES QUESTIONS QUI SE POSENT...

La représentation des professions ?
L'interconfidentialité ?
L'interprofessionnalité ?
La formation commune ?
L'exportation du droit par les professions ?
Les professions face aux nouvelles technologies ?
La médiation judiciaire ?

CHAPITRE TROISIÈME

LES ACTEURS PROFESSIONNELS DU DROIT

Administrateurs judiciaires
Avocats
Avocats au Conseil d'Etat et à la Cour de cassation
Avoués à la Cour
Commissaires aux comptes
Commissaires-priseurs
Conseils en propriété industrielle
Experts judiciaires
Greffiers des Tribunaux de Commerce
Huissiers de Justice
Juristes d'entreprise
Mandataires judiciaires
Notaires

CHAPITRE QUATRIÈME

COMPTE-RENDUS

Cour d’appel de Colmar
Cour d’appel de Pau
Cour d’appel de Douai
Cour d’appel de Lyon
Cour d’appel de Poitiers
Cour d’appel de Rennes
Cour d’appel d’Aix-en-Provence

CHAPITRE CINQUIÈME

RÉFORMES PROPOSÉES

Définitions et statuts des professions judiciaires et juridiques

PRÉAMBULE

LA SOCIETE DE DROIT ET LES ACTEURS PROFESSIONNELS DU DROIT

Le droit - ce que l'on doit, ce que l'on ne doit pas, tous et chacun - est l'acte fondateur de la reconnaissance de l'homme par l'homme. Car la règle de droit apprend à l'homme à reconnaître son semblable d'abord comme celui qui a des droits. Sans cette reconnaissance et les règles qui l'instituent, les sociétés seraient livrées à la férocité naturelle des hommes entre eux. Le droit délimite un espace de relations où chacun peut recevoir ce qui lui est dû : le sien.

Le droit garantit la coexistence des libertés naturelles et réfléchies.

Il garantit la liberté de penser et de communiquer, la liberté d'entreprendre, la liberté de propriété et de disposer de sa propriété, la liberté d'aller et venir en toute sécurité, la liberté de contracter et la liberté de s'associer, la liberté de participer à la vie publique, le respect de la vie privée et la liberté d'être responsable de sa propre existence.

Ces libertés sont autant de droits qui font cercle autour de la personne avec le droit de n'être soumis qu'aux lois. Ces droits sont reconnus à l'homme pour lui permettre de vivre en homme. C'est comme sujet de droit et sujet du droit que l'individu, radicalement unique, et qui porte en lui son principe d'existence et son principe d'ordination, par la conscience réfléchie, est reconnu par les autres et se reconnaît comme capable d'humanité. Car l'homme ne rejoint les autres, comme lui capables de liberté raisonnable et capables par conséquent de droit, qu'avec par et pour les autres.

Le droit civilise les rapports entre les hommes. Supprimer son formalisme, serait livrer la société au pire.

Le droit ainsi reconnu comme le rapport civil de l'homme à l'homme, relation paritaire de juste conduite que les codes et la procédure doivent rendre possibles, dont ils doivent assurer le *between*, relie et sépare les hommes entre eux sous leurs pronoms personnels, *Je*, *Tu* et *Il* et conjugue le *Mien*, le *Tien* et le *Sien*. C'est la notion "les bonnes clôtures font les bons voisins" qui assure cette distinction du *Mien*, du *Tien* et du *Sien* et celle de "charbonnier est maître chez soi" qui articule la relation trine du *Je*, du *Tu* et du *Il*.

C'est le droit qui permet ainsi la coexistence pacifique des citoyens. C'est par le droit que la liberté individuelle mord sur le réel. C'est par le droit qu'une société s'ouvre au lieu de se bloquer. C'est le droit qui empêche que le commerce des hommes ne soit un rapport de violence.

L'espace où habite et vit l'homme, gouverneur de ses actes et juge de ses propres fins, c'est la petite plage d'ombre et de lumière que dessine et qu'enclôt le droit, *opus incertum* que tende d'ajuster le juriste, et sur lequel veille le juge. Le juriste est le mini régulateur de cet espace.

Comme le soulignait le Président de la République, Jacques Chirac, dans son discours devant l'Ecole d'Administration chinoise à Pékin le 16 mai 1997, « l'Etat de droit c'est la protection légitimement accordée à chacun contre l'arbitraire. C'est la transparence, l'équité, le désintéressement, la seule recherche du bien public, au dessus des intérêts particuliers ».

On l'a vu dans les sociétés de non droit et d'absence de libertés, sociétés proches de l'Etat de peur. Emergeant des décombres ces sociétés ont d'abord demandé une Constitution, idée du droit qui retient la durée et constitue une société, et des lois civiles comme propédeutiques de la reconnaissance de l'impératif d'autrui et propédeutiques par conséquent de toute morale sociale. L'état d'inhumanité de ces sociétés auparavant avait démontré a contrario que le droit est la condition d'un rapport altruiste en ce qu'il interpose entre l'homme et l'homme, entre le pouvoir sans lois et l'homme une règle - du droit. Condition et non solution car on ne peut réduire le social à un sommaire "tout est juridique".

L'Etat de droit est l'expression de cette société contractuelle qui veut ancrer la liberté en des institutions qui constituent le social, en des lois qui instrumentent et médiatisent les relations des droits et des libertés, dans l'égalité en droit de chacun qu'assurent la généralité, l'abstraction et la permanence de la loi, dans le principe dynamique de la séparation des pouvoirs pour que l'autorité arrête le pouvoir, dans l'existence de procédures ordonnées à leur finalité de justice et qui sont par conséquent toujours perfectibles, et dans la reconnaissance du principe du contradictoire emprunté au droit judiciaire comme modèle d'un pratique accusatoire et contractuelle de la vie sociale. Nous rendront mieux compte de cette juridification de la société civile et de ce que la société politique est désormais soumise à la justiciabilité commune en préférant l'expression de société de droit à celle d'Etat de droit, pour exprimer l'adhésion à une conception substantielle du droit. La formule d'Etat de droit signifie la revendication d'une meilleure protection des libertés et une meilleure défense contre les abus possibles des majorités démocratiques. Mais la traduction de rule of law par Etat de droit montre qu'en France l'Etat tutélaire est encore la médiation nécessaire du droit. D'où notre préférence pour l'expression société de droit qui englobe l'Etat.

Car l'Etat n'est pas le gérant du droit, il en est le garant sous les espèces de l'autorité judiciaire et il est lui-même soumis au droit. Les libertés et les droits dépendent de l'existence pleinement reconnue du droit en même temps que du fondement en droit du pouvoir. Ainsi que l'a écrit Emmanuel Levinas : "la liberté s'inscrit sur la pierre dure de la table des lois". l'Etat de droit est l'expression du contrat social ; la société de droit est la société civile et contractuelle qui existe entre les hommes qui usent librement de leur liberté naturelle d'exister, de posséder, de contracter, de communiquer et de s'associer. C'est le droit, qu'il ne faut pas confondre avec les réglementations détaillées excessives prises par les gouvernements pour la bonne exécution de leurs politiques économiques ou sociales, qui fait accéder l'homme à une république des libertés. "Le droit ne vient pas de nature ; il est fondé sur des conventions" écrit Jean-Jacques Rousseau dans le Chapitre III du Livre I du Contrat Social où il arrache le droit aux relations de force qui sont naturellement à l'oeuvre dans la société. Il n'y a pas en effet de droit de nature mais du droit conquis sur l'état de nature. Les droits "naturels" de l'homme sont d'une nature différente de la nature des choses conçues comme un espace de la nécessité et doivent être reconnues comme transcendant cet espace pour permettre à l'homme d'accomplir son humanité. "L'obéissance à la loi qu'on s'est prescrite est liberté".

Nous assistons à une véritable révolution culturelle depuis les années 80 avec le retour du droit et la réhabilitation de l'éthique. La décentralisation, le principe de subsidiarité, la constitutionnalisation de la loi, le développement des recours européens en dépit de l'opposition gallicane des administrations, la réévaluation de la règle de droit, la restauration acquise de l'autorité judiciaire, la place prise dans l'imaginaire public par la figure emblématique du juge se conjuguent avec ce retour du droit. Le sous-développement juridique des français par rapport aux anglo-saxons recule ainsi.

La transition d'une société verticale où tout vient de l'Etat et revient à l'Etat à une société horizontale, plurielle, contradictoire, conflictuelle même donne à la fonction préventive du juriste une véritable mission de service public. A son rôle d'ajustement du droit au cas, de tailleur sur mesure, s'ajoute celui d'interprète du droit. La fonction tutélaire de l'Etat s'est muée en effet insensiblement en une véritable tutelle de la société ; protecteur de chacun et garant du développement collectif l'Etat providence a tout naturellement développé ses dispositifs d'intervention qui ont produit une masse considérable de réglementations - soupesons le Code des impôts, le Code du travail, ou le Code de la construction - il en est résulté un élargissement exponentiel de la juridicité et une judiciarisation croissante des comportements et des conduites. Des "lois mesures" au service des politiques publiques se sont ajoutées en grand nombre aux "lois règles". Ce ne sont plus des règles générales, uniformes et articulées entre elles, mais une mosaïque de textes partiels, spéciaux et enchevêtrés qui constituent le droit. Ce droit interventionniste est au surplus en évolution constante pour s'adapter à la multiplication des variables qu'il prétend contrôler. Il résulte de cette inflation et de ce flou du droit une ignorance croissante du droit applicable, sa dévalorisation, un phénomène général de fuite ou de rejet et un déficit d'exécution. D'où la nécessité de juristes spécialisés et dont la spécialisation soit de plus en plus étroite.

Cette spécialisation du droit va de pair avec en sens contraire le développement d'une conception substantielle du droit qui fait appel de plus en plus à des principes généraux, à des droits fondamentaux, et à des références supra législatives. Ce recours à un droit en quelque sorte méta-juridique est lié au processus de contrôle de la constitutionnalisation des lois dont l'absolutisme a pris fin en 1974, sur le fondement de normes de références, dont l'expression la plus fameuse en France, et qui n'est opératoire que depuis 1974, est "la Déclaration des droits naturels, inaliénables et sacrés de l'homme".

C'est l'Allemagne, après la seconde guerre mondiale, qui en a donné la première l'exemple pour marquer la rupture avec le régime national socialiste. Les pays de l'Est, sortant à leur tour de la nuit, pour des raisons analogues et pour rompre avec le système marxiste, ont adopté la même dynamique de protection des droits fondamentaux.

Il est donc demandé au juriste d'être autre chose et plus qu'un artisan spécialisé, d'être aussi un technicien des droits fondamentaux pour être à même de juger de la conformité des normes et des pratiques à ces droits dont la reconnaissance conduit à une véritable constitutionnalisation du droit. Le juriste français se rapproche ainsi du lawyer américain et du sollicitor anglais qui font le droit autant qu'ils le créent et le gèrent. Dans le même temps la conception du juge français qui dit le droit et celle du juge anglais qui rend la justice se rapprochent. La responsabilité sociale du juriste, prestataire spécialisé de conseils et interprète du droit substantiel, est donc croissante. De sa double qualification dépend pour une large part la régulation juridique à l'intérieur de la société civile de plus en plus polycratique.

Les mentalités résistent encore à cette réévaluation culturelle tant elles ont hérité de la tradition de tout attendre de l'Etat et du positivisme fétichiste de la loi pour qui la loi était la loi. Tout concourt pour que le droit dans tous ses états sorte de son champ clos. Aussi est-il l'objet de discours souvent rituels qui en font une valeur en soi qui à son tour agit sur le réel. Le retour du droit contribue à alimenter le droit. Successivement les philosophes, les politiques et les juristes eux-mêmes ont retrouvé ce thème qui relégitime l'Etat.

Confrontés avec la crise et les difficultés induites dans leur exercice professionnel, les juristes n'ont pas toujours constante de cette montée en puissance du droit et de l'extension consciente de leurs sphères d'intervention. La judiciarisation qui a entraîné une évidente explosion des contentieux, l'apparition de nouvelles sources de droit tel que le droit de l'environnement ou la bioéthique, la crise de la légalité, l'inflation normative, le filtre par le droit des problèmes politiques sont les données de cette revalorisation du droit. Les auteurs de cette revalorisation sont tout autant les acteurs professionnels que les acteurs politiques. S'ils ont perdu leur position de "pontifes" ou de "mandarins" et avec elle leur prééminence sociale, leur influence sociale s'accroît à mesure de la revanche contemporaine du droit qui n'est plus une simple technique pour être le mode premier de traitement de la réalité qui contribue en retour à présenter la réalité comme juridique.

C'est ce culte nouveau du droit qui a conduit à la sacralité du juge. Mais à côté des juges, les professionnels du droit ont un rôle croissant dans le mouvement de renouvellement et d'élargissement de la démocratie. De leur compétence, de leur capacité à prendre leur place, toute leur place et de leur rigoureuse et exemplaire déontologie, dépendent pour une large part la régulation du droit et la civilisation des conflits. Car à mesure que se déchire le tissu social, déchirement lié à la disparition des valeurs, il y a de plus en plus de conflits particuliers et une inquiétude générale sur la question et le fondement des limites. L'individu est en effet de plus en plus confronté à la question de savoir ce qu'il peut ou doit faire et jusqu'où il peut et doit aller. Les réponses qui autrefois allaient de soi et reposaient sur des certitudes antérieures aux choix ne sont plus spontanées. C'est au juriste de plus en plus que l'on pose les questions existentielles.

Le droit n'est pas en effet donné. Il se fait au cas par cas. La confrontation du besoin de droit et des réponses du droit modulées par la jurisprudence est la pratique quotidienne des juristes. Aucun logiciel d'informatique ne pourrait rendre un jugement une fois qu'on aurait mis à la disposition de l'ordinateur les données factuelles de l'affaire, le texte des lois applicables et la jurisprudence intérieure. Mais l'informatique en conjuguant les informations donne au juriste le moyen de fonder ses conseils sur une prévisibilité raisonnable du droit applicable à l'espèce sur laquelle il est consulté ou sur la décision à intervenir en cas de conflit.

La fonction du juriste est donc, au sens kantien, une fonction critique. Le droit n'est pas en effet ramené à une équation ou à un syllogisme. Il n'y a pas de préceptes pour la faculté de juger, écrit Kant : "on voit ainsi, si l'entendement est capable d'apprendre ou de s'équiper au moyen de règles, la faculté de juger est un talent particulier, qui ne peut être tout à fait affirmée mais seulement exercée.... C'est pourquoi un médecin, un juge (ou un juriste), ou un homme politique peuvent avoir dans la tête beaucoup de belles règles pathologiques, juridiques ou politiques, à un degré qui peut en faire de solides professeurs en ces matières, et pourtant faillir aisément dans leur application".

Après la Critique de la raison pure, citons la conclusion de l'Empire du droit du philosophe du droit Ronald Dwarkin : "l'attitude du droit est constructrice ; elle vise, dans l'esprit d'interprétation, à superposer le principe à la pratique pour montrer la meilleure voie vers un meilleur avenir, tout en respectant comme il convient la fidélité au passé. C'est, pour finir, une attitude fraternelle, une expression de la façon dont nous sommes unis dans une collectivité, tout en étant divisés sur nos projets, nos intérêts et nos conventions. Voilà en tout cas ce qu'est le droit pour nous ; pour le peuple que nous voulons être, et pour la collectivité dont nous avons l'ambition de nous doter".

Aussi les acteurs professionnels du droit ont-ils une responsabilité dans le bon usage du droit pris au sérieux et inspiré par la philosophie des droits de l'homme. Disons même que le droit noué à la justice, le droit jugé à l'aune de la justice, le droit transformé en justice est peut-être l'unique prisme, dans un monde désenchanté de la transcendance et au moment où se sont effondrées les utopies messianiques, pour lire un avenir où la force, sous toutes ses formes, ne sera pas l'unique source des rapports entre les hommes. Le droit est l'orchestration des droits et des libertés. Les juristes ont leur place irremplaçable dans cette partition pour une vie en commun voulue et réfléchie, vie bonne avec et pour autrui dans des institutions justes.

Face au retour multiforme du droit, à sa radicale réhabilitation, et à son autonomisation par rapport à l'instance politique, ses acteurs professionnels, qui sont ses interprètes et ses médiateurs avec les juges, et pour une large part du champ juridique, en dehors des juges, qui sont-ils ? Quels sont leurs <u>périmètres de compétences</u> ? Quelle est leur légitimité ? Qu'est-ce qui est obsolète dans leurs statuts hérités de l'histoire ? Sont-elles vouées à la disparition face aux injonctions du marché européen et mondial ou constituent-elles un modèle exportable d'une pratique juste du droit et d'une problématique pratique des limites qui est au coeur du besoin de droit ?

Allons plus loin : les professions judiciaires et juridiques peuvent-elles et doivent-elles, sans renoncer à leurs identités historiques et à leurs compétences particulières, mettre fin à la fragmentation de leurs activités en convenant de formes adaptées de concertation et de représentation ? Les technologies de l'informatique, notamment avec la signature électronique au moyen de la carte à puce confiées au "tiers de confiance", permettant l'authentification des actes juridiques, leur transmission instantanée dans le monde et la signification des exploits avec une sécurité et une confidentialité absolues sont-elles intégrées par les professions au bénéfice de l'avance informatique française ou seront-elles imposées une fois de plus trop tard par l'évolution irréversible ?

A ces questions il apparaît possible de répondre en plaçant ces réponses dans la lumière d'un nouvel <u>humanisme juridique</u>.

DE LA CODIFICATION

L'humanisme s'exprime dans une histoire partagée, des symboles qui donnent à penser et une philosophie. Les professions judiciaires et juridiques partagent une histoire commune, les costumes et les rites sont significatifs et une philosophie du droit motive leurs fonctions quand bien même elles se croient exclusivement opératoires. Mais les statuts, les conditions d'accès et d'exercice et les déontologies qui jalonnent le temps de l'histoire judiciaire sont en dépit de cette communauté d'origine et de fonction fragmentaires. La recension des principaux textes qui les régissent de Ventôse et Fructidor à l'année 1993 le montre :

ADMINISTRATEURS JUDICIAIRES

– Loi du 24 juillet 1966
– Loi du 25 janvier 1985
– Loi du 25 janvier 1985
– Loi du 31 décembre 1990
– Diverses dispositions du Code de commerce

AVOCATS

– Loi du 31 décembre 1971
– Loi du 31 décembre 1990
– Décret d du 27 novembre 1991
– Décret du 20 juillet 1992
– Décret du 25 mars 1993

AVOCATS AUX CONSEILS

– Ordonnance du 10 septembre 1817
– Décret du 15 mars 1978
– Décret du 28 octobre 1991

AVOUES A LA COUR

– Code de l'Organisation judiciaire
– Loi du 27 ventôse an VIII
– Loi du 22 ventôse an XII
– Loi du 24 décembre 1897
– Ordonnance du 2 novembre 1945
– Ordonnance du 28 juin 1945
– Loi du 31 décembre 1971
– Décret du 16 mars 1993

COMMISSAIRES AUX COMPTES

– Loi du 24 juillet 1966
– Décret du 12 août 1969

COMMISSAIRES-PRISEURS

– Loi du 27 ventôse an IX
– Loi du 28 avril 1816
– Ordonnance du 2 novembre 1945
– Décret du 29 mars 1985

CONSEILS EN PROPRIETE INDUSTRIELLE

– Code de la Propriété industrielle : partie législative et réglementaire

– Loi du 26 novembre 1990

EXPERTS JUDICIAIRES

– Pas de statut. Dispositions dans le Nouveau Code de Procédure civile

GREFFIERS DES TRIBUNAUX DE COMMERCE

– Code de l'Organisation judiciaire
– Loi du 30 novembre 1965
– Décret du 20 juillet 1977
– Décret du 25 janvier 1985
– Décret du 29 juillet 1987
– Décret du 31 juillet 1991
– Décret du 30 mai 1984
– Décret du 12 avril 1994

HUISSIERS DE JUSTICE

– Loi du 28 avril 1816
– Loi du 24 décembre 1897
– Ordonnance du 2 novembre 1945
– Ordonnance du 28 juin 1945
– Décret du 29 février 1956
_ Loi du 25 juin 1973
– Décret du 21 décembre 1990

JURISTES D'ENTREPRISE

– Pas de statut - Loi du 31 décembre 1990 sur l'inscription au Tableau des juristes d'entreprise justifiant d'au moins sept années d'exercice

MANDATAIRES JUDICIAIRES

– Loi du 25 janvier 1985
– Loi du 31 décembre 1990
– Décret du 2à septembre 1993

NOTAIRES

– Loi du 25 ventôse an XI
– Loi du 24 décembre 1897
– Ordonnance du 28 juin 1945
– Ordonnance du 2 novembre 1945
– Décret du 19 décembre 1945
– Décret du 2 octobre 1967
– Décret du 26 novembre 1971
– Décret du 5 juillet 1973
– Décret du 15 janvier 1993

Cette fragmentation n'est pas satisfaisante.

Les usagers du droit, personnes morales ou physiques, publiques ou privées, souhaitent comprendre ce que chacune de ces professions fait pourquoi et comment et ce auquel le droit s'applique importe plus que ceux qui l'appliquent. Cette fragmentation des statuts, héritage de l'histoire, conservée par l'habitude et les intérêts, n'est pas toujours justifiée par le partage des compétences. D'où ce thème récurant de la codification. Il renvoie à la loi des 16 et 24 août 1790 : "les lois civiles seront revues et réformées par les législateurs ; et il sera fait un Code Général des Lois simple, clair et approprié à la Constitution". Cinq codes ont en effet été promulgués par Napoléon. Sa politique de codification avait été voulue pour simplifier le droit, le clarifier et en améliorer la cohérence. Car il est nécessaire, ainsi que le disait Portalis en présentant le Code Civil au Conseil d'Etat : "que le peuple sache ou puisse savoir que la loi existe et qu'elle existe comme loi". Cette exigence est toujours actuelle. Elle répond comme dans les cahiers de doléances adressés aux Etats Généraux en 1789 à un voeu de sécurité. L'inflation des lois et des règlements a en effet provoqué un désordre législatif et réglementaire dont le Conseil d'Etat a montré qu'il dégrade la norme juridique.

Le Président de la République rappelait encore récemment que « l'Etat des lois n'est pas l'Etat de droit. Il ne sert à rien d'élaborer sans cesse de nouvelles règles, encore faut-il les appliquer : encore faut-il qu'elles soient connues, comprises et accessibles à tous; encore faut-il que chacun soit assuré d'en bénéficier et ait à coeur de les respecter et de les défendre ».

Ce désordre normatif a suscité un regain de faveur et d'intérêt pour l'idée de codification. Au lendemain de la seconde guerre mondiale, une commission animée par Gabriel Ardant accomplit un travail considérable qui fut publié en 1952 au Journal Officiel en même temps que le Doyen Julliot de la Morandière et le Professeur Jean Escarra entreprenaient une révision d'ensemble du Code Civil et du Code de Commerce. Leur mission n'aboutit pas. La V° République qui n'avait pourtant pas fait de la codification un de ses soucis majeurs, a cependant donné naissance à de nouveaux codes : la procédure pénale (1958), la procédure civile et l'organisation judiciaire (1975), le seul grand Code actuel, et le droit pénal (1992) et de grandes lois civiles, dûes pour les plus importantes au cinquième des rédacteurs du Code Civil, le Doyen Carbonnier, et qui ont été intégrées dans le Code Civil.

La codification est devenue depuis un objectif de gouvernement. On pourra comparer à ce sujet la circulaire de Jacques Chirac du 15 juin 1987 relative à la codification des textes législatifs et réglementaires (J.O. 17 Juin, page 6459) et la circulaire de Michel Rocard du 25 mai 1988 relative à la méthode de travail du gouvernement (J.O. 27 mai, page 7381). Cette volonté politique s'est traduite par le décret du 12 septembre 1989 instituant une Commission Supérieure de Codification "chargée d'oeuvrer à la simplification et à la clarification du droit". Cette codification doit offrir un cadre privilégié pour assembler un corps de règles jusque là éclaté, tout en allégeant, en modernisant et en simplifiant le fond du droit. C'est ce que devait déclarer le

Premier Ministre Michel Rocard lors de l'installation de la Commission le 7 novembre 1989 : "si je tiens la codification pour essentielle, c'est afin que les usagers du droit, personnes physiques ou morales, publiques ou privées, professionnels ou amateurs puissent trouver chacun dans un code l'ensemble d'une matière sous une forme aussi simple que possible". Son successeur Edouard Balladur tiendra les mêmes propos : "la mission de codification et de simplification des lois et des règlements doit être une priorité de l'Etat si l'on veut éviter que la société ne soit étouffée par la prolifération des règles de droit confuses et parfois contradictoires".

Jacques Chirac, nouvellement élu Président de la République, a donné à la codification un nouvel élan dans le message adressé au Parlement lors de son entrée en fonction : "une remise en ordre s'impose, par un exercice général de codification et de simplification des textes, afin qu'ils soient rendus accessibles, dans leur partie législative, ils se bornent à régler l'essentiel" (19 Mai 1995, Doc. AN 1994-1995, n° 283). Et Pierre Mazeaud, Président de la Commission des Lois, a aussitôt proposé de créer, à l'exemple d'autres pays, un office parlementaire d'évaluation de la législation afin de "refonder, selon des principes directeurs, les disciplines de notre droit aujourd'hui trop techniques". C'est à quoi le Premier Ministre Alain Juppé appelé également lors d'un séminaire gouvernemental consacré à la réforme de lois en disant son intention de faire procéder "à la codification systématique des textes législatifs et réglementaires". Ce qui a donné lieu à la Circulaire du 30 Mai 1996 (J.O. 5 Juin 1996, p. 8263 & ss.-).

Néanmoins, et comme le dénonçait dans son dernier rapport Guy Braibant, vice-Président de la Commission de codification, si près d'une dizaine de codes sont techniquement prêts sur la quarantaine projetée, ils attendent des déblocages qui sont aujourd'hui d'ordre politique : environnement, patrimoine, marchés publics... En 1996, seul le code des collectivités territoriales a été adopté et il ne faudrait pas que la codification, même celle à droit constant, rejoigne ces autres « utopies » qui étaient en train de devenir la réforme de l'Etat, le respect de l'usager, la transparence, le principe de légalité ou encore l'indépendance de la justice.

Le principe posé d'appliquer l'esprit de méthode à la législation, reste à choisir la méthode de codification. Jean-Louis Sourioux a montré pour les opposer les notions contraires de "codifications compilations" et de "codifications innovations". Certains codes ne sont que des compilations de textes présentés à des fins de commodité pratique mais sans les modifier ni les ordonner. Ce fut le cas du Code Civil de 1804, plus conservateur que rénovateur, ses rédacteurs, tous juristes de l'ancien régime étant « des disciples et non des prophètes ». D'autres remplissent une fonction de consolidation en consacrant par la loi des solutions acquises en jurisprudence. La forme la plus achevée du Code est celle qui intègre des règles anciennes et qui ont fait leur preuve à des règles nouvelles qui expriment les principes d'organisation de la nouvelle société. Ce furent le cas des premières Code du Commerce et de la Procédure Civile, ce qui a d'ailleurs pour effet bénéfique de révéler des lacunes et des redites et conduire ainsi à la rénovation de la législation. C'est ce qu'exprimait Portalis dans son célèbre discours de présentation du Code Civil : "qu'est-ce qu'un Code Civil ? C'est un corpus de lois destiné à diriger et à fixer les relations de sociabilité, de famille et d'intérêt qu'ont entre eux des hommes qui appartiennent à la même cité". Il ajoutait, ce qui vaut exactement pour le projet du Ministre de la Justice d'un Code des Professions Judiciaires et Juridiques, qu'il fallait se garder "de la dangereuse ambition de vouloir tout régler et tout prévoir....". Un Code, quelque complet qu'il puisse paraître, n'est pas plutôt achevé que mille questions inattendues viennent s'offrir au magistrat : "une foule de choses sont donc nécessairement abandonnées à l'empire de l'usage, à la discussion des hommes instruits, à l'arbitrage des juges..... L'office de la loi est de fixer, par de grandes vues, les maximes générales du droit ; d'établir des principes féconds en conséquences et non de descendre dans le détail des questions qui peuvent naître sur chaque matière.... C'est au magistrat et au jurisconsulte de pénétrer de l'esprit général des lois à en diriger l'application".

C'est à cette vue que s'est rallié le Ministre de la Justice dans sa lettre de mission. Il ne s'agit pas seulement de mettre en ordre le droit existant et d'en répartir rationnellement les matières, ce que Michel Rocard a appelé la méthode de codification « en droit constant »., mais d'une « refonte des textes », conforme aux exigences de clarté et de logique souhaitées par les usagers du droit.

Il ne s'agit plus de plaider pour une idée et une méthode, la codification, qui a pour elle l'assentiment général. Mais il convient pourtant d'éviter certains écueils qui sont liés à l'illusion que l'on peut mettre en disponibilité l'histoire et tout ramener à un petit nombre de données simples et conduire ainsi à des formules impératives. Ces écueils sont l'illusion de la perpétuité et de l'immutabilité de la loi, l'identification de l'idée de droit et de la loi, la prétention de substituer à l'interprétation casuistique des textes la méthode syllogistique et l'oubli de ce que le droit est d'abord oeuvre de raison et de prudence, c'est-à-dire l'oeuvre des juges qui « disent » le droit qui est entre les hommes. Les jugements sont comme les lois les symptômes du droit déjà-là.

Ce sont les <u>bonnes pratiques</u> des professionnels du droit qui constituent le droit des professionnels dont le législateur doit être le greffier ou le notaire attentif à leur <u>authentification</u>.

Il faut aussi savoir que si toutes tendent à l'unité, chaque profession est naturellement attachée à ses propres usages et à ses coutumes particulières, et attend du Législateur qu'il soit l'héritier du Roi dont la Constitution non écrite française faisant le gardien des privilèges et des franchises. Chacun est favorable à une législation unique à la condition que la règle appliquée à l'ensemble soit celle de sa province.

Essayons pourtant de codifier <u>ce qui est</u> - <u>the law as it is</u> - en y ajoutant à titre d'options, <u>ce qui devrait être</u> - <u>yhe law as it ought to be</u>, pour parler comme Jeremy Bentham, pour le bine du public et le service de la justice. Avec le souci hérité des grecs de toujours respecter la mesure : la *sophrosyné* ; il faut être modeste et éviter l'excès quand on propose de modifier ce qui est du droit écrit en droit écrit. Mais nous avons à l'esprit un précédent incomparable. Le Digeste, fut au VIII° siècle la compilation des fragments antérieurs de toutes les époques et de tous les genres. Tribonien n'y modifia rien apparemment. Mais il actualisa par des interpolations certains textes du droit romain du II° siècle. Ces interpolations de forme entraînèrent une modification substantielle qui contribua à faire vivre le droit ainsi compilé. Il me semble que sans prétendre à aucune comparaison la méthode peut être retenue : la représentation unitaire des professionnels du droit, la reconnaissance de leur déontologie commune, l'unification de leurs procédures disciplinaires dont elles doivent avoir la responsabilité, le principe d'une future grande école pratique du droit, l'interprofessionnalité des professionnels du droit dans le respect des spécificités de chacun ne sont que des interpolations. Mais elles pourraient contribuer à des modifications substantielles des comportements.

METHODOLOGIE

C'est en tout cas la conviction que j'ai retiré du petit tour de France judiciaire que j'ai fait en compagnie d'Eric Morain et avec le concours des Chefs de Cours. Après avoir remis au Ministre un pré-rapport, ou rapport d'étape, et avoir été encouragé par la Direction des Affaires Civiles à poursuivre, je me suis rendu dans les Cours d'Appel de Colmar, Pau, Douai, Poitiers, Lyon, Rennes et Aix en Provence pour rencontrer séparément tous les acteurs judiciaires et juridiques du droit de leurs ressorts au cours d'une longue journée puis ensuite, le lendemain, le samedi matin, débattre avec eux collectivement.

Il s'agissait de savoir si les problèmes, soucis et préoccupations évoqués par les personnalités auditionnées à Paris étaient ressentis avec la même acuité qu'à Paris . Il était possible que l'intensité ne soit pas la même et que d'autres problèmes, soucis et préoccupations apparaissent. Ce fut bien le cas. On ne réagit pas de la même manière sur la représentation à Colmar et à Lyon. Sur l'interprofessionnalité à Douai et à Rennes.

Mais j'ai le devoir d'ajouter que j'ai constaté partout un esprit de service, une vocation et la conviction partagée que les métiers du droit sont des professions dont la légitimité est le service des usagers.

C'est pourquoi, les uns et les autres, et surtout les avocats, montraient comment les effets conjugués de l'aide judiciaire, sous-évaluée, et de l'assurance procès, tarifée en fait, conduisent à une paupérisation des professionnels et par conséquent à un moindre service rendu pour les demandeurs de justice et les usagers du droit.

On ne peut à la fois multiplier les actes, assister, ce qui demande de la disponibilité et des moyens matériels et intellectuels et ne pas recevoir la contrepartie du service rendu.

Cette situation porte atteinte au service public de la justice et au bon usage du droit avant que de nuire aux professionnels. Et à ce qui les distinguent d'avec d'autres métiers à savoir l'indépendance.

Or, <u>il n'y a pas d'indépendance professionnelle sans indépendance économique</u>.

DEONTOLOGIE ET DISCIPLINE

Quels que soient les modes d'exercice et d'organisation de chacune des professions judiciaires et juridiques, elles se soumettent plus qu'elles ne sont soumises à une déontologie exigeante. Cette déontologie, que ces professionnels soient exclusivement libéraux ou soumis au statut de l'officier ministériel, qu'ils aient ou non un rôle d'auxiliaire de justice, qu'ils soient plus ou moins ou non réglementés leur est pour l'essentiel commune. On y retrouve les mots riches de sens : indépendance, honneur, humanité, probité, dignité et délicatesse, cet indéfinissable scrupule du comportement.

La déontologie n'est pas un supplément d'âme qui viendrait colorer la compétence du juriste. Elle est son identité même. Le mot de déontologie a été créé par Jeremy Bentham à l'aide de deux mots grecs : *to deon*, le devoir, et *logos*, qui signifie à la fois discours et science. La définition donnée par G. Cornu dans le Vocabulaire Juridique est satisfaisante : la déontologie est l'ensemble des devoirs inhérents à l'exercice d'une activité professionnelle libérale et le plus souvent définie par un ordre professionnel.

La déontologie relève donc de ce que les anglo-saxons nomment l'éthique ou la morale appliquée. Ces deux notions ont une même origine : l'*ethos*, en grec, et les *mores*, en latin sont les moeurs. La déontologie est donc d'abord ce qui est pratiqué par une profession, l'ensemble des discours et des pratiques normatives qui constituent la coutume de chaque profession avant même d'être consacrée par une loi ou un règlement. C'est ainsi que lorsque la loi de 1985 a modifié les procédures collectives et a omis de préciser la déontologie des professionnels qui en avaient la charge, ceux-ci ont spontanément institué une chambre de discipline. C'est ainsi aussi que les juristes d'entreprises dont la profession n'est pas encore réglementée sont demandeurs de voir reconnaître leur déontologie qui ne se confond pas avec l'éthique marchande qui a aussi son honneur et ses devoirs mais qui ne sont pas les mêmes.

La déontologie est en effet inséparable d'une téléologie, c'est-à-dire de la finalité des règles et des devoirs qui constituent une déontologie. En l'espèce l'accès au droit, l'égale dignité de chacun est le service de la justice.

Pour Aristote, il y a des choses qu'il faut faire ou qu'il ne faut pas faire que parce qu'elles sont requises pour atteindre une certaine fin. La déontologie c'est donc l'ensemble de ce qu'il faut faire ou ne pas faire pour remplir sa fonction. C'est donc plus que de bonnes pratiques puisque la déontologie relève de la philosophie morale. Ce noyau dur, discours et science de l'agir qu'est la déontologie, est manifesté dans les textes qui suivent et qui définissent ce que doit être le comportement professionnel de chacune des professions :

AVOCAT

Je jure comme avocat d'exercer mes fonctions avec dignité, conscience, indépendance, probité et humanité (Loi du 31 décembre 1971, art.3)
La dignité, la conscience, l'indépendance, la probité, l'humanité, l'honneur, la loyauté, la délicatesse, la modération, la courtoisie, le désintéressement, la confraternité et le tact sont d'impérieux devoirs pour l'avocat et constituent ensemble les Principes Essentiels de la profession d'avocat (Réglement Intérieur du Barreau de Paris, art. 1.3).

AVOCAT AUX CONSEILS

Nul ne peut accéder à la profession d'avocat au Conseil d'Etat et à la Cour de cassation s'il a été l'auteur de faits ayant donné lieu à une condamnation pénale ou disciplinaire pour agissements contraires à l'honneur, à la porbité ou aux bonnes moeurs (Décret du 28 octobre 1991, art.1er).

EXPERT JUDICIAIRE

Lors de leur inscription sur la liste, les experts judiciaires prêtent, devant la cour d'appel, serment d'accomplir leur mission, de faire leur rapport et de donner leur avis en leur honneur et conscience (Décret du 31 décembre 1974, art.6).

COMMISSAIRE AUX COMPTES

Le commissaire aux comptes exerce ses fonctions avec conscience et avec la diligence permettant à ses travaux d'ateindre un degré de qualité suffisant compatible avec son éthique et ses responsabilités (Code d'éthique professionnelle)
Le commissaire aux comptes doit s'abstenir, y compris en dehors de sa vie professionnelle, de tout fait contraire à la probité, à la délicatesse, à l'indépendance et à l'honneur ou susceptible de porter atteinte à la dignité de la Compagnie et de ses membres (Décret du 12 août 1969, art.88)

MANDATAIRES JUDICIAIRES

Nul ne peut être inscrit sur la liste des mandataires-liquidateurs s'il ne présente des garanties suffisantes de moralité (Loi du 25 janvier 1985, art.21).

NOTAIRES, AVOUES, HUISSIERS, COMMISSAIRES-PRISEURS

Toute contravention aux lois et réglements, toute infraction aux règles professionnelles, tout fait contraire à la probité, à l'honneur ou à la délicatesse commis par un officier public ou ministériel, même se rapportant à des faits extraprofessionnels, donne lieu à sanction disciplinaire (Ordonnace du 28 juin 1945, art.2)

On constate que ce texte unique concerne la déontologie et la discipline de quatre professions.

GREFFIER DES TRIBUNAUX DE COMMERCE

Les greffiers des Tribunaux de commerce sont des officiers publics et ministériels.
Tout manquement d'un greffeir de tribunal de commerce à l'honneur, à la probité, à la dignité et aux devoirs de sa charge constitue une faute disciplinaire (Code de l'Organisation judiciaire, art. L.822-1).

JURISTE D'ENTREPRISE

Le juriste d'entreprise agit dans le respect de l'honneur et de la dignité de la profession. Il s'abstient de tout acte ou comportement de nature à y porter atteinte. Il exerce sa profession avec discernement, diligence et loyauté (Charte de déontologie du juriste d'entreprise, AFJE).

CONSEIL EN PROPRIETE INDUSTRIELLE

Toute personne physique ou morale exerçant la profession de conseil en propriété industrielle qui se rend coupable soit d'une infraction aux règles législatives ou réglementaires la concernant, soit de faits contraires à la probité, à l'honneur ou à la délicatesse, même s'ils sont extra-professionnels, peut faire l'objet de l'une des mesures disciplinaires suivantes : avertissement, blâme, radiation temporaire ou définitive (Code de la Propriété industrielle, art. L.422-10)

Il est donc possible et justifié de préfacer le Code des Professions Judiciaires et Juridiques par la formulation d'un corpus déontologique commun à toutes ces professions pour leur permettre de remplir pleinement leur rôle d'acteurs professionnels du droit et d'auxiliaires de la justice.

Et comme il n'y a de devoirs que sanctionnés, il est proposé d'adopter pour toutes les professions judiciaires et juridiques, avec les niveaux de compétence d'attribution propre aux officiers publics et ministériels, la plénitude de la compétence disciplinaire qui est celle des avocats depuis toujours. La dénomination de discipline, utilisée actuellement par toutes les professions, réglementées ou non, qui n'ont cependant la plupart qu'un contrôle réduit sur l'exercice du pouvoir disciplinaire, est signifiante. La discipline renvoie à l'appartenance à une profession dont les membres doivent respecter des règles propres, sous peine de sanctions distribuées par la profession elle-même.

Il a toujours été admis que les Conseils de l'Ordre des Barreaux exercent un véritable pouvoir juridictionnel sans limitation dans les sanctions : l'avertissement, le blâme, l'interdiction temporaire dans la limite de trois ans - qui peut être immédiat à titre provisoire et conservatoire - et la radiation, véritable bannissement en dehors de la profession. Tous les Chefs de Cours, sans exception, ont constaté pour moi l'efficacité de la procédure disciplinaire des avocats. Ils se sont accordés, chacun pour ce qui concernait leur ressort, à souhaiter que toutes les professions se « responsabilisent » selon la formule de l'un d'eux. L'action disciplinaire serait ainsi mieux informée, mieux instruite, plus rapide et offrirait au public l'image positive d'une profession qui fait elle-même sa police. L'appel et le pourvoi en cassation garantiraient en tout état de cause l'ordre public.

Déontologie et discipline sont les signes de reconnaissance des professions judiciaires et juridiques. Il serait important que le législateur consacre cette dualité indissociable par une loi commune. Nous avons dit en effet que de la présence du juriste, de sa compétence, de sa probité et de la confiance qu'il inspire et doit inspirer dépendent pour une part l'harmonie des rapports humains et la paix sociale. Une profession n'existe jamais par elle-même. Elle existe dans la mesure où ceux qui l'exercent sont socialement utiles. C'est cette utilité sociale des usagers du droit et pour ceux qui demandent justice ou qui la subissent qui justifierait d'ailleurs une représentation commune des professions du droit et de la justice.

*

* *

Avant de regrouper à la fin de ce rapport l'ensemble des réformes optionnelles proposées **(V - Réformes proposées),**

il est apparu indispensable de définir concepts qui manifestent l'originalité du système judiciaire et juridique français, modèle susceptible d'avoir en Europe et dans le monde une valeur exemplaire alors qu'il est trop souvent considéré par les professionnels de souche comme un résidu historique des mentalités pré-communautaires et mondialistes **(I - Les concepts),**

puis de formuler certaines questions qui se posent aux professionnels face à leur avenir **(II - Les questions qui se posent)**

avant de définir une à une les professions dans leurs modes d'exercice, leurs conditions d'accès, leur organisation professionnelle et leur discipline **(III - Les acteurs professionnels du droit)**

puis enfin de rendre compte des auditions et déplacements effectués dans sept Cours d'appel de province, sous la signature d'Eric Morain **(IV - Compte-rendus).**

Ce travail introductif n'est pas l'oeuvre d'une Commission ni l'aboutissement d'une enquête collective. La méthode adoptée consiste à ouvrir le débat public à partir d'un rapport rédigé à l'écoute des professionnels mais par un professionnel. C'est ce débat qui permettra d'achever ce projet de Code par la rédaction d'une proposition élaborée et complète de Code des Professions Judiciaires et Juridiques.

Jean-Marc VARAUT
Avocat à la Cour d'Appel de Paris
Membre de l'Académie des
Sciences Morales et Politiques

I

LES CONCEPTS

LA PROFESSION LIBERALE

Il n'existe pas en France de définition juridique de ce qu'est une profession libérale.

Les critères objectifs que l'on présente habituellement comme étant ceux de la profession libérale – activité civile, condition non salariée, imposition fiscale au titre des BNC, ect. – ne s'appliquent en fait ni aux pharmaciens que la jurisprudence considère comme des commerçants, ni aux experts comptables ou aux architectes dont les cabinets et les études sont souvent constitués sous forme de sociétés commerciales, ni aux avocats qui peuvent désormais être salariés d'un avocat ou d'une société d'avocats. Or toutes ces professions sont incontestablement des professions libérales. L'article 1 de la loi du 31 décembre 1971 affirme bien par exemple que "la profession d'avocat est une profession libérale et indépendante".

En fait le droit positif français n'ignore pas la notion de profession libérale que ce soit dans des dispositions du Code de la Sécurité sociale, du Code du travail, de la loi sur les sociétés d'exercice libéral ou encore de l'attribution par une loi organique du 27 juin 1984 de trois sièges pour le groupe des professions libérales au sein du Conseil Economique et Social.

On distingue trois types de professions libérales :

– celles organisées en Ordres et dont l'accès est réglementé : médecins, architectes, avocats, experts-comptables, géomètres experts, vétérinaires, chirurgiens dentistes.

– les officiers publics ou ministériels détenteurs de charges et d'offices : avocats au Conseil d'Etat et à la Cour de cassation, avoués à la Cour, commissaires-priseurs, huissiers de justice, notaires, greffiers des tribunaux de commerce.

– les professions non organisées en Ordres mais plus ou moins réglementées et dont la jurisprudence ou la doctrine administratives ont admis le caractère non commercial : administrateurs et mandataires, professions paramédicales, conseils en propriété industrielle, généalogistes, commissaires aux comptes, agents privés de recherche, ect.

Les professions libérales ont ceux-ci en commun que leurs prestations ne sauraient être assimilées à de simples "services marchands".

"*Le professionnel libéral est celui dont la fonction sociale est d'apporter à des personnes physiques ou morales, qui l'ont librement choisi, des services sous une forme juridiquement, économiquement et politiquement indépendante, et qui, dans le cadre d'une déontologie garantissant le respect du secret professionnel et d'une compétence reconnue, dans quelque structure qu'il s'insère, demeure personnellement responsable de ses actes*" (Union nationale des professions libérales).

"*Le professionnel libéral est un prestataire de services à caractère intellectuel, indépendant et responsable, sans lien de subordination et tenu au secret professionnel*" (Chambre nationale des professions libérales)

Leur identité commune se caractérise donc par la réunion de cinq éléments :

– indépendance
– technicité
– relation personnelle au client et secret professionnel
– responsabilité
– déontologie

Leurs différences sont néanmoins fort nombreuses. Elles tiennent essentiellement à leur :

– statut : certains sont des professionnels libéraux que l'on peut dire "entier" comme les avocats, d'autres sont officiers publics, d'autres sont encore officiers ministériels.
– importance numérique variable (60 avocats aux Conseils à plus de 25.000 avocats au Barreau)
– organisation : degré départemental, régional ou national
– discipline : maîtrise par la profession elle-même ou contrôle par le Tribunal ou commission
– rapports avec les autres professions

L'indépendance reste cependant le critère essentiel de l'exercice libéral. Pendant longtemps l'expression de cette indépendance s'est traduit par un statut d'activité non salariée. Aujourd'hui le recours au salariat est possible pour certaines professions et en dernier lieu pour les avocats (Loi du 31 décembre 1990).

On peut donc parler d'indépendance économique qui est le propre de toute activité libérale même si celle-ci s'exerce de plus en plus souvent en groupement, et d'indépendance intellectuelle protégées par différentes dispositions relatives aux relations entre "patrons" et collaborateurs (cf.

Réglements intérieurs du Barreau de Paris), employeurs et salariés (cf. loi du 31 décembre 1990 et décret du 27 novembre 1991).

Aux côtés de l'indépendance figure nécessairement le respect de règles déontologiques assez semblables : "les droits et les devoirs des membres des professions libérales résultent soit de la loi, soit d'un code établi par une organisation professionnelle, soit encore des règles librement acceptées par tous les membres de la profession. La violation de ces règles expose son auteur à des sanctions disciplinaires qui peuvent affecter l'exercice de la profession" (Francis Lefebvre, Professions libérales, Ed. 1992).

Ces règles déontologiques ont pour finalité de protéger le public et sont contrôlées soit par un Ordre, soit par une commission ad hoc et en tout état de cause sous le contrôle de la juridiction compétente.

Il paraît néanmoins urgent de mettre au point une définition juridique de référence caractérisant l'exercice d'une profession libérale comme le proposait déjà Jean-Bernard Thomas dans son rapport au Ministre de l'Industrie sur "Les professions libérales, leur développement international et le GATT" (Documentation Française, 1995). Le rapporteur insistait notamment sur un point très important : l'existence de professions libérales réglementées est une spécificité de l'organisation de la plupart des nations européennes. La profession libérale est définie principalement par son indépendance économique, la profession réglementée est définie par son indépendance intellectuelle et par un ensemble de règles ayant pour objet de protéger le public (compétence, titre protégé, déontologie). La combinaison de ces deux critères – libérale et réglementée – définit un ensemble de profession formant une entité propre dont les prestations représentent des services aux particuliers, aux entreprises, aux collectivités publiques et privées d'une nature particulière, entité qui devrait être reconnue dans les accords internationaux et au plan de l'Union européenne.

LA REPRESENTATION & LA POSTULATION

I - L'EVOLUTION DES REGLES GOUVERNANT LA POSTULATION DES AVOCATS

Traditionnellement, le mandat ad litem de l'avocat est, en principe, territorial. En d'autres termes, seuls peuvent postuler devant le TGI les avocats inscrits au barreau établis auprès de ce Tribunal de Grande Instance.

De sorte qu'en raison de la règle de la territorialité de la postulation, il y aura un avocat postulant et un avocat plaidant chaque fois que le client se sera d'abord adressé à un avocat ne pouvant le représenter devant la juridiction compétente.

Certes, la territorialité de la postulation a connu certains assouplissements de droit interne, tenant soit au régime de la multipostulation dans la région parisienne, soit à la constitution de groupements admis par la loi entre des avocats appartenant à des barreaux différents (voir l'article 8 de la loi du 31 Décembre 1971).

Cependant, la Cour de Justice des Communautés Européennes a clairement décidé le 10 Juillet 1991 que l'avocat communautaire, prestataire de services, amené à plaider devant un Tribunal de Grande Instance, ne peut être contraint d'avoir recours à un avocat inscrit au barreau de ce Tribunal ou habilité à postuler devant lui, afin d'accomplir les actes de la procédure, sur le fondement des articles 59 et 60 du Traité de Rome.

En conséquence, les articles 200 à 204 du Décret du 27 Septembre 1991 posent le principe de la liberté de prestation de services en France par les avocats des Etats membres de l'Union Européenne. Ainsi, en matière civile, lorsque la représentation est obligatoire devant le Tribunal de Grande Instance pour les avocats français, l'avocat communautaire, lui, n'a plus l'obligation de recourir à un avocat français pour postuler.

L'article 202 alinéa 4 du Décret subordonne seulement sa constitution à une élection de domicile auprès d'un avocat établi auprès du Tribunal saisi et auquel les actes de la procédure seront valablement notifiés.

On mesure ainsi combien à l'aune du droit communautaire, le principe de la postulation territoriale, qui continue cependant à peser sur les avocats français, a volé en éclats. Il en résulte indéniablement une discrimination à rebours.

Les avoués près les Cours d'Appel n'ont pas subi le même traitement, car ils ont la qualité d'officiers ministériels (voir infra), de sorte que l'article 202 précité peut disposer que, devant la Cour d'Appel, l'avocat communautaire doit agir de concert avec un avoué près cette Cour ou un avocat habilité à représenter les parties devant elle.

Le repli imposé au droit français est doublement préoccupant. D'une part, il signifie que l'avocat est un prestataire de service parmi d'autres, soumis au principe de concurrence du Traité de Rome (voir articles 50 et 60 du Traité de Rome) ce qui est choquant, car, à l'évidence, le droit n'est pas une banale prestation de services.

D'autre part, il rend possible la classification de l'exercice du droit dans les prestations de services assimilées aux prestations commerciales (Business Services) pour lesquelles, à l'aune du GATT, doit prévaloir le principe de libre concurrence. Une telle évolution engendrerait un triangle impossible pour les avocats français :

- le maintien, à leur encontre, de ce qui reste du principe de la postulation territoriale devant le Tribunal de Grande Instance,

- la discrimination à rebours imposée par le droit communautaire,

- la concurrence effrénée sur le versant de l'exercice du droit produite par l'inclusion des activités de conseils juridiques dans les prestations commerciales obéissant au principe de libre concurrence dans le cadre du GATT.

En l'état, les moyens d'action ne peuvent porter que sur les premier et troisième points, l'évolution du droit communautaire paraissant difficilement réversible s'agissant de la territorialité de la postulation.

Enfin, il importe de souligner que la liberté ainsi reconnue aux avocats étrangers ressortissants de l'Union Européenne est d'autant plus grande que la Cour de Justice des Communautés Européennes a strictement délimité le domaine de la liberté d'établissement. Dans un arrêt du 30 Novembre 1995, la Cour de Justice des Communautés Européennes a en effet jugé qu'un ressortissant d'un Etat membre qui, de façon stable et continue, exerce une activité professionnelle dans un autre Etat membre ou, à partir d'un domicile professionnel, il s'adresse, entre autres, aux ressortissants de cet Etat, relève des dispositions du chapitre relatif au droit d'établissement et non de celui relatif aux services.

Les enjeux ne sont pas négligeables. S'il agit au titre de la liberté de prestation de services, l'avocat étranger, ressortissant de l'Union Européenne, ne subit pas le principe de la territorialité de la postulation, et se trouve avoir plus de droit qu'un avocat inscrit à un barreau français.

S'il relève du droit d'établissement, l'avocat étranger doit se plier aux conditions d'établissement prévues par la directive adoptée le 21 mai 1997 visant à faciliter la profession d'avocat dans un Etat membre autre que celui où la capacité a été acquise

Par l'arrêt rapporté du 30 Novembre 1995, la CJCE retient une conception large de la liberté de prestation de services, allant jusqu'à autoriser le prestataire temporaire de services à se doter dans l'Etat membre d'accueil de l'infrastructure nécessaire, en clair un bureau et un secrétariat. Elle n'impose la qualification de liberté d'établissement qu'à la condition que l'avocat exerce d'une façon stable et continue dans l'Etat d'accueil, à partir d'un domicile professionnel établi dans ce pays, avec une clientèle constituée en partie de ressortissants de ce pays.

Et le régime de la liberté d'établissement est en passe d'être profondément modifié, en raison de la Directive, ce qui nous amène à évoquer très brièvement les textes et réformes en cours.

II - LE PERIMETRE DU DROIT

Le tracé du périmètre du droit, lequel est sanctionné pénalement (délit de l'exercice illégal de conseil et de rédaction d'actes, et délit de démarchage à cette fin, voir articles 66-2 et 66-4 nouveaux de la loi du 31 Décembre 1971), continue de nourrir le contentieux, principalement lorsque la consultation fournie à titre onéreux constitue l'accessoire de la prestation fournie par certains professionnels en marge des professions judiciaires et juridiques (voir articles 59 et 60 de la loi du 31 Décembre 1971).

La voie du référé a ainsi été utilisée pour contenir les comptables dans leur domaine en les empêchant de s'introduire dans le périmètre du droit et pour empêcher une société fournissant des titres restaurants d'offrir, à titre accessoire, un service de renseignements par téléphone sur des matières touchant en droit, tant à l'usage des salariés que de l'employeur.

Plus récemment, la Chambre criminelle de la Cour de cassation a retenu une conception extensive du périmètre du droit, élargissant de la sorte le délit de démarchage comme de conseils juridiques, en considérant que l'existence d'un problème de qualification juridique privait les experts comptables, même assistés par un avocat, de la possibilité d'assurer le suivi des démarches des entreprises auprès de l'Administration fiscale pour le calcul et les dégrèvements possibles de la taxe professionnelle et foncière.

On s'aperçoit ainsi que la notion "d'accessoire direct de la prestation fournie" (article 50 de la loi du 31 Décembre 1971), prête à interprétation, ce qui n'est guère satisfaisant eu égard à l'obligation de précision pesant sur les textes édictant des sanctions pénales.

De surcroît, il importe de souligner que l'exigence d'une simple licence en droit (voir article 54-1 de la loi du 31 Décembre 1971) afin de pouvoir donner des consultations juridiques à titre habituel et rémunéré paraît bien insuffisante, alors que les personnes souhaitant préparer l'examen conduisant à la profession d'huissier (décret du 12 Avril 1994) ou d'avoué (décret du 24 Janvier 1996) doivent être titulaires d'une maîtrise en droit.

III - LES TEXTES ET REFORMES EN COURS AFFECTANT LA PROFESSION D'AVOCAT

Deux textes récent viennent de renouveler les dispositions régissant la profession d'avocat. D'une part, la loi du 30 Décembre 1995 et le Décret du 19 Mars 1996, relatifs à la réforme du Conseil National des Barreaux.

De l'autre, le Décret du 5 Juillet 1996, venant modifier le Décret du 27 Novembre 1991 organisant la profession d'avocat.

Enfin, a été adoptée le 21 mai 1997 par le Conseil « Marché intérieur » une importante Directive relative au droit d'établissement, qui a fait l'objet d'un rapport d'information à l'Assemblée Nationale de France par M. Xavier de Roux

L'objectif est de permettre à l'avocat communautaire d'exercer, sous son titre d'origine les mêmes activités que l'avocat national, avant de pouvoir s'établir définitivement en intégrant , s'il le désire, la profession de l'Etat membre et obtenir le diplôme correspondant sans avoir à passer de test d'aptitude sous réserve d'une activité effective et régulière de trois ans contrôlée toutefois par les autorités ordinales.

En tout état de cause, le nouveau texte, fruit d'une mongue transaction, permettra à l'avocat communautaire de s'inscrire auprès du barreau du pays d'accueil ce qui garantit le plein respect des règles professionnelles et déontologiques de l'Etat d'accueil et offrira, selon le cabinet du Ministre délégué aux Affaires européennes, toute sécurité pour le consommateur. En soumettant le migrant à la déontologie du pays d'accueil, il est soumis à la totalité des règles de ce pays même si le Bâtonnier Bernard Vatier souligne une contradiction entre le maintien du titre d'origine et la simple possibilité d'intégrer la profession d'accueil avec la soumission du migrant à la totalité des règles déontologiques du pays d'accueil.

IV - LA PERENNITE DE LA POSTULATION DE L'AVOUE PRES LA COUR D'APPEL

Le statut des avoués près les Cours d'Appel est fixé par l'Ordonnance n° 45-2591 du 2 Novembre 1945, complétée par le Décret du 19 Décembre 1945, modifié à de nombreuses reprises, dont la dernière en date est le Décret du 24 Janvier 1996, modifiant certaines conditions d'accès, et imposant le diplôme de maîtrise en droit à compter du 1er Janvier 1997.

Supprimé près les tribunaux de grande instance par la loi du 31 Décembre 1971, l'avoué près la Cour d'Appel a réussi à échapper à la réforme de 1971 qui a opéré la fusion des professions d'avocat et d'avoué de première instance, et à surmonter celle du 31 Décembre 1990, ayant réalisé la fusion des professions d'avocats et de conseils juridiques.

L'avoué d'appel est un officier ministériel dont la compétence est de représentation devant la Cour. Titulaire d'un office ministériel, l'avoué bénéficie d'un monopole conféré par l'Etat. Mais son office est aussi un fonds libéral, ce qui imprime à son statut une certaine ambiguïté.

La qualité d'officier ministériel comporte des contraintes spécifiques, communes aux huissiers de justice et aux notaires, qui sont l'obligation d'accorder leur ministère s'ils sont légalement requis, et l'obligation de respecter le tarif réglementaire fixant leurs émoluments.

Toutefois, s'il est un officier ministériel, l'avoué n'est pas, pour autant, officier public bénéficiaire d'une délégation de la puissance publique l'habilitant à passer des actes ayant force authentique. Il en résulte que la profession d'avoué n'est pas limitée aux seuls nationaux, mais également ouverte aux ressortissants de l'Union Européenne. Il en résulte que l'avoué ne détient pas de parcelle de la puissance publique.

Le monopole de la représentation de l'avoué près la Cour d'Appel et sa pérennité ne peut donc être assis sur un tel motif et doit être fondé différemment.

Il importe, à cet égard, de distinguer selon que l'avocat plaidant est inscrit à un barreau français, ou est ressortissant d'un autre Etat membre.

V - LA FONCTION DE POSTULATION ET DE REPRESENTATION DE L'AVOUE ET LE DROIT INTERNE

Devant la Cour d'Appel, l'avoué représente et postule, cependant que l'avocat plaide. L'avocat plaidant est donc obligé de constituer un avoué près la Cour, lequel accomplira les actes de procédure au nom des parties. On retrouve ainsi la territorialité de la postulation, qui s'entend par rapport au ressort de la Cour d'Appel près laquelle l'avoué a été institué pour exercer son ministère. Maintenue en droit interne en première instance, la territorialité de la postulation réapparaît logiquement en appel.

De surcroît, ainsi que le souligne la doctrine, la fonction de l'avoué à la Cour ne saurait être réduite à celle de l'avocat postulant en première instance, pour trois raisons :

- le statut d'officier ministériel des avoués leur impose des contraintes spécifiques, qui participent du service public de la justice (permanence, obligation de prêter son ministère, existence d'un tarif limitant le coût de la procédure),

- le ressort territorial de la Cour d'Appel n'est pas le même que celui du Tribunal de Grande Instance ; il favorise dès lors l'éloignement géographique de l'avocat par rapport à la Cour d'Appel compétente. Pour suivre la procédure tout en étant disponible, il est indispensable d'avoir un mandataire sur place, pouvant répondre à toutes les convocations du magistrat instructeur,

- enfin, le procès civil ne se conduit pas de la même manière devant la Cour d'Appel. D'une part, la procédure présente une indéniable spécificité, de par la multiplicité des incidents de toute nature, qui rend nécessaire une spécialisation devant la Cour d'Appel, qu'on a pu comparer à celle des avocats aux Conseils. De l'autre, et en dépit de son effet dévolutif, l'instance d'appel n'est pas une simple répétition de la première instance.

Elle peut apparaître comme l'antichambre de la Cour de cassation. L'avoué a par ailleurs une fonction de conclusions, les conclusions des parties sont signées par leur avoué et notifiées dans la forme des notifications entre avoués (voir articles 960 et 961 du nouveau Code de Procédure Civile). L'avoué doit conclure dans les quatre mois de la déclaration d'appel, sous peine de radiation de l'affaire du rôle, privant de la sorte l'appel d'effet suspensif.

L'article 954 NCPC leur impose certaines règles spécifiques, telles que l'obligation de formuler expressément les prétentions et les moyens sur lesquels chacune de ces prétentions est fondée, l'interdiction, pour la partie qui conclut à l'infirmation du jugement, de procéder par voie de référence à ses conclusions de première instance, ou encore, si le magistrat de la mise en état le décide, l'obligation de récapituler les moyens qui auraient été successivement présentés, avec cette conséquence que les moyens qui ne sont pas récapitulés sont regardés comme abandonnés et ne peuvent fonder un pourvoi en cassation pour défaut de réponse à conclusions.

C'est dire combien la fonction de l'avoué à la Cour présente de réelles particularités par rapport à la fonction de l'avocat devant le Tribunal de Grande Instance. Un auteur (voir M. Rémy, Le maintien nécessaire des avoués à la Cour, G.P. 88, Doc. page 297), a ainsi pu considérer qu'il s'agit d'une structure essentielle et fondamentale de l'organisation judiciaire française, dont la suppression ne pourrait que nuire à la bonne administration de la justice.

La portée de ces justifications n'est pas contredite par l'examen du droit communautaire.

VI - LA FONCTION DE POSTULATION ET DE REPRESENTATION DE L'AVOUE ET LE DROIT COMMUNAUTAIRE

Alors qu'il a remis en cause, sous l'impulsion de la jurisprudence de la CJCE (arrêt du 10 Juillet 1991 précité), le principe de territorialité de la postulation, au profit des avocats ressortissants des autres Etats membres, et au détriment des avocats inscrits à un barreau français, le droit communautaire n'a pas porté atteinte au monopole de représentation et de postulation des avoués près les Cours d'Appel.

En effet, en vertu de l'article 202 alinéa 4 du Décret du 27 Novembre 1991, l'avocat communautaire (voir la liste des titres cités par l'article 201 du même Décret), devant la Cour d'Appel : *"doit agir de concert avec un avoué près cette Cour d'Appel ou un avocat habilité à représenter les parties devant elle"* (La fin de la phrase vise l'Alsace Moselle).

En d'autres termes, l'avocat communautaire ne peut pas exercer de fonction de représentation devant la Cour d'Appel. il doit, lui aussi, constituer un avoué près la Cour. Alors que l'action de concert se résume, en première instance, à une simple élection de domicile de l'avocat communautaire chez un avocat près le Tribunal saisi (CJCE 10 Juillet 1991 précité), l'action de concert entre les avocats communautaires et l'avoué d'appel, demeure gouvernée par la territorialité de la postulation, aucune discrimination à rebours n'existant alors à l'encontre d'un avocat inscrit à un barreau français.

Le texte de l'article 202 alinéa 4 du Décret du 27 Novembre 1991 n'a fait que transposer en droit interne l'article 5 de la Directive 77/249/CEE du 22 Mars 1977 qui prévoit que, pour l'exercice des activités relative à la représentation et à la défense en justice : "chaque Etat membre peut imposer à l'avocat d'un autre Etat membre.... d'agir de concert, soit avec un avocat exerçant auprès de la juridiction saisie et qui serait responsable, s'il y a lieu, à l'égard de cette juridiction, soit avec un avoué, ou un procuratore exerçant auprès d'elle".

Par ailleurs, l'article 200 alinéa 2 du Décret du 27 Novembre 1991 précise que l'activité professionnelle occasionnelle de l'avocat communautaire ne peut "s'étendre au domaine qui relève de la compétence exclusive des officiers publics ou ministériels", ce qui vise, à l'évidence, les avoués, avec les notaires et les huissiers de justice. Or, l'activité professionnelle occasionnelle de l'avocat communautaire relève de la libre prestation de services, et non de la liberté d'établissement (sur la frontière entre ces deux libertés, voir supra et l'arrêt de la CJCE du 30 Novembre 1995 précité).

En d'autres termes, il n'existe aucune liberté de prestation de services en matière de représentation devant la Cour d'Appel ; le ministère de l'avoué est obligatoire, que l'avocat plaidant soit inscrit à un barreau français, ou relève d'un autre Etat membre.

Cette règle repose en partie sur la qualité d'officier ministériel de l'avoué (voir article 200 alinéa 2 du Décret du 27 Novembre 1991).

En revanche, la profession d'avoué est ouverte aux ressortissants de l'Union Européenne, au titre du droit d'établissement, à la condition de respecter la réglementation imposée par le Décret du 19 Décembre 1945.

Des développements qui précèdent, il résulte que la suppression du monopole de la postulation par les avoués près les Cours d'Appel serait inopportune bien que souhaitée par une partie non négligeable des avocats notamment parisiens.

En effet, non seulement une telle suppression serait préjudiciable à la bonne administration de la justice, compte tenu de la spécificité attachée à la fonction de l'avoué (spécificité de la procédure d'appel, des conclusions d'appel, des incidents de procédure, disponibilité nécessaire des avoués près la Cour), mais encore, les avocats inscrits à un barreau français se retrouveraient en concurrence avec les avocats des autres Etats membres. Car si la territorialité de la postulation en première instance a été déclarée contraire au Traité de Rome par la CJCE (arrêt du 10 Juillet 1991), a fortiori la suppression du monopole de la postulation par les avoués près les Cours d'Appel devrait-elle bénéficier aux avocats inscrits dans un autre Etat membre et souhaitant représenter leurs clients en appel.

Le suivi du dossier serait dès lors assuré de la première instance à l'appel par des cabinets dont les avocats sont inscrits dans d'autres Etats membres, au titre de la liberté de prestation de services, si les prestations ne sont pas effectuées de façon stable et continue, au profit, entre autres, des ressortissants de l'Etat d'accueil, et au titre de la liberté d'établissement dans le cas inverse (sur ce point, voir supra).

De surcroît, une telle suppression serait un argument de plus pour les tenants de L'inclusion des prestations juridiques dans les services obéissant au principe de concurrence, dans le cadre du GATT.

En conclusion, on soulignera que la suppression des avoués en première instance, décidée par la loi du 31 Décembre 1971, combinée avec le maintien de la territorialité de la postulation, a priori favorable aux intérêts de la profession d'avocat, a abouti, près de vingt ans plus tard (arrêt de la CJCE du 10 Juillet 1991), à une discrimination à rebours au détriment des avocats inscrits à un barreau français, et au profit des avocats inscrits dans l'un des quatorze autres Etats membres...

LA LIBERTE DE LA DEFENSE

L'avocat pour le public représente la Défense. D'abord la défense dans ce moment pathétique qu'est un procès pénal. L'étymologie de son nom – *ad vocatus* – celui qui est appelé à l'aide fait comprendre pourquoi le défenseur est naturellement l'avocat.

La consécration légale de la défense comme droit et comme générateur de droits, les droits de la défense est cependant relativement récente. *« Le droit d'avoir un défenseur de son choix »* est un élément substantiel du procès équitable au sens de l'article 6 de la Convention Européenne des Droits de l'Homme qui date de 1950. Et si en France, il a fallu attendre la loi du 31 décembre 1990 pour reconnaître expressément à l'avocat la qualité d'auxiliaire de la justice (article 3), sa présence dans le procès répond à une exigence du droit naturel.

L'idée d'égalité de la situation des plaideurs, qui se trouve chez Aristote et chez Sénèque, est un axiome de la conscience commune. Audiatur altera pars : il faut aussi entendre l'autre partie. Ce principe qu'aucun texte ne formulait a pourtant toujours été considéré par la Cour de cassation, la plus haute stratosphère du droit écrit, comme fondamental et immuable. Dès 1828 un arrêt proclame : *« la défense étant un droit naturel, nul ne peut être condamné sans être interpellé, mis en demeure et défendu »*.

La violation de cette règle non écrite entraîne la cassation au nom de ce que la Cour suprême nomme les droits de la défense. Ces droits sont d'ailleurs sans frontières. Ils n'ont pas été institués pour la commodité du défenseur mais pour assurer, à toutes les étapes de la procédure, l'égalité entre les justiciables.

Sans doute peut on rêver d'un type de justice cohérent avec le rôle croissant en procédure du juge actif et directeur, où le juge pourrait se faire le défenseur des deux parties avant de juger entre elles. L'avocat comme « écran » disparaîtrait au profit du juge véritablement « impartial » et ainsi que l'écrivaient Jean Denis Bredin et Robert Badinter en 1976 : *« Si la justice pouvait être parfaite, une telle conception serait peut être bonne : des juges totalement indépendants, sérieux, compétents, détachés de toute idéologie, capables de faire observer une totale égalité, une totale loyauté, ayant le temps, les capacités, la patience d'écouter chaque justiciable des heures sinon des jours, de démêler ce que veut chacun, les moyens qu'il doit choisir et dans le cas où des faits, des idées, des sentiments, de retenir l'essentiel pour peser ensuite les arguments, les raisons, les preuves qu'il aurait tout seul rassemblés !*

On se prend à rêver. Tous les juges qui vivent la réalité judiciaire, savent ce que la justice d'inquisition enferme d'utopie ; ce qu'elle comporte de péril aussi. Mais il y a ici ou là des esprits qui songent à une telle justice, sublime expression du service public où un fonctionnaire vertueux, rigoureux, parfaitement intelligent et capable donnerait à chacun la justice qui lui est due ...

Jusqu'à la découverte du Juge Dieu, l'avocat demeurera le défenseur indispensable du justiciable et l'intermédiaire nécessaire entre lui et le juge. Bien sûr, il est des cas où l'avocat sert utilement à la justice, d'autres où, à la vérité, il ne sert pas à grand chose. Mais il en est de même pour les juges. Tous les magistrats qui vivent la réalité judiciaire savent ce qu'est pour la justice l'irremplaçable utilité de l'avocat. Ils savent mieux encore ce que serait une justice sans avocat ... »

L'avocat ne saurait remplir ce rôle de contre pouvoir, à la fois objecteur de justice et passeur d'hommes, s'il n'est pas libre, libre de ses choix, et librement choisi. La relation de confiance, colloque singulier qui identifie les professions que l'on dit libérales, n'existe pas sans cette double liberté. C'est bien ce qu'exprime l'article 19 du Nouveau Code de Procédure Civile : *« Les parties choisissent librement leur défenseur, soit pour se faire représenter, soit pour se faire assister, selon ce que la loi permet ou ordonne ».*

A la liberté de la partie correspond la liberté du défenseur. Son indépendance est proclamée par l'article 1 de la loi du 31 décembre 1971.

Le droit d'être défendu l'emporte toutefois sur la liberté de l'avocat. L'article 274 du Code de Procédure Pénale impose devant la Cour d'assises, devant laquelle les peines les plus graves peuvent être requises et prononcées, sa présence : *« L'accusé est invité (par le Président) à choisir un conseil pour l'assister dans sa défense. Si l'accusé ne choisit pas de conseil, le Président lui en désigne un d'office. »* L'avocat est alors en service commandé puisque l'article 9 de la loi du 31 décembre 1971 stipule : *« que l'avocat régulièrement commis d'office par le Bâtonnier ou le Président de la Cour d'assises ne peut refuser son ministère sans faire approuver ses motifs d'excuses ou d'empêchement. »*

Si l'accusé refuse le concours de l'avocat commis, celui-ci doit s'abstenir d'intervenir et de plaider contre la volonté de son client mais il doit demeurer à la barre, témoin muet de la régularité de la procédure. Devant le Tribunal pour enfants, en raison de l'ignorance et de la faiblesse du mineur, le juge, en l'absence d'un avocat, le désigne également ou le fait désigner d'office (article 10 de l'ordonnance du 2 février 1945). Sa désignation d'office est également prévue, mais elle est facultative pour le mis en examen, à la vingtième de la garde à vue ou devant le juge d'instruction (article 114 du Code de Procédure Pénale).

Devant les juridictions civiles et administratives et il serait souhaitable qu'il en soit de même devant les juridictions sociales et en matière de recours pour excès de pouvoir devant les juridictions administratives, exception qui multiplie les recours mal fondés, l'avocat fait plus qu'assister la partie, il la représente. Il se substitue à elle. Il agit et plaide en son nom en vertu d'un contrat tacite, dont il n'a pas à justifier, que l'on appelle mandat ad litem : *« Le mandat de représentation en justice emporte pouvoir et devoir d'accomplir au nom du mandant les actes de procédure »* Et l'article 413 du Code de Procédure Pénal précise : *« Le mandat de représentation emporte mission d'assistance ».* C'est l'avocat qui décide des actes de procédure à accomplir. Cette scission entre la partie et son représentant a été voulue dans l'intérêt du plaideur qui est trop près de son intérêt et de ses passions pour en restituer une vue claire au juge.

Représentant la partie dans la procédure, il l'assiste donc aussi par le conseil et la plaidoirie, avec les droits et devoirs propres qui en découlent. La mission d'assister pour l'avocat emporte selon l'article 412 du Code de Procédure Pénale : *« pouvoir et devoir de conseiller la partie et de présenter sa défense sans l'obliger ».*

L'avocat est en effet libre de sa parole - les explications orales qui souvent remplacent désormais la plaidoirie - qu'elle soit parlée ou écrite (les notes de plaidoirie). Il bénéficie à ce titre d'une immunité spéciale en ce que *« les discours prononcés et les écrits produits devant les tribunaux donnent lieu à aucune action en diffamation, injure ou outrage »* (article 41 de la loi du 29 juillet 1881). Ce qui est aussi le cas des parlementaires. Sauf si ces propos et discours sont étrangers à la Cour ou si l'avocat s'écarte du respect qu'il doit au juge.

A la liberté de choix de l'avocat par la partie, dont nous venons de voir les modalités, s'adosse la liberté de l'avocat d'accepter ou de refuser la sollicitation du client. Ce qui n'est pas le cas des professionnels du droit, quand ils sont officiers publics, comme le sont les notaires et les huissiers de justice. L'opinion du signataire de ces lignes est que cette liberté au pénal est incompatible avec son devoir. Sauf les cas où il existe un incompatibilité en conscience, l'avocat ne doit avoir qu'une règle : ma parole est à qui me la demande, pour n'être pas incité à refuser une cause inopportune ou impopulaire.

Mais le principe de la liberté est institué dans toutes les autres matières. Il s'y ajoute un devoir de refuser une cause lorsqu'il peut en résulter un conflit d'intérêt avec d'autres clients ou avec les clients du même groupement d'avocats et lorsqu'il s'agit d'agir ou de défendre sur l'existence, la validité ou l'interprétation d'un acte rédigé par le même avocat pour plusieurs parties entrées depuis en conflit. Ajoutons que l'avocat se doit, par une sorte également de clause de conscience à l'égard de lui-même et en considération aussi de sa responsabilité s'il satisfait mal à son devoir de conseil, de ne pas accepter une affaire dans une branche du droit qu'il maîtrise mal (voir Raymond Martin, déontologie de l'avocat, Litec n° 53).

Nous venons de voir que la liberté de la défense et ses droits s'exerce d'abord dans le cadre du procès. L'avocat remplit alors une sorte de service public de la défense. Mais le citoyen ne demande pas d'abord des procès. Il demande avant tout des conseils en droit pour naviguer au milieu des lois et des règlements dont la marée toujours montante accablent le juriste lui-même. Qu'il se marie ou qu'il divorce, qu'il rédige son testament ou qu'il hérite, qu'il achète un bien immobilier ou qu'il vende sa voiture, qu'il soit père de famille ou victime d'un accident, le citoyen demande de savoir la loi qui le concerne, l'usage qu'il peut en faire, et les droits et obligations qui en découlent. Il demande à éviter des procès dont il craint les incertitudes. Et de fait, le procès n'est souvent que du droit mal fait ou mal connu.

Le procès, même s'il ne doit pas être considéré comme une pathologie de la vie sociale, mais comme une manière civilisée de résoudre un conflit, demeure l'exception. Le droit commun, c'est le conseil. Le conseil ainsi reconnu dans sa nature apparaît comme un acte de justice. La présence effective de la justice dans le monde. La base de cette pyramide du droit au sommet de laquelle siège la cour de cassation. Qui doit donner ce conseil ? sinon l'avocat, concurremment, pour les matières relevant de leur ministère, avec les autres professions réglementées. L'avocat occupe ainsi une fonction privée qui a une valeur sociale puisqu'il est l'intercesseur privilégié entre les intérêts privés dont il a la charge et la justice dont il est l'auxiliaire. Il est au dehors de l'appareil judiciaire par son indépendance, et sa qualité de conseil, et pourtant au dedans par sa fonction. Il représente le monde extérieur auprès des juges et pour le monde extérieur, il participe à la justice. D'où la pertinence de ses conseils. C'est pourquoi l'accès à l'avocat, le dialogue avec l'avocat, c'est l'accès au droit, et s'il le faut le dialogue avec la justice. Cet accès doit être grand ouvert pour tous.

La mission de l'avocat, librement assumée par celui qui a été librement choisi, bien comprise et bien remplie, comme conseil autant que comme défenseur, participe à la justice elle-même. De sa présence, de sa compétence, de sa probité, de la confiance qu'il inspire et qu'il mérite dépend pour une part l'harmonie des rapports humains. La paix sociale en est tributaire pour cette part. L'avocat se doit donc d'être « habité par la défense ». Les avocats déshabités de la défense ne sont que les tenanciers de comptoir où l'on brasse des affaires. Leur indépendance et leur liberté perd de leur légitimité.

En réunissant sous le nom d'avocat les rameaux détachés d'une profession fragmentée par l'histoire sous les titres d'avocat, avoué, agréé et conseil juridique, les réformes de 1971 et 1990 ont accompli une étape importante de l'organisation nationale de la profession de conseil et de défenseur. Le cloisonnement des statuts et des monopoles à l'intérieur desquels des intérêts, des commodités, des habitudes liaient et opposaient les professionnels, ne correspondait plus à une exigence technique. Il apparaissait comme une irresponsabilité organisée dans un monde où les rapports de droit ont atteint une densité et une cadence inconnue de nos anciens, où l'on attend en même temps qu'ils soient connus, délibérés et résolus presque instantanément, où leur complexité due à l'inflation législative et réglementaire dépasse les limites de la connaissance individuelle, la dispersion des efforts et du temps entretenus par cette multiplicité des professions judiciaires n'était plus comprise. Ce désordre et cette lourdeur n'étaient plus de notre temps.

Les barreaux portent d'ailleurs la responsabilité de la séparation trop longtemps maintenue, et qui se perpétue encore dans la pratique, entre la consultation et la plaidoirie. Cette séparation fut en effet voulue par les avocats du 19ème siècle. On lit dans l'histoire du barreau de Paris du Bâtonnier Gaudry, en 1867 : *« La consultation a à peu près disparu. Ne nous plaignons pas. Si nos anciens avocats s'en affligent, la justice et la société ont trop gagné à cette simplification des procès. »* Les *« anciens avocats »* sont ceux de l'ancien régime qui réunissait dans une même profession, soumis aux mêmes règles, les avocats plaidants et les avocats consultants.

Aujourd'hui, comme il y a deux siècles, le public veut trouver un professionnel unique, responsable, compétent, qui lui dispense rapidement la prestation juridique dont il a besoin et qui la défende lui-même en justice s'il y a lieu. L'intégration des conseils juridiques dans la profession d'avocat, où ils apportent des méthodes de travail efficaces, un pragmatisme acquis dans la familiarité des affaires, une morale qui est celle de la compétence, est un acquis positif pour le public des usagers du droit.

Car tous doivent concourir aux mêmes buts : conseiller et défendre. La consultation ou le compromis qui évite le procès, la rédaction d'une assignation qui l'organise, le choix des pièces à communiquer, les mémoires et les conclusions, la plaidoirie ou les pourparlers transactionnels, sont les moyens d'expression, les techniques diverses d'une fonction unique : la défense. C'est la défense qui légitime socialement chacune de ces professions, non le conseil, la postulation, l'écriture ou la plaidoirie. L'avocat d'aujourd'hui doit voir que la vraie dignité se trouve dans l'efficacité, la compétence, la confiance et par conséquent la probité.

C'est parce que ces qualités sont les garanties du justiciable que l'indépendance et la liberté ne sont pas des préférences ou des privilèges mais des nécessités techniques attachées à la prestation même et indispensables à la qualité. L'indépendance et la liberté, que seul un exercice quotidien permet de conserver, sont le gage de la confiance nécessaire qui s'établit dans le silence et le secret du cabinet entre l'homme qui consulte et son conseil, pour que s'accomplisse cet étrange transfert que le client souhaite entre son client et lui ; comme avec son médecin.

La compétence n'est pas suffisante sans cette communication si particulière, ce supplément volontaire, ce sentiment libre que l'effort accompli a un sens, une signification humaine. Le prix en est souvent le harassement, l'anxiété, l'insécurité. Quelque chose de subtile et de difficile à définir que nous nommons la liberté dans l'activité professionnelle, et avant tout la liberté de la défense, liberté créatrice qui motive et justifie l'activité libérale. Mais il faut que la liberté de la défense soit absolue. La loi du 7 avril 1997 qui a étendu la confidentialité aux écrits, correspondances et consultations, l'a clairement reconnu. Le droit de la défense ne se concilie pas avec les circonstances. Une marge d'appréciation est une marge d'incertitude et donc d'insécurité. Les garanties auxquelles l'homme a droit ne doivent pas être affectées par les conceptions mouvantes qu'on peut avoir des contingences. Comme l'écrivait le Bâtonnier Maurice Alléaud dans son éloge du premier Président de la Cour de cassation Maurice Patain : *« Il n'est pas de l'intérêt social que les droits de la défense soient une conception flexible, car, sans leur aspect rigide pointe le risque de l'injustice. Or, la justice est le plus grave des désordres qui puisse affecter un état ».*

Et d'ajouter : *« Tout homme menacé a le droit de se défendre, c'est à dire d'être défendu ».*

Il ajoutait, donnant à la défense son aspect universel et s'adressant alors à des juges de la 17ème chambre correctionnelle de Paris pour défendre, à l'occasion du procès d'un avocat poursuivi par un ministre des finances, le principe de l'immunité de la défense et le droit pour l'avocat de dire tout ce qu'il estime utile à la défense de son client : *« L'accusé, face à tant de puissance, écrasé par tant de force, menacé par tant de périls, n'a, à ses côtés, pour contrebalancer tout cela, qu'un homme, un homme modeste dans sa robe noire. Seul pour défendre l'accusé, l'homme défendant un homme, au moins faut-il que l'avocat soit libre de sa parole et qu'il puisse s'exprimer sans crainte. Car il ne peut rien faire pour celui qui lui a confié son destin, pour cet homme qui a peur et que menace tant de puissance, sinon plaider pour lui, parler - c'est dérisoire - parler, parler pour lui. Voila pourquoi la liberté de sa parole est nécessaire à la justice. Voilà pourquoi nous avons le devoir, nous de la défendre, et vous, de la respecter ».*

Nous n'exaltons pas les droits de la défense. Nous les considérons pour ce qu'ils sont, des déductions dans l'ordre judiciaire et juridique des droits de l'homme et du citoyen.

Une fois posée la valeur absolue et éminente qui appartient à chacun en tant qu'il est un homme, capable de raison et d'existence réfléchie, capable de liberté et d'autonomie, capable de responsabilité et de lois, il doit s'en déduire la transposition dans les lois du droit de vivre en homme et les droits fondamentaux qui en sont les conditions et les dimensions constitutives. C'est par le droit, par l'obligation et la sanction, et l'unité indissociable des droits et des devoirs, qu'il est permis à l'homme de faire l'homme et de vivre en homme. Seul en effet le droit, et singulièrement les droits de la défense, en interposant entre l'homme et l'homme, entre l'homme et les pouvoirs, une règle sanctionnée peut assurer la communication de l'éthique et de la politique. Ce que les origines du totalitarisme d'Hannah Arendt et d'Archipel du goulag d'Alexandre Soljenytsine montrent exemplairement, c'est que l'absence totale et ordonnée de toutes les libertés formelles dans les systèmes pénaux nazis et soviétiques avait conduit irrévocablement à l'éradication de toutes les valeurs d'humanité.

La quotidienneté concentrationnaire est la démonstration expérimentale de ce qu'est l'homme à qui son semblable est soumis directement : quand entre le pouvoir du gardien et le déporté, il n'y a rien, la violence, le sadisme, la délation se déchaînent. Le dépérissement du droit et des procédures qui conservent aux hommes quelques signes de l'irréductible valeur, ou saveur, de tout homme entraîne le dépérissement de l'humanité en l'homme. L'indépendance de la justice, la légalité des délits et des peines et les droits de la défense sont autant de remparts contre la réduction du sujet de droit au rang d'objet. Leur absence donne libre cours à la rétroactivité des lois, la culpabilité sociale, les limitations de la garde à vue, la maïeutique de l'aveu par la matraque, le renversement de la charge de la preuve, le huit clos des audiences, le pourrissement pénitentiaire... Ce qui est montrer que le droit, comme règle et comme médiation, est bien la propédeutique de la reconnaissance d'autrui comme semblable, la propédeutique de toute morale sociale. En quoi le droit provient d'infiniment plus loin que le droit et que le droit tend par conséquent aussi infiniment au delà du droit. Mais le droit est velléité sans les institutions. C'est par les lois que la liberté mord sur le réel. Comme l'écrivait le philosophe Emmanuel Levinas : *« La liberté se grave sur la pierre des tables où s'inscrivent les lois. Elle existe par cette incrustation d'une existence institutionnelle. La liberté tient par un texte écrit, destructible, certes, mais durable, où, en dehors de l'homme, se conserve la liberté pour l'homme ».*

Pour que s'incarne le droit au droit dans le procès équitable, il faut que soient consacrés partout et toujours les droits de la défense. Les droits de la défense ne sont pas des droits innés de la nature, mais le moment constitutif essentiel de la défense de l'homme accusé. C'est pourquoi les droits de la défense sont premiers. Ils ne sont pas premiers en dignité, ils sont premiers dans l'ordre des moyens. Ce sont les conditions de la mise en oeuvre des droits humains dans une société donnée. Si les avocats sont fondés à revendiquer les droits de la défense, c'est en ce qu'ils sont les droits de l'homme en justice. Sont des droits sans exception ni réserve, ceux de l'avocat libre de sa plume et de sa parole. L'avocat que parfois l'on veut faire taire ne doit jamais se taire car la justice est sans justice lorsqu'elle est sans libre défense. Ce qui faisait dire à Berryer : *« La mission de l'avocat est aussi un ministère public ».*

L'EXECUTION

I - L'EXECUTION PAR LES HUISSIERS DE JUSTICE

Les huissiers de justice, dont le statut est régi par l'ordonnance n° 45-2592 du 2 Novembre 1945, complétée par une série de Décrets, notamment celui du 29 Février 1956 (modifié lui-même par le Décret du 12 Avril 1994, relatif à la modernisation de la profession d'huissier, qui impose comme diplôme la maîtrise en droit à partir du 1er Janvier 1996, afin d'aligner la formation initiale des huissiers de justice sur celle des principales professions juridiques et judiciaires) sont à la fois des officiers ministériels et des officiers publics.

En tant qu'officiers publics, ils sont délégataires de la puissance publique, et les actes accomplis dans le cadre de leur compétence d'attribution sont des actes authentiques. Les huissiers de justice participent ainsi d'une mission de service public, ce sont des "concessionnaires du service public de la justice ou de l'autorité judiciaire".

De ces attributs découlent plusieurs conséquences :

- la participation au service public de la justice implique la permanence et la continuité. Les huissiers de justice sont tenus de prêter leur ministère lorsqu'ils en sont requis,

- l'obligation de respecter un tarif fixant leur émolument,

- la possibilité de requérir la force publique pour l'exécution forcée des actes revêtus de la formule exécutoire.

Aussi bien, l'accès à la profession d'huissiers de justice reste-t-il fermé aux étrangers, même ressortissants de l'Union Européenne, la condition de nationalité française étant posée par l'article 1er-1 du Décret du 14 Août 1975.

Parce qu'elle est fondée sur la qualification d'officier public, délégataire d'une parcelle de la puissance publique, la condition de nationalité française est parfaitement conforme au Traité de Rome, dont l'article 55 dispose :

> *"sont exceptées de l'application des dispositions du présent chapitre (relatif au droit d'établissement), en ce qui concerne l'Etat membre intéressé, les activités participant dans cet Etat, même à titre occasionnel, à l'exercice de l'autorité publique".*

De plus, la discrimination fondée sur la nationalité, et prévue par l'article 55 du Traité de Rome, est étendue aux services par l'article 66 du même Traité. En d'autres termes, et bien qu'elle soit aussi une profession libérale, la profession d'huissiers de justice est exemptée des dispositions du Traité de Rome relative à la liberté d'établissement (articles 52 & ss.-) et à la liberté de prestation de services (articles 59 & ss.-), parce que les huissiers de justice sont des officiers publics, délégataires d'une parcelle de l'autorité publique.

Toutefois, à notre sens, une telle protection ne se conçoit que pour les fonctions couvertes par le monopole, dans lesquelles les actes dressés par l'huissier de justice sont des actes authentiques, et non pour les fonctions hors monopole, à propos desquelles l'huissier de justice est en situation de concurrence avec d'autres professions (certaines de ces activités sont concurrentielles, d'autres, soumises à condition. Dans la première catégorie, on peut citer la rédaction d'actes SSP, et l'activité de consultant ; dans la seconde, l'exercice de la profession d'agent général d'assurances ou de syndic, uniquement sur autorisation du Garde des Sceaux. Certaines se rattachent peu ou prou à la justice - constats d'huissier, recouvrement amiable de créance, ou sur injonction de payer, rédaction d'actes SSP, de consultation, prisée et vente aux enchères publiques de meubles et d'effets mobiliers dans les communes où il n'existe pas de commissaire priseur - ; d'autres n'ont rien à voir avec la justice, et sont de véritables activités annexes, telles qu'administrateur d'immeuble et agent d'assurances).

Bien que la profession des huissiers de justice souhaite pouvoir exercer l'activité de syndic sans avoir à solliciter d'autorisation, au prétendu motif d'une meilleure gestion des intérêts du client (voir compte-rendu d'audition à la Chancellerie en date du 25 Juillet 1996), il importe, au contraire, de souligner la réticence de la doctrine face à ses activités annexes, qui sont susceptibles de mettre l'huissier de justice "souvent, surtout dans les campagnes, en situation d'influence, ou en contradiction d'intérêts avec les particuliers", au titre de leurs fonctions couvertes par le monopole.

Ces observations liminaires étant effectuées, et le thème étant celui de l'exécution par les huissiers de justice, les remarques qui vont suivre souligneront les modifications apportées par l'importante réforme des procédures civiles d'exécution, due à la loi du 9 Juillet 1991 et au Décret d'application du 31 Juillet 1992, qui, d'une part, ont nettement accru le rôle des huissiers de justice, et, de l'autre, témoigne d'une volonté de "déjudiciariser" le droit de l'exécution forcée et de sécuriser les procédures.

II - LA REVALORISATION DU ROLE DE L'HUISSIER DE JUSTICE OPEREE PAR LA REFORME DES PROCEDURES CIVILES D'EXECUTION

L'huissier de justice, officier public ministériel, a compétence d'attribution pour la signification des actes de procédure, l'exécution des décisions de justice et autres titres exécutoires, l'exécution des mesures conservatoires, l'exécution forcée des ordonnances de référé, qui sont elles aussi des titres exécutoires (par exemple : référé-provision).

L'acte accompli dans le cadre de sa compétence d'attribution est un acte authentique, le pouvoir d'authentifier procédant de la délégation de l'autorité publique dont sont investis les officiers publics ministériels.

A l'inverse, les constats d'huissiers, qui peuvent être établis par un clerc habilité (Ord. 2 Nov. 1945, art. 1er bis, ajouté par la loi du 9 Juil. 1991, art. 80), constats établis à la requête des particuliers, ne sont pas des actes authentiques ayant pleine force probante.

Parce qu'ils sont détenteurs d'une parcelle de l'autorité publique, les huissiers de justice voient leur compétence territoriale limitée au ressort du tribunal d'instance de leur résidence (art. 5 du Décret du 19 Fév. 1956). La limitation de la compétence territoriale est liée à l'obligation de résidence de la commune où est établi l'office dont il est titulaire (la compétence territoriale et l'obligation de résidence sont liées. Dans le cas des notaires, où la compétence territoriale a été étendue à tout l'ensemble du territoire national, l'obligation corrélative de résidence a été logiquement supprimée. Voir infra). De surcroît, la limitation de la compétence territoriale et l'obligation de résidence permettent et facilitent le contrôle de l'activité de l'huissier de justice par un juge très proche.

Lors des travaux entrepris pour moderniser le droit des voies d'exécution, les pères de la réforme du 9 Juillet 1991 ont observé que le cadre européen, pouvant servir d'inspiration ou de modèle, était maigre. Ainsi les pays européens, sauf la Belgique, n'offrent pas de modèles récents répondant aux impératifs du monde moderne.

C'est dire l'importance et la capacité de rayonnement du modèle adopté par la loi du 9 Juillet 1991.

La revalorisation du rôle de l'huissier de justice va de pair avec celle du titre exécutoire. Ce n'est plus le juge qui rend effectif le titre exécutoire, bon nombre d'autorisations ayant été supprimées (voir infra, sur la "déjudiciarisation" des procédures), mais bien l'huissier de justice, qui devient le second acteur principal des nouvelles procédures civiles d'exécution.

Le monopole des huissiers de justice ne comporte plus seulement les mesures d'exécution forcée, mais a été étendu aux mesures conservatoires (voir l'article 18 de la loi du 9 Juil. 1991), au détriment des avocats, l'article 1er de la loi du 13 Juillet 1992 ayant toutefois limité le monopole de l'exécution des mesures conservatoires aux seules "saisies conservatoires" (voir l'article 18 modifié de la loi du 9 Juil. 1991).

L'huissier de justice a donc une compétence d'attribution couverte par un monopole pour procéder aux mesures de saisies et aux saisies conservatoires, ainsi qu'aux sûretés judiciaires (hypothèque et nantissement provisoires, articles 67 à 79 de la loi du 9 Juil. 1991).

S'agissant, cette fois, des mesures d'exécution forcée, c'est à l'huissier de justice que la loi nouvelle incombe la responsabilité de la conduite des opérations et confié le pouvoir de saisir le ministère public afin que ce dernier procède à la recherche des informations nécessaires à la mise en oeuvre de l'exécution (voir articles 39 à 41 de la loi du 9 Juil. 1991). Le rôle de l'huissier de justice dans la recherche de l'information, avec le ministère public, peut être particulièrement contraignant pour les tiers, les banques tiers saisies ne pouvant refuser d'indiquer la nature du ou des comptes du débiteur saisi ainsi que leur solde au jour de la saisie (voir article 44 de la loi du 9 Juil. 1991 ; article 59 du Décret du 31 Juil. 1992), la sanction étant, sauf motif légitime, la condamnation du tiers à payer les sommes réclamées par le saisissant, sans égard au montant de ce qu'il doit au débiteur, s'il lui doit quelque chose. La doctrine souligne que les tribunaux appliquent fermement les sanctions prévues.

Les prérogatives reconnues à l'huissier de justice dans la recherche de l'information accentuent ainsi et renforcent l'effectivité du titre exécutoire.

Parallèlement, l'huissier de justice a un rôle accru d'information, au profit, cette fois, du débiteur saisi lui-même, en devant lui rappeler ses droits, et la possibilité de contestation dont il dispose, et lui indiquer le Juge de l'Exécution compétent en cas de litige, ainsi que les délais pendant lesquels les constatations sont recevables.

En d'autres termes, les différentes prérogatives de l'huissier de justice ont aussi pour finalité de réaliser un certain équilibre entre les droits du créancier saisissant et les droit du débiteur saisi, volonté d'équilibre qui se retrouve dans de nombreuses dispositions des nouvelles procédures civiles d'exécution ou dans la réforme des délais de grâce (volonté de protection de la personne du débiteur, de sa vie privée, de son domicile, de ses biens, par exemple à travers la subsidiarité de la saisie-vente, réforme de l'article 1244 du Code Civil sur les délais de grâce, par la loi du 9 Juil. 1991, qui prend en compte à la fois les intérêts du créancier et ceux du débiteur).

Compte tenu du nouveau rôle de l'huissier de justice et de l'extension de son monopole, réalisé par la loi du 9 Juillet 1991, il était parfaitement logique de relever le niveau de formation exigé, en imposant, par le décret du 12 Avril 1994, le diplôme de maîtrise en droit, à compter du 1er Janvier 1996.

L'huissier de justice apparaît en définitive comme un juriste de proximité dont la tarification des émoluments permet une certaine transparence, et dont la revalorisation de la fonction est intimement liée à la volonté de "déjudiciariser" les procédures civiles d'exécution.

III - LA REVALORISATION DU ROLE DE L'HUISSIER DE JUSTICE LIEE A LA VOLONTE DE "DEJUDICIARISER" LES PROCEDURES CIVILES D'EXECUTION

Le phénomène de "déjudiciarisation" des voies d'exécution est particulièrement sensible à la nouvelle saisie attribution des créances, dont les effets ont été considérablement renforcés (attribution immédiate et exclusive de la créance saisie au profit du créancier, la force de la nouvelle saisie attribution étant telle que le simple créancier chirographaire, ayant procédé le premier à la saisie attribution de la créance litigieuse, l'emportera sur les autres créanciers, moins diligents, serait-il titulaire d'un privilège), et dans la saisie des rémunérations.

Le terme de "déjudiciarisation" signifie que le recours au juge n'est pas nécessaires pour parvenir à l'exécution forcée de la créance, dès lors que celle-ci est constatée dans un titre exécutoire.

Peuvent ainsi être réalisées directement, sans que soit nécessaire une autorisation judiciaire préalable, dès lors que la créance est constatée dans un acte authentique ou un titre exécutoire :

- la saisie attribution des créances, qui emporte attribution immédiate et exclusive de la créance saisie au profit du créancier saisissant, à tel point qu'on la décrit comme emportant le transfert de la propriété de la créance,

- les saisies conservatoires,

- les prises directes du sûretés judiciaires (hypothèque sur un immeuble, nantissement de fonds de commerce, nantissement de valeur mobilières; à ce titre, la réforme des procédures civiles d'exécution a créé une sûreté judiciaire sur les parts sociales, les actions ou autres valeurs mobilières ; voir les articles 77 à 79 de la loi du 9 Juil. 1991).

En somme, il apparaît que l'efficacité du droit ne passe pas nécessairement par le juge, et qu'elle peut être obtenue par le couple titre exécutoire-monopole de l'exécution forcée et des saisies conservatoires de l'huissier de justice. Le meilleur exemple en est la saisie attribution de créance, qui constitue une procédure extrajudiciaire d'exécution forcée sur les créances. Le recours du juge est inutile ? L'existence du titre exécutoire et les prérogatives reconnues aux huissiers de justice permettent d'en faire l'économie. Il suffit que le juge puisse être saisi en cas de contestation (en l'état, le JEX, voir l'article L 311-12-1 du Code de l'Organisation Judiciaire).

Un tel modèle juridique a été rendu possible par la revalorisation du titre exécutoire, désormais dispensé de l'autorisation judiciaire afin de procéder à des mesures d'exécution forcée ou des saisies conservatoires, entraînant avec elle la revalorisation de la mission de service public des huissiers de justice, liée à une "déjudiciarisation" des procédures.

Il s'agit d'un système cohérent, quand bien même la mise en place du JEX a suscité craintes et critiques, et efficace, qui renforce l'effectivité des droits du créancier tout en contribuant à désengorger les tribunaux, dès lors que le créancier est déjà muni d'un titre exécutoire.

Mais c'est aussi un système qui, en raison du retrait du juge, postule de sérieuses garanties, tant, en amont, de la part de ceux qui délivrent des titres exécutoires (principalement les notaires, mis à part les juges), qu'en aval de ceux qui sont chargés d'en assurer l'exécution forcée (les huissiers de justice). D'où la pertinence de la qualification d'officier public ministériel tant des notaires que des huissiers, qui s'accompagne d'un statut contraignant, échappant aux libertés d'établissement et de prestations de services du droit communautaire, doté d'une organisation professionnelle structurée, d'assurance professionnelle, et exposé à une responsabilité tant pénale que civile très lourde.

Les avantages ainsi attachés aux titres exécutoires permettent alors de mieux mesurer l'importance du pouvoir d'authentifier des notaires.

L'AUTHENTIFICATION

I - L'AUTHENTIFICATION PAR LES NOTAIRES

L'authenticité est la foi publique attachée aux actes publics, actes judiciaires, et, par délégation de l'autorité publique, aux actes notariés. Elle a une source, un objet, et un effet très particulier. Etablie par l'autorité publique ou ses délégataires (les officiers publics), elle porte sur la signature et le contenu de l'acte. Elle rend ce dernier exécutoire par lui-même dans l'Etat où il a été établi (définition commune aux Conventions de Bruxelles du 27 Septembre 1968 et de Lugano du 16 Septembre 1988). La particularité de l'acte authentique est qu'il se suffit à lui-même, qu'il n'a besoin de personne pour accomplir son propre objet, ce qui correspond au sens étymologique d'authentique, exprimant l'idée d'agir par soi même.

L'existence d'une définition internationale de l'authenticité (Conventions de Bruxelles et de Lugano précitées, qui lient donc dix huit Etats, quand bien même certains d'entre eux ne connaîtraient pas la notion d'acte authentique dans leur droit interne) atteste à la fois la force de rayonnement internationale de l'authenticité et la mise en lumière "entre tous les notariats européens des éléments fondamentaux identiques : délégation de la puissance publique, même concept de l'authentification et de son rôle".

En droit interne, trois textes fondamentaux dominent l'authenticité, et l'acte authentique "par excellence, l'acte authentique notarié. L'article 1er de l'Ordonnance n° 45-2590 du 2 Novembre 1945, relative au statut du notariat, issu de l'article 1er de la loi du 25 Ventose An XI : *"les notaires sont les officiers publics établis pour recevoir tous les actes et contrats auxquels les parties doivent ou veulent faire donner le caractère d'authenticité attaché aux actes de l'autorité publique, et pour en assurer la date, en conserver le dépôt, en délivrer des grosses et expéditions"*, texte qui montre que les particuliers, en recourant aux services du notaire, peuvent imprimer à leurs conventions la même autorité, la même force et le même prestige que ceux Qui sont attachés aux actes de l'autorité publique, ce qui n'est pas sans évoquer le principe de l'article 1134 du Code Civil qui met, sur le même plan, entre les parties, la convention et la loi.

- l'article 1317 du Code Civil, énonçant que *"l'acte authentique est celui qui a été reçu par officiers publics ayant le droit d'instrumenter dans le lieu où l'acte a été rédigé, et avec les solennité requises"*, texte qui lie clairement la qualité d'authenticité à la qualité du rédacteur de l'acte,

- enfin, l'article 1319 alinéa 1 du Code Civil, affirmant *que "l'acte authentique fait pleine foi de la convention qu'il renferme entre les parties contractantes et leurs héritiers ou ayants-cause"*.

Connus depuis des siècles, les bienfaits de l'authenticité sont attestés par ses finalités.

L'authentification est à la fois l'expression d'un pouvoir et d'une action, dont la communauté de traits facilite la circulation internationale.

Enfin, les intérêts manifestes attachés à l'authenticité n'en rendent que plus nécessaire la délimitation précise de son périmètre.

II - LES FINALITES DE L'AUTHENTICITE

L'authenticité a une double finalité, politique et technique.

1/ Politique, la finalité de l'authenticité, car, ainsi que l'a soutenu un auteur, l'acte authentique participerait d'une société libérale, en assurant et ménageant le respect de la liberté et de l'autonomie individuelle. Par l'acte authentique, l'accord des volontés des parties acquiert la même force que celle de l'acte établi par l'autorité publique, la solennité protégeant ainsi le consentement des parties et renforçant son rayonnement à l'égard des tiers.

L'esprit du droit romain, exposé par Ihering, que le Professeur Sourioux appelle de ses voeux à souffler sur l'Europe illustre magistralement que l'authenticité veille sur l'intégrité du consentement : *"ennemie jurée de l'arbitraire, la forme est la soeur jumelle de la liberté"*.

Ainsi que l'écrit M. Normand : *"la liberté ne peut être effective que si elle obéit à des règles. L'acte authentique réalisé avec un certain bonheur cette synthèse entre la force et le droit, l'autorité et la liberté, l'ordre et le mouvement, sans laquelle la vie sociale sombre dans l'anarchie ou le totalitarisme"*.

Ihering poursuivait son propos en écrivant que la forme fortifie la liberté *"du dedans et la protège du dehors"*, constituant *"le sceau de la volonté juridique arrêté"*.

Aussi comprend-on le rayonnement actuel de l'acte authentique comme modèle du droit auprès des pays de l'Est, fraîchement libérés du communisme, de la Pologne à la Roumanie, qui mettent en place un système notarial calqué sur le système français.

2/ Technique, la finalité de l'authenticité, car l'acte authentique a pour simple fonction de constater un acte juridique, d'en prouver avec une particulière énergie l'existence et le contenu, tout en lui conférant date certaine et en le rendant opposable aux tiers. Dans le système de la preuve légale qui domine le système juridique français, l'acte authentique en constitue la pièce centrale.

Des différentes finalités du droit de la preuve (constater l'existence de l'obligation, protéger la partie faible, déjouer le procès) l'acte authentique est bien le mode de preuve qui permet le mieux de déjouer le procès (sur 4,5 millions d'actes authentiques reçus chaque année par les notaires français, seulement moins de 0,5°/°° font l'objet d'une procédure judiciaire), et de répondre à la très forte attente de sécurité juridique. Soucieux de sécurité, l'acte authentique incite à la rigueur. Il constitue la preuve parfaite dans le procès. Il permet aussi et surtout de faire l'économie, tant en amont (constatation de l'existence de la créance), qu'en aval (exécution forcée de la créance par l'huissier de justice sans qu'il soit nécessaire de recourir au juge lorsque le créancier possède un acte notarié) de la réalisation du droit.

En somme, et selon les cas, la solennité de l'acte authentique réalise la protection des parties (exemples : libéralités entre vifs, conventions matrimoniales, constitutions d'hypothèques, ventes de maison neuve - article L 261-11 du Code de la Construction) et/ou celle des tiers (exemples : subrogation et constitution d'hypothèque, le système de la publicité foncière régie par le Décret du 4 Janvier 1955 et la sécurité du crédit immobilier s'appuyant tout entier sur l'authenticité).

C'est dire, en définitive, combien le formalisme n'exprime pas la seule finalité de l'acte authentique notarié, l'écrit pouvant, dans certains cas, être érigé par la loi, en règle de forme *ad validitatem* (exemple : la loi du 19 Déc. 1990 sur les constructions de maisons individuelles, qui n'exige qu'un acte écrit et non notarié ; d'autres exemples peuvent être cités : ainsi du contrat d'apprentissage - article L 117-12 du Code du Travail ou du contrat à durée déterminée, voir l'article L 122-3-1 du Code du Travail, etc....).

L'authenticité de se réduit pas au formalisme (exemple : n'a pas à être établi en la forme authentique le mandat d'accomplir un acte soumis à authenticité lorsque la raison d'être du formalisme n'est pas la protection du consentement des parties, mais la publicité ou la certitude de date, ce qui est le cas par exemple de la subrogation accomplie par procuration).

Elle est, bien davantage, l'expression d'un pouvoir, le "pouvoir d'authentifier", qui se prolonge, dans l'ordre matériel, par l'action d'authentifier.

B/ LE POUVOIR D'AUTHENTIFIER

Le pouvoir d'authentifier comprend deux attributs le rapprochant du pouvoir de rendre la justice. L'un est le pouvoir d'écrire le droit, qui est à rapprocher du pouvoir du juge qui est de dire le droit. L'autre est le pouvoir de commandement, contenu dans la formule exécutoire de l'acte authentique notarié.

Ces deux attributs expliquent la supériorité de l'acte authentique sur l'acte SSP, et justifient son rayonnement, en tant que modèle du droit, à l'étranger.

1/ Le pouvoir d'écrire le droit, dénommé *juris scripto,* emporte trois conséquences :

- Parce qu'il est reçu par un officier public, l'acte authentique a pleine force probante. Il fait foi de son contenu, jusqu'à inscription de faux.
- Ayant date certaine, il rayonne au-delà du champ contractuel des parties pour atteindre les tiers, en vertu de son opposabilité.
- Et le pouvoir d'écrire le droit, dans une époque marquée par l'instabilité, s'inscrit dans le temps, le notaire ayant une mission de conservation et d'archivage des actes qu'il a reçus.

La supériorité de l'acte authentique sur l'acte SSP tient à sa force probante renforcée, en raison des faits constatés ou accomplis par l'officier public ministériel qu'est le notaire. Ainsi que l'écrit le Président Lièvre : *"l'acte notarié présente une forte valeur sécuritaire ajoutée. En matière de preuve il fait pleinement foi de son contenu, et ne peut être attaqué que par la procédure lourde de l'inscription de faux".* La raison de la force probante de l'acte authentique est que c'est un officier public qui reçoit l'acte, qui en est le témoin oculaire. La force probante renforcée est liée à la sincérité de l'officier public.

Ainsi que l'écrivait Planiol : *"la sincérité de l'officier public est garantie : 1/ par les conditions préalables de sa nomination, qui assurent aux fonctions dont il est chargé un recrutement aussi bon que possible, et : 2/ par les conséquences terribles qu'aurait pour lui un faux commis dans ses fonctions"* (aux travaux forcés à perpétuité du passé a succédé la sanction de quinze ans de réclusion criminelle prévue par l'article 441-4 du nouveau Code Pénal).

La force probante portant sur la signature et le contenu de l'acte authentique s'étend nécessairement à la date (voir l'article 1er de l'Ordonnance du 2 Nov. 1945), de sorte que l'acte authentique notarié est opposable aux tiers. Elle assure un formalisme dans l'intérêt des tiers (système de la publicité foncière).

Enfin, l'acte authentifié est conservé et archivé par le notaire. L'obligation de conserver minute de tous les actes reçus (article 1er de l'Ordonnance du 2 Nov. 1945) est clairement une conséquence de l'authenticité.

2/ La force probante toute particulière de l'acte authentique constitue également la justification du second attribut attaché au pouvoir d'authentifier, soit le pouvoir de commandement. Lorsque l'acte authentique, rédigé en minute, comporte l'obligation de payer une somme d'argent, et que la dette est certaine et exigible, le notaire peut faire figurer la formule exécutoire. De même, depuis la loi du 15 Juin 1976, l'endossement des copies exécutoires à ordre doit être notarié.

L'acte authentique a force exécutoire, car la délégation du pouvoir exécutif investit l'officier public ministériel qu'est le notaire rédacteur d'une puissance de commandement. L'acte SSP n'a pas force exécutoire car ni dans son origine, ni dans son contenu, il n'offre a priori de certitude, de sorte que son exécution forcée oblige à vérifier préalablement l'existence du titre de créance. En revanche, l'acte notarié a, lui, force exécutoire, parce que la signature qu'il porte est tenue pour sincère, et les énonciations qu'il renferme, tenues pour vraies jusqu'à inscription de faux, en raison des faits constatés par le notaire rédacteur. Force probante et force exécutoire sont ainsi liées.

L'utilité de l'acte notarié, attachée à sa force exécutoire, a été renforcée par la réforme des procédures civiles d'exécution. Cet intérêt s'accroît encore en matière de bail commercial, en raison du risque des procédures collectives pouvant peser sur le preneur à bail, et de ses répercussions sur le droit du bailleur. Ainsi que l'écrit M. Derruppé : "*que ce soit lors de la conclusion du bail, lors de son renouvellement ou de sa cession, le bailleur de locaux commerciaux ne pourra pleinement bénéficier des avantages des nouvelles procédures d'exécution que si l'acte de bail, de renouvellement ou de cession est authentique*".

En effet, fort de son titre exécutoire, le créancier bailleur peut diligenter directement des mesures d'exécution forcée ou des mesures conservatoires, grâce au ministère des huissiers de justice, sans avoir à solliciter l'autorisation du juge. Là est la force, la cohérence et l'efficacité du couple acte notarié-exécution forcée du titre exécutoire par l'huissier de justice. Cette force est telle et les effets attachés à la nouvelle saisie attribution des créances tellement vigoureux (attribution immédiate et exclusive de la créance saisie au profit du créancier saisissant, voir supra) qu'ils font écrire à la doctrine : "il est aujourd'hui préférable d'être créancier chirographaire muni d'un titre exécutoire plutôt que créancier privilégié dépourvu d'un tel titre".

En somme, la supériorité de l'acte authentique sur l'acte SSP est incontestable. Elle tient d'une part à ses qualités intrinsèques (force probante et force exécutoire, qualités auxquelles il convient d'ajouter la pérennité de l'acte notarié, en raison de sa conservation et de son archivage), de l'autre, à la qualité de son rédacteur, qui est un officier public ministériel, dont le rôle ne se limite pas à rédiger l'acte, mais déborde aussi, à l'instar des autres professionnels du droit, vers une mission de conseil et d'assistance des parties.

Plus encore, le notaire est tenu d'un devoir d'impartialité envers les différentes parties à l'acte, qui s'exprime avec vigueur à travers les règles de la compétence personnelle. Le Décret du 26 Novembre 1971 fait en effet interdiction au notaire de rédiger des actes dans lesquels leurs parents ou alliés, en ligne directe à tous les degrés, et en ligne collatérale jusqu'au degré d'oncle ou de neveu inclusivement, sont parties. Parallèlement, les notaires ne peuvent pas recevoir d'actes qui contiendraient une quelconque disposition en leur faveur. Enfin, ces interdictions s'imposent aux membres des sociétés titulaires d'un office notarial, ce qui leur confirme une portée beaucoup plus vaste (sont concernés non seulement le notaire intéressé, mais aussi tous les notaires associés).

Les atouts de l'authentification par les notaires sont indéniables. Ils permettent de comprendre le rayonnement actuel de ce modèle juridique à l'étranger, rayonnement lié à une structure juridique, existant dans les pays de droit civil écrit, l'acte authentique à formule exécutoire présentant une grande homogénéité au sein de l'Union Européenne, excepté le cas des pays de Common Law.

Le pouvoir d'authentifier constitue ainsi un rouage précieux dans le fonctionnement des sociétés modernes, gage de sécurité et d'efficacité. Il se concrétise par l'action d'authentifier qui constitue, concrètement, une mission de service public.

III - L'ACTION D'AUTHENTIFIER

L'authenticité se présente comme un service, et l'idée de service se matérialise "dans l'existence du devoir d'authentifier, contrepartie du devoir d'authentifier". En d'autres termes, à l'action d'authentifier correspond une mission de service public, qui n'est pas réductible à une banale prestation de services, de sorte qu'elle doit échapper à la liberté de prestation de services et à la liberté d'établissement.

1/ Une mission de service public

Le notaire est un officier ministériel. Dans l'exercice de ses fonctions, il accomplit une mission de service public qui s'exerce de façon libérale. Qualifié d'authentification de droit commun par la doctrine, le notaire est soumis à un statut contraignant, délimitant une compétence personnelle et d'attribution (la compétence territoriale s'étend aujourd'hui à l'ensemble du territoire national).

Sa qualité d'officier public ministériel lui impose de prêter son ministère à qui le requiert, sauf exception, lui rend particulièrement impérieux le respect de l'honneur, de la probité et des bonnes moeurs. L'obligation d'instrumenter et de prêter son ministère s'il en est requis montre que le notaire assure la continuité et la permanence de sa mission. Ainsi que l'écrit le Professeur Sourioux, il n'y a pas de grève de l'authenticité.

De même, l'importance des attributs du pouvoir d'authentifier justifiée en droit que l'accès à la profession de notaire soit réservée aux seuls nationaux. Si, enfin, on rappelle que la langue des actes authentiques est le français (exceptés, sous certaines conditions, ces actes authentiques rédigés en Alsace Moselle, où il est possible d'utiliser la langue allemande) on remarquera que les composantes essentielles de l'Etat Nation (un territoire, une langue, une nationalité), trouvent leur transposition dans l'acte authentique notarié (la compétence territoriale, la langue française obligatoire, excepté le cas contestable de l'Alsace Moselle ; la condition de la nationalité française - la même observation peut être faite à propos des actes rédigés par les huissiers de justice dans le cadre de leur monopole).

En somme, le notariat et son fonctionnement se caractérisent « par l'existence de principes qui donnent à penser que l'action d'authentifier relève d'une mission de service public » qui n'est pas réductible à une banale prestation de service et doit échapper aux libertés d'établissement et de prestation de services posées par le Traité de Rome.

2/ Une mission de service public exclue du système de libre concurrence.

Le notariat français s'estime dans son ensemble exclu du système communautaire de liberté d'établissement et de prestation de services, sur le fondement des exceptions des articles 55 (liberté d'établissement) et 66 (liberté de prestation de services) du Traité de Rome.

En ce sens, la condition de nationalité française posée par les textes fait obstacle à la liberté d'établissement, et l'analyse du rôle du notaire, authentificateur de droit commun ayant le statut d'officier public ministériel, le fait participer à l'exercice de l'autorité publique au sens de l'article 55 du Traité de Rome.

En raison de la délégation de l'autorité publique, seul l'Etat peut nommer le notaire. Relevant d'une mission de service public, l'action d'authentifier n'est pas "réductible à une prestation juridique de travailleur indépendant", assimilable à une prestation commerciale libérée sur le territoire de tous les Etats parties au GATT. De sorte que la "délégation partielle de souveraineté de l'Etat pour assurer notamment le service public de l'authenticité des conventions et de la preuve" (Résolution A3-0422/93 du Parlement Européen sur la situation et l'organisation du notariat dans les douze Etats membres de la Communauté, JOCE 1994, C 44, page 36) fait obstacle au jeu de la liberté de prestation de services.

Parce qu'elle est liée à la souveraineté de l'Etat et à la délégation de la puissance publique, l'authenticité est liée au territoire national. Un notaire français ne peut pas conférer l'authenticité en dehors du territoire national, car la délégation de l'autorité publique s'arrête aux frontières. Sa compétence territoriale est tout le territoire national, rien que le territoire national.

Dans le même sens, à la question posée par W. Kuijpers à la Commission, le 14 Février 1989, sur la possibilité, pour les notaires, d'agir en liberté de prestation de service, la Commission a répondu, par l'intermédiaire de M. Bangeman, le 19 Mai 1989 que trois obstacles existaient :

- le dispositif protecteur de l'article 55 du Traité de Rome,

- les conditions restrictives d'accès à la profession imposées par certains Etats,

- la reconnaissance des diplômes.

Cependant, et en l'absence d'arrêt de la CJCE sur l'application aux notaires de l'article 55 du Traité de Rome, le débat reste ouvert sur le point de savoir si la jurisprudence Reyners (CJCE 21 Juin 1974, Aff. 2/74) ayant dégagé la théorie de l'acte détachable (selon cette théorie l'article 55 n'est pas applicable à toute la profession lorsque, dans le cadre de celle-ci : "les activités participant éventuellement de l'exercice de l'autorité publique constituent un élément détachable de l'ensemble de l'activité professionnelle en cause", de sorte que l'article 55 ne s'applique pas à l'ensemble d'une profession considérée, mais uniquement à celle de ses activités qui participe de l'exercice de l'autorité publique) est transposable aux notaires.

La Conférence permanente des notariats de la Communauté Européenne a, par une déclaration du 23 Avril 1989, affirmé le caractère unitaire de la profession de notaire, car celle-ci "participe de l'autorité publique comme seule et unique activité : il n'existe pas d'activité susceptible de séparation ou de ségrégation, d'où l'application intégrale de l'article 55 du Traité de Rome".

Approuvée par une partie de la doctrine, cette prise de position est contestée par certains auteurs, qui considèrent que les actes ne ressortissant pas au monopole des notaires pourraient être dressés par des ressortissants communautaires (exemple : un notaire installé en Allemagne et qui rédige des actes SSP en France). En ce sens, M. B. Mongin cite M. Mosar, Commissaire européen, pour lequel : "*si les actes de mariage ou l'authentification des ventes d'immeubles sont considérées comme l'exercice de la puissance publique, le recours à un notaire lors de la constitution de certains types de société peut apparaître comme acte hors monopole qui pourrait être dressé par des non-nationaux*". En ce sens, alors que les activités de conseil et de rédaction d'actes SSP sont communes aux notaires et aux avocats, il serait choquant et arbitraire qu'elles relèvent des articles 52 & ss.- du Traité de Rome (liberté de prestation de services) lorsqu'elles sont fournies par les avocats, et l'article 55 du Traité de Rome, s'agissant des notaires.

Ainsi que le souligne M. B. Mongin : "*l'activité de conseil de ceux-ci (les avocats) est exclue du bénéfice de l'article 55. Il doit en être de même lorsque cette activité est exercée par les notaires.... Pour une grande partie de ses activités (conseil, rédaction d'actes SSP), le notaire est un opérateur sur le marché des services auxquels s'appliquent les articles 52 et 59 du Traité*". Aussi bien, à suivre ce raisonnement, et pour les activités hors monopole, la liberté de prestation de services devrait jouer, dès lors qu'il n'y a pas de présence permanente (sur la frontière tracée entre liberté d'établissement et liberté de prestation de services par CJCE, voir supra, arrêt du CJCE du 30 Nov. 1995 précité), à la condition que le ressortissant communautaire (avocat, notaire), respecte les règles de l'Etat d'accueil, sans préjudice des obligations qui lui incombent dans son Etat d'origine.

La frontière ainsi tracée a pour mérite un souci d'équilibre, et permet d'éviter une rupture des conditions de concurrence entre notaires et avocats en matière de prestation de services hors monopole de l'authenticité.

En raison des conditions entourant l'exercice du pouvoir d'authentifier, il est logique que l'acte authentique notarié bénéficie d'un régime propre, s'agissant de sa circulation au sein de l'Union Européenne.

III - LA CIRCULATION DE L'ACTE AUTHENTIQUE AU SEIN DE L'UNION EUROPEENNE

En attendant la mise en place d'un titre exécutoire européen, en rapport avec le projet de convention relatif à la simplification de la transmission des actes, négociée à Bruxelles entre les quinze Etats membres, il demeure qu'en raison de la force probante et exécutoire, les actes authentiques reçus dans un Etat contractant de la Convention de Bruxelles du 27 Septembre 1968 bénéficient du mécanisme simplifié d'exécution (article 50 de la Convention) prévu pour les décisions de justice.

Dès lors qu'il entre dans le champ d'application de la Convention de Bruxelles, l'acte authentique verra sa circulation (seule l'exécution est en cause, et non la reconnaissance) facilitée, car le contrôle par le juge de l'Etat requis ne porte pas que sur l'existence de l'authenticité, appréciée selon la loi d'origine de l'acte, et l'absence d'atteinte à l'ordre public de l'Etat requis. De sorte que ne sont plus contrôlés :

- la validité même de l'acte,

- le respect des droits de la défense,

- la compétence de l'autorité qui a dressé l'acte,

- le respect du droit international privé de l'Etat requis (condition posée par l'article 27-4 de la Convention dans le cadre de la reconnaissance des décisions de justice).

Ce système très libéral renforce incontestablement l'attrait de l'acte authentique. Il a ainsi permis d'aboutir à l'exécution en France d'un acte authentique allemand portant sur une sûreté totalement inconnue en France (la dette foncière sur soi même, forme de sûreté abstraite, détachée de toute créance initiale, pouvant être affectée en garantie de différentes créances successives tout en conservant le même rang) alors qu'un tel résultat aurait été impossible dans le cadre de l'application des règles classiques de droit international privé en matière de sûretés réelles.

Le notariat français souhaite l'élargissement du champ d'application de la Convention de Bruxelles aux procédures collectives, ainsi qu'aux successions et libéralités, ce qui aurait pour effet d'étendre corrélativement le domaine de l'article 50(mise en place d'un acte authentique européen, qui garderait cependant sa spécificité d'acte public placé sous l'autorité et la protection d'un Etat membre).

En somme, les attraits présentés par l'acte authentique notarié sont manifestes : force probante et force exécutoire aux effets renforcés, qu'il s'agisse des procédures civiles ou de la circulation et de l'exécution au sein de l'Union Européenne. L'amplification récente des effets attachés à l'authenticité amène alors à poser la question du périmètre de l'authenticité.

IV - LE PERIMETRE DE L'AUTHENTICITE

A priori, une réflexion sur le périmètre de l'authenticité est tributaire du Code Civil en priorité, et ne ressortit pas à l'élaboration d'un Code des Professions Judiciaires et Juridiques.

Cependant, un toilettage de certaines dispositions surannées, une remise en ordre de textes successifs pris parfois au détriment d'une logique d'ensemble, et la clarification de certains points pourraient être souhaitables. Compte tenu de l'observation initiale, les développements seront délibérément brefs, qui porteront sur la forme de certains actes authentiques, la liste des actes authentiques, et les rapports entre authenticité et mandat.

1/ La forme de certains actes authentiques

La forme de certains actes authentiques évoque au moins deux débats.

L'un, qui tient au rajeunissement des formules notariales, à la simplification de l'authenticité, à l'allégement de la forme notariale, dont la tournure est souvent désuète, voire, au rôle de certificateur des actes télétransmis que le notaire pourrait tenir.

Cependant, les tâtonnements du Décret du 26 Novembre 1971 sur l'habilitation des clercs par les notaires, dont les dangers avaient été soulignés par la doctrine, ont dû entraîner une intervention législative, qui a donné à la loi du 25 Juin 1993 venant singulièrement réduire le champ d'application de l'habilitation, exemple qui montre que le formalisme de l'authenticité n'est pas aisément réductible.

L'autre, qui tient à la survivance, au sein du droit français, de règles spécifiques applicables en Alsace Moselle (c'est-à-dire les trois départements du Haut Rhin, du Bas Rhin et de la Moselle), qui trouvent souvent leur raison d'être dans la guerre de 1870, et qui, à ce titre, paraissent contestables.

Le débat porte sur le maintien de l'usage de la langue allemande, dont le fondement, lié à la guerre de 1870 a disparu, le particularisme entourant la force exécutoire de l'acte notarié, l'acte n'étant pas exécutoire de plein droit, mais devant donner lieu à une déclaration de soumission à l'exécution forcée, qui n'est pas possible si la créance n'a pas un montant certain, et le maintien de l'hypothèque judiciaire attaché à l'acte authentique notarié exécutoire au moment de l'échéance de la créance, le caractère nominatif de la formule exécutoire, et le maintien d'une variante guère usitée, à mi-chemin entre l'acte SSP et l'acte authentique, l'acte authentiquement légalisé.

Il pourrait être intéressant de profiter de l'élaboration du Code des Professions Judiciaires et Juridiques pour opérer un toilettage de ces dispositions, qu'elles soient abrogées (par exemple : l'usage de la langue allemande, l'acte authentiquement légalisé, l'absence de force exécutoire de plein droit), étendues (par exemple : l'existence d'une hypothèque judiciaire à l'échéance de la créance) ou maintenues (éventuellement, le caractère nominatif de la formule exécutoire, ce qui protège les droits du débiteur).

2/ <u>La liste des actes authentiques notariés</u>

La liste des actes authentiques, c'est tout d'abord le quadrige primitif du Code Civil : la notation (article 931), le contrat de mariage (article 1394), la constitution d'hypothèque (article 2127, et la subrogation conventionnelle par la volonté du débiteur (article 1250). D'autres textes sont venus enrichir la liste, sans que la démarche d'ensemble soit toujours cohérente : la vente de maison neuve (article L 261-11 du Code de la Construction et de l'Habitation) ; le contrat de location-achat (article 12 de la loi du 12 Juil. 1984) ; l'endossement des copies exécutoires à ordre (loi du 15 Juil. 1976) ; l'exigence d'un acte authentique pour tout prêt négocié ou seulement rédigé par le notaire, afin de permettre le contrôle de ses activités en matière de crédit (Décret du 20 Juil. 1964).

De même, parce qu'il doit être présenté aux fins de transcription à la conservation des hypothèques, le partage d'immeuble doit être fait par acte authentique.

On ajoutera enfin que l'acte notarié est fortement conseillé en matière de constitution de société entre époux, en raison des dispositions de l'alinéa 2 de l'article 1832-1 du Code Civil *("les avantages et libéralités résultant d'un contrat de société entre époux ne peuvent être annulés parce qu'ils constitueraient des donations déguisées, lorsque les conditions auront été réglées par acte authentique").*

Enfin, l'authenticité rend en principe tout formaliste supplémentaire inutile, et il existe de nombreux exemples de mise à l'écart de certaines dispositions si l'acte est authentique :

- l'article 1326 du Code Civil,

- les dispositions de la loi Neiertz du 31 Décembre 1989 sur la protection de la caution garantissant un acquéreur à crédit bénéficiant des lois Scrivner du 10 Janvier 1978 et du 13 Juillet 1979,

- la faculté de rétractation en cas d'acquisition ou de construction d'un immeuble neuf d'habitation prévu par l'article 20 de la loi du 31 Décembre 1989 au profit du consommateur, le législateur a prévu un formalisme spécifique se surajoutant à l'acte authentique :

- la mention manuscrite relative au paiement du prix de l'immeuble sans l'aide d'un prêt (article 18 de la loi du 13 Juil. 1979),

- même démarche avec la loi du 12 Juillet 1985 en matière de location-accession à la propriété immobilière (article 25 de la loi),

- les dispositions de la loi du 18 Janvier 1992 relative à la publicité pour crédit gratuit ou promotionnel.

Face à cette accumulation de dispositions dont la cohérence d'ensemble n'est pas toujours évidente, surtout dans le droit de la consommation, doit être mentionné le souhait d'une partie du notariat qui propose de revoir la zone de l'authenticité, laquelle ne devrait concerner que les actes importants, voire, de rendre obligatoire l'acte authentique pour les cessions de parts de SCI, afin de lutter contre le blanchiment d'argent ou encore certains cautionnements ce qui désengorgerait nombre de tribunaux.

3/ Les rapports entre authenticité et mandat

En principe, et en vertu de la règle du parallélisme des formes, le mandat d'accomplir un acte authentique doit lui-même être passé en la forme authentique. A défaut, l'acte consenti en vertu de la procuration est nul (exemple : article 36 du Code Civil en matière des actes de l'état civil). Mais les dispositions légales sont rares, et la jurisprudence, systématisée par la doctrine, a posé un principe reposant sur une distinction.

La solennité protège-t-elle le consentement des parties ? La procuration doit être elle-même authentique, à peine de nullité du tout. Dégagée par la jurisprudence, la règle est parfois d'application incertaine (exemple : en matière de cautionnement), ou cantonnée par des dispositions légales spécifiques (ce qui est le cas de l'article 1844-2 du Code Civil, en matière de sociétés, civile ou commerciale, le pouvoir d'hypothéquer peut être donné sous seing privé, il n'a pas à être authentique alors que la constitution d'hypothèque doit l'être).

Le formalisme a-t-il, au contraire, pour raison d'être, la publicité ou la certitude de date ? Le mandat peut valablement être SSP (exemple : le mandat de réaliser une subrogation)

La question est dès lors de savoir si, dans le cadre d'une réflexion sur le périmètre de l'authenticité, il est souhaitable de codifier les solutions dégagées avec certitude par la jurisprudence, et de trancher celles qui restent imprécises ou fluctuantes, en raison du principe de sécurité juridique, ou, au contraire, de laisser les choses en l'état, au prix d'une certaine insécurité, mais afin de permettre une évolution plus souple du droit.

II

LES QUESTIONS QUI SE POSENT

LA REPRESENTATION DES PROFESSIONS

Les professions judiciaires et juridiques sont au coeur d'un paradoxe : le domaine du droit est en expansion, il ne cesse d'étendre son influence, et pourtant les professions souffrent d'un manque de moyens, de difficultés financières, de la concurrence de professions commerciales, de la mise à mal de leur périmètre de compétence. Ce constat provient, semble-t-il, d'un double déficit.

I - DEFICIT ECONOMIQUE

Le monopole du droit est d'abord et avant tout l'expression d'une compétence. Il y a d'abord une profession unique : celle de juriste libéral et spécialisé puis des métiers : notaire, avocat, huissier, ect...

Or l'on constate un déficit structurel lié à la fragmentation des métiers et donc des acteurs professionnels du droit. C'est cette fragmentation qui entraîne une inexistence criante des données économiques relatives aux professions juridiques et judiciaires : absence de base de données sur les différents chiffres d'affaires, les modes d'exercice, les investissements. L'INSEE est donc incapable de fournir précisément aux pouvoirs publics une stratégie en matière d'aide économique ou financière ce qui aboutit à une absence de prise de décision préjudiciable à l'ensemble des professions. La Délégation aux professions libérales a certes publié une série d'état statistiques suite au recensement de 1990 mais elle concerne l'ensemble des professions libérales sans que les spécificités propres aux professions juridiques et judiciaires ne soient abordées et prises en compte.

Pour pallier à ce déficit et inscrire un axe économique dans la stratégie d'avenir aux côtés des axes politiques et juridiques déjà existant il conviendrait de créer une sorte d'Observatoire Economique des Professions Juridiques et Judiciaires à l'instar du système mis en place par les professions de santé. Cet organisme indépendant permettrait aux acteurs politiques de disposer des informations nécessaires et indispensables aux prises de décisions en matière économique intéressant les professions tout en étant informés de leurs spécificités incontournables : secret professionnel, délicatesse, logique de gratification plus que de profit, ect...

II - DEFICIT POLITIQUE

Il est indispensable de permettre aux professions judiciaires et juridiques d'être représentées dans leur ensemble auprès des pouvoirs publics qui cherchent désespérément un interlocuteur.

En créant à titre permanent un Haut Conseil aux Professions Judiciaires et Juridiques composé de l'ensemble des organismes représentatifs et légaux des professions, celles-ci auraient un porte-voix puissant et à l'écoute de leurs préoccupations.

Les avocats seraient ainsi représentés par un délégué du CNB, de la Conférence des Bâtonniers et du Barreau de Paris; les huissiers par un ou deux délégués de leur Conseil National; les notaires de la même façon, ect. Ces délégués éliraient un Président et un bureau.

Le rôle de ce Haut Conseil serait de représenter les professions auprès des pouvoirs publics et de donner son avis sur les projets et propositions de réformes les concernant. Il rédigerait un rapport public annuel au Garde des Sceaux.

L'INTERCONFIDENTIALITÉ

L'air du temps est à la transparence, non au secret : " *Le secret est la face noble de l'opacité. Il contrarie la transparence, mais il vient porteur d'autres vertus : le mystère, l'intimité, la confiance, ou d'autres intérêts essentiels, l'intérêt de la sécurité, de la défense, de la justice... le domaine du secret* [se rétrécit], *brûlé, en ce temps moderne, par le soleil de la transparence... On constaterait surtout la tyrannie moderne de l'information, vécue comme un droit absolu et un implaccable devoir, de la communication qui ne supporte ni le secret, ni le mystère... Voici que se profile au bout du chemin la dictature glacée de la Vérité, ultime et terrible vertu d'un temps qui aurait enterré les autres* " s'émeut M. Jean-denis Bredin.

La doctrine, dans sa majorité, s'est inquiétée de l'orientation prise par certaines solutions jurisprudentielles, considérant que le secret professionnel est aujourd'hui largement menacé.

La prise de conscience récente des menaces qui planent sur le respect et la protection du secret professionnel est à mettre en parallèle avec la multiplication contemporaine des textes de nature législative ou réglementaire relatifs au secret professionnel. Sans prétendre être exhaustif, il n'est pas inutile d'essayer de dresser un tableau sommaire des dispositions y afférentes.

L'une des dispositions les plus connues, et, aujourd'hui, les plus générales, est l'article 378 de l'Ancien Code Pénal, modifié et devenu l'article 226-13 du nouveau Code Pénal, complété par une liste d'exceptions à l'article 226-14 du nouveau Code Pénal.

Aux dispositions d'ordre pénal font écho des textes de nature civile. La méthode suivie par le législateur et le Gouvernement étant de combiner des dispositions de portée générale et des dispositions spécifiques pour chacune des professions judiciaires et juridiques.

Il existe ainsi une accumulation de textes. L'analyse du droit positif et de l'application des textes par la jurisprudence permet de montrer, par une image, qu'il existe quatre degrés de protection, qui constituent autant de cercles concentriques, la base la plus large étant celle où la protection est la plus faible.

Le noyau dur de la protection est constitué par le respect des droits de la défense, dans le cadre des procédures judiciaires ou pénales. *A priori* , secret professionnel et droits de la défense doivent bénéficier du même degré de protection. Pourtant, tel n'est pas le cas, et la protection du secret professionnel, dans les relations entre avocats et clients, s'affaiblit considérablement dès que l'on quitte le cercle des droits de la défense.

Le troisième cercle est formé des relations entre avocats adverses, dominées par le principe de confidentialité, distinct du secret professionnel. En l'état actuel des textes, la notion de confidentialité est absorbée par le droit commun de la preuve, et sa protection n'est pas assurée efficacement.

Enfin, le dernier cercle comprend les relations entre praticiens du droit des différentes professions judiciaires et juridiques, et se caractérise par une absence complète de dispositions spécifiques, de sorte que la matière relève entièrement du droit commun de la preuve.

I. - LE PREMIER CERCLE CONSTITUÉ PAR LE RESPECT DU SECRET PROFESSIONNEL RATTACHÉ AUX DROITS DE LA DÉFENSE

La protection du secret professionnel acquiert une efficacité certaine lorsqu'elle intervient au sein d'une procédure judiciaire ou pénale. Elle correspond à l'image traditionnelle de l'avocat dont la profession serait orientée vers le judiciaire et non le juridique. Parce qu'elle est absorbée par le respect des droits de la défense, la protection du secret professionnel tend à devenir absolue. Elle est gouvernée par le principe d'insaisissabilité de la correspondance entre l'avocat et son client.

Corrélativement, l'avocat appelé en témoignage n'a, dans sa déposition, d'autres règles à suivre que sa conscience.

Néanmoins, le secret professionnel doit supporter certaines atteintes, rendant la saisie des documents possible, lorsque l'avocat s'est fait le complice du client, ou lorsque les documents susceptibles d'être saisis constituent le corps du délit.

Le pouvoir de saisie du Juge d'Instruction trouve ainsi sa limite dans le principe de la libre défense qui domine toute la procédure pénale et qui commande de respecter les communications confidentielles des personnes mises en examen avec les avocats qu'elles ont déjà choisis ou qu'elles veulent choisir comme : la règle est d'ordre public.

La saisie de correspondance échangée entre l'avocat et son client *" ne peut donc être ordonnée qu'à titre exceptionnel »*, et dans le respect des conditions de procédure imposées à l'article 56-1 C.P.P. : *" les perquisitions dans le cabinet d'un avocat ou à son domicile ne peuvent être effectuées que par un magistrat et en présence du Bâtonnier ou de son délégué "*.

De surcroît, les garanties prévues par l'article 56-1 alinéa 1 C.P.P. ont été étendues aux perquisitions pratiquées dans le cabinet de médecin, notaire, avoué ou huissier, par la loi du 4 Janvier 1993, avec les aménagements nécessaires (la présence du Bâtonnier est remplacée par celle de la *" personne responsable de l'Ordre ou de l'organisation professionnelle à laquelle appartient l'intéressé ou de son représentant "*).

Toutefois, et en dépit des garanties de procédure énoncées, trois zones d'ombre demeurent.

1°/ Tout d'abord, l'extension réalisée par la loi du 4 Janvier 1993 quant au champ d'application de l'article 56-1 du Code de Procédure Pénale est restée incomplète. N'y figurent pas plusieurs professions liées à l'exercice du droit, qui bénéficient pourtant d'une **organisation professionnelle**, et qui sont tenues au secret professionnel (les commissaires-priseurs, les mandataires liquidateurs, les experts-comptables, les commissaires aux comptes, les experts judiciaires, les Conseils en propriété industrielle).

2°/ Ensuite, les modalités mêmes des garanties procédurales prévues par l'article 56-1 du Code de Procédure Pénale continuent d'être discutées par l'Ordre des Avocats, ou, du moins, par certains membres de cette profession, la simple présence du Bâtonnier ou de son délégué étant jugée insuffisante.

3°/ Il ressort enfin d'un arrêt du 7 Mars 1995 rendu par la Chambre Commerciale de la Cour de cassation que le droit fiscal (le litige concernait l'application de l'article L 16 B du Livre des Procédures Fiscales) jouit d'une autonomie par rapport au Code de Procédure Pénale en matière de perquisition, visites domiciliaires et saisies dans les locaux d'habitation et/ou professionnels des avocats.

L'omission du renvoi de l'article L 16 B du LPF et autres (articles L 38 du LPF, etc....), à l'article 56-1 du Code de Procédure Pénale est d'autant plus préoccupante qu'elle semble incompatible avec l'article 8 de la Convention Européenne de Sauvegarde des Droits de l'Homme et des Libertés Fondamentales et la jurisprudence y afférente de la CEDH.

En somme, il ressort des développements précédents que le secret professionnel, pris en tant que droit de la défense, supporte, en l'état du droit, des atteintes qui paraissent excessives (autonomie des procédures fiscales et douanières, garanties procédurales de l'article 56-1 du Code de Procédure

Pénale insuffisantes) et auxquelles il pourrait être remédié par des mesures simples (modification des garanties de l'article 56-1 CPP, et suppression de l'autonomie des procédures fiscales et douanières par renvoi exprès à l'article 56-1 CPP).

Le recul du secret professionnel ainsi constaté est même accentué lorsque celui-ci cesse d'être rattaché aux droits de la défense et développe ses effets dans le domaine du juridique, par opposition au judiciaire.

II. - LE DEUXIEME CERCLE CONSTITUÉ PAR LE RESPECT DU SECRET PROFESSIONNEL DETACHÉ DES DROITS DE LA DÉFENSE

Lors de la réforme de l'exercice du droit, la doctrine n'a pas manqué de souligner que l'obligation au secret professionnel est affirmée largement, puisqu'elle concerne non seulement la pratique réglementée du droit, mais aussi toute personne qui agit à titre habituel, même gratuit.

Ainsi, tous les professionnels du droit sont tenus au secret professionnel. Cette obligation a même été proclamée dans les termes les plus larges par le nouvel article 66-5 de la loi du 31 Décembre 1971 (modifié par la loi du 4 Janv. 1993, article 4) : *“ En toute matière, les consultations adressées par un avocat à son client ou destinées à celui-ci et les correspondances échangées entre le client et son avocat sont couvertes par le secret professionnel ”.*

Dans sa majorité, la doctrine affirme que le secret professionnel doit être absolu, qui couvre le judiciaire et le juridique en ce qu'il est classique d'affirmer, depuis Emile Garçon, que le secret professionnel a pour seule base l'intérêt public.

Pour les professions du droit qui n'ont d'activité que juridique, le respect du secret professionnel détaché des droits de la défense est régulièrement réaffirmé en jurisprudence.

Aussi, quelle ne fut pas la surprise de la majorité de la doctrine et des praticiens lorsque la Chambre Criminelle de la Cour de Cassation, par un arrêt du 30 Septembre 1991 énonça que *“ dès lors que l'audition en cause (d'un avocat comme témoin dans une poursuite pénale), concernait une activité de rédaction d'acte ou de négociateur, et non l'exercice des droits de la défense, la Chambre d'Accusation a justifié sa décision (d'écarter la violation du secret professionnel) ”.*

Par cet arrêt, la Chambre Criminelle introduisait donc une distinction là où la loi ne distingue pas, en dissociant le respect dû au secret professionnel du respect des droits de la défense, en fonction de l'opposition du juridique et du judiciaire. La ligne de partage ainsi tracée, la violation du secret professionnel (audition de l'avocat par le Juge d'Instruction) et la saisie des correspondances et consultations échangées entre avocats et clients devenaient possibles pour peu que les faits litigieux ne concernent pas une procédure judiciaire.

En somme, soit les pièces litigieuses sont antérieures à l'ouverture de l'instruction et, bien qu'elles soient couvertes par le secret professionnel parce qu'elles portent sur les relations entre le client et son avocat (consultations, correspondances), elles sont saisissables par le Juge d'Instruction. Soit elles sont postérieures à la saisine du Juge d'Instruction, et elles cessent d'être saisissables, excepté le cas où elles constituent le corps du délit dans le respect des garanties procédurales de l'article 56-1 CPP.

L'analyse littérale de l'article 66-5 de la loi du 31 Décembre 1971, menée par la Chambre Criminelle, et approuvée par certains ne convainc pas. Parce qu'elles n'intéressent pas les droits de la défense, les pièces litigieuses échangées entre un avocat et son client seraient saisissables comme n'importe quel autre document, alors, pourtant, qu'elles sont couvertes par le secret professionnel (voir l'article 66-5 de la loi du 31 Décembre 1971).

Deux dispositions paraissent nécessaires pour sortir de l'impasse et restaurer le secret professionnel dans le juridique :

- d'une part, il serait utile de généraliser à l'ensemble des professions du droit le principe posé à l'article 66-5 de la loi du 31 Décembre 1971 pour la profession d'avocat,

- d'autre part, il serait bienvenu d'étendre au Code de Procédure Pénale, par une disposition spécifique, la règle posée à l'article 66-5 de la loi du 31 Décembre 1971. Il suffirait d'insérer dans l'article 97 CPP. un renvoi exprès à l'article 66-5 de la loi du 31 Décembre 1971, ou, plus simplement, d'ajouter à l'article 97 un alinéa reproduisant le principe posé à l'article 66-5 de la loi du 31 Décembre 1971

Déjà largement remise en cause au titre du secret professionnel dans les relations entre avocats et clients, la protection de la correspondance s'affaiblit davantage encore lorsqu'elle porte sur la confidentialité des communications échangées entre avocats adverses.

III. - LE TROISIEME CERCLE CONSTITUÉ PAR LE RESPECT DE LA CONFIDENTIALITÉ DE LA CORRESPONDANCE ECHANGÉE ENTRE AVOCATS ADVERSES DÉTACHÉ DU SECRET PROFESSIONNEL

Le degré de protection de la confidentialité des correspondances échangées entre avocats adverses s'affaisse brutalement, car la matière cesse d'obéir au secret professionnel pour n'être gouvernée que par des règles déontologiques disparates qui ne lient aucunement le Juge, de sorte que s'applique en priorité le droit commun de la preuve.

La doctrine considère à juste titre que la confidentialité de la correspondance échangée entre avocats adverses ne relève pas du secret professionnel, au motif que la relation entre l'avocat et son client n'est pas en cause.

La mise à l'écart du secret professionnel laisse la place à deux séries de règles, soit la foi du Palais, soit les règles déontologiques, et le droit commun de la preuve. La fermeté des solutions posées par celui-ci tranche singulièrement avec l'absence d'unité et les hésitations de celles-là, à un tel point que la doctrine appelle de ses voeux une réforme législative

1°) La fermeté des règles posées par le droit commun de la preuve

La jurisprudence est bien établie, qui décide que la production d'une lettre échangée entre avocats adverses constitue une preuve recevable, devant être versée aux débats, les règlements intérieurs des Barreaux ne concernant pas les Juges, mais seulement les avocats, de telle sorte que la production de la lettre ne constituera, éventuellement, qu'une faute disciplinaire

Ainsi que le souligne M. Martin, la primauté du droit commun de la preuve est due au fait que la confidentialité ne fait l'objet d'aucune loi, et n'est réglée que dans les règlements intérieurs des Barreaux, lesquels ne s'imposent ni au juge ni au client. L'insécurité qui en résulte n'est d'ailleurs pas tempérée par les contradictions existant entre les règlements intérieurs des différents Barreaux.

2°) Les contradictions existant entre les règlements intérieurs des différents Barreaux

Les Barreaux sont partagés sur le principe et les modalités de la confidentialité des correspondances échangées entre avocats adverses. Le règlement intérieur du Barreau de Paris retient le principe de confidentialité en l'assortissant de deux exceptions (correspondance ayant pour seul objet de se substituer à un acte de procédure et communication d'une pièce jointe à une lettre de transmission), et d'une levée possible par le Bâtonnier dans deux hypothèses (soit la lettre est qualifiée unilatéralement par son auteur de non confidentielle ; soit elle contient un accord ferme entre les parties). Mais les règlements intérieurs des Barreaux ne sont pas uniformes et les Juges résolvent l'opposition en faisant application du droit commun de la preuve.

Certains textes ont même inversé la règle, faisant de la confidentialité l'exception, et non le principe (voir en ce sens le Code de Déontologie des Avocats de la Communauté Européenne, d'Octobre 1988 : la correspondance n'est confidentielle que si l'expéditeur le mentionne et le destinataire l'accepte. S'il refuse le caractère confidentiel de la lettre, le destinataire doit la renvoyer à son Confrère sans en révéler le contenu).

Aussi bien, l'incohérence du système actuel conduit-elle la doctrine et la pratique à appeler de leurs vœux une intervention législative.

3°) La nécessité d'une intervention législative

Le Conseil National des Barreaux a proposé que soit ajouté à l'article 66-5 de la loi du 31 Décembre 1971 un nouvel article 66-6 qui serait rédigé de la sorte :

> *« Les correspondances entre avocats sont confidentielles, elles ne « peuvent en aucun cas être saisies ni produites en Justice, ni faire « l'objet d'une levée de confidentialité. Ne ne sont pas confidentielles au « sens de l'alinéa précédent :*
>
> *« - une lettre se substituant à un acte de procédure,*
> *« - une lettre portant la mention officielle et qui transmet une « offre, ou des documents non confidentiels,*
>
> *« - un échange de lettres portant la mention « confidentielle » « concrétisant un accord ou la signature d'une convention entre « Avocats dans la limite de leur mandat.*

Pour notre part, nous partageons les sentiments précédemment exprimés pour une intervention législative en faveur du principe de confidentialité de la correspondance échangée entre avocats adverses. La règle, de nature législative, viendrait utilement compléter le principe de confidentialité des correspondances échangées entre l'avocat et son client (voir l'article 66-5 de la loi du 31 Décembre 1971), à ceci près que, dans ce dernier cas, la confidentialité est rattachée au secret professionnel.

Enfin, si les textes évoqués permettraient de restaurer et la confidentialité et la sécurité juridique des correspondances échangées entre Avocats adverses, il importe de souligner que d'autres professions juridiques ou judiciaires souhaitent également qu'une telle règle gouverne leurs échanges de correspondance, de sorte que la disposition législative à intervenir pourrait être rédigée de manière à appréhender les échanges de correspondances au sein des différentes professions judiciaires et juridiques.

Une telle démarche laisserait toutefois en suspens le sort des échanges de correspondances entre les différentes professions judiciaires et juridiques sous l'angle de la confidentialité, point qui constitue le quatrième cercle de cette étude, et pour lequel, en l'état actuel du droit, la confidentialité est absente.

IV. - LE QUATRIÈME CERCLE CONSTITUÉ PAR LE SORT DE LA CORRESPONDANCE ÉCHANGÉE ENTRE MEMBRES DES PROFESSIONS JUDICIAIRES ET JURIDIQUES DIFFÉRENTES, DÉTACHÉ DU PRINCIPE DE CONFIDENTIALITÉ

La pratique est préoccupée par le degré de confidentialité qui peut exister ou non en matière de correspondances échangées entre membres de professions judiciaires et juridiques, par exemple entre un avocat et un notaire, ou un avocat et un Conseil en Propriété Industrielle. Le milieu de la propriété industrielle, très soucieux de la confidentialité, croit que les accords de confidentialité ne sont pas nécessaires si la correspondance est échangée entre un Avocat ou un Conseil en Propriété Industrielle.

L'absence de règle spécifique favorise ainsi toutes sortes de manœuvres déloyales sur le terrain de la preuve.

Aussi, le principe de confidentialité pourrait-il être étendu par une disposition législative, venant s'insérer, par exemple, dans la loi du 31 Décembre 1971, à l'ensemble des correspondances échangées entre membres des différentes professions judiciaires et juridiques, sur le modèle de celle qui a été proposée en matière d'échanges de correspondance entre Avocats adverses.

En conclusion, les différentes propositions qui ont été évoquées permettraient de restaurer à la fois le secret professionnel et le principe de confidentialité. Les relations entre les professions du droit, judiciaires et juridiques, et leurs clients, seraient couvertes, en toute hypothèse, par le secret professionnel, sans qu'il y ait lieu de distinguer entre le judiciaire et le juridique. Et les correspondances échangées entre les membres des professions judiciaires et juridiques seraient couvertes par le principe de confidentialité, rendant irrecevable l'offre de preuve fondée sur la correspondance ainsi échangée, sans qu'il y ait lieu de distinguer selon l'identité de l'expéditeur et du destinataire de la lettre.

L'INTERPROFESSIONALITE

Trois préoccupations majeures sont au centre de la nécessaire réflexion sur l'interprofessionnalité :

- la diversité des professions juridiques en France,

- les problèmes du périmètre externe du Droit,

- la concurrence des grands Cabinets Anglo-saxons qui offrent un service complet.

Il convient tout d'abord de souligner que l'interprofessionnalité existe d'ores et déjà dans les textes et notamment dans la loi du 31 Décembre 1990 relative aux sociétés d'exercice libéral mais que les décrets n'ont jamais été publiés.

Le 19 Mars 1992, une charte de l'interprofessionnalité était publiée par l'UNAPEL à la délégation interprofessionnelle aux professions libérales.

Toute organisation structurelle d'une interprofesionnalité doit être contractuelle.

L'exercice en commun de plusieurs professions implique nécessairement que chaque associé respecte la déontologie de sa profession et ne mette pas non plus en défaut par ses actes la déontologie des autres professions exercées par ces associés. En cas de concours, c'est la déontologie la plus exigeante envers le professionnel ou la plus favorable aux clients qui doit être respectée.

Pour beaucoup de professionnels, l'interprofessionnalité a pour finalité la création d'une profession unique qui fusionne véritablement l'ensemble des composants professionnels actuels de l'activité juridique. L'objectif étant bien une "grande profession" ou un "homme juridique nouveau" qui exercerait dans des structures collectives où l'on retrouverait des professionnels ayant le même statut mais exerçant chacun des attributions résultant de leur spécialité.

La quasi-totalité des professions judiciaires et juridiques se prononcent en faveur de l'interprofessionnalité compte tenu des pressions de plus en plus importantes exercées par les professionnels étrangers.

En tout état de cause, si les Avocats ne prennent pas en main d'une manière sérieuse et efficace la question de l'interprofessionnalité, d'autres professions s'en chargeront et créeront des structures qui pourront mettre en péril la profession comme une association entre les notaires et les experts comptables.

Il s'agit tout d'abord de tenter de cerner la notion puis d'en évaluer les difficultés et les contraintes afin de s'interroger sur son avenir.

I - DEFINITION

Elle est à première vue banale : il s'agit d'une coopération entre plusieurs professions complémentaires en vue d'apporter la réponse la plus complète et la mieux adaptée possible à un besoin.

Chacune de ces composantes appelle une précision.

1°/ Une forme de coopération

Ce peut être une coopération permanente, structurelle, organisée dans le cadre d'un contrat ou même une entité juridique ah hoc selon le degré d'intégration souhaité : G.I.E., S.C.P., Société d'Exercice.

Dans tous les cas, l'unité de lieu est souhaitable sinon indispensable au sein d'une sorte de maison du droit.

Ce peut être également une coopération ponctuelle prenant la forme de la constitution d'une équipe de travail pluridisciplinaire en vue du traitement d'un dossier.

Les deux formules peuvent d'ailleurs se combiner selon les cas.

2°/ Entre plusieurs professions

La coopération peut selon les conceptions et selon les besoins d'étendre à un cercle plus ou moins large d'intervenants. On peut ainsi distinguer les situations suivantes par degré d'élargissement :

- On songe en premier lieu au Cabinets d'Avocats réunissant des spécialistes de différentes disciplines juridiques (contrat, droit civil, droit des sociétés, droit du travail) ou d'Avocats spécialisés par secteur économique (agriculture, industrie, publicité, etc...).

On remarquera d'ailleurs que le droit lui-même tendant à se spécialiser et des droits nouveaux faisant ainsi leur apparition une spécialisation par secteur devient souvent une spécialisation dans une discipline. C'est le cas de la banque, de l'assurance, de la santé. Cette première catégorie n'est pas à proprement parler de interprofessionnalité mais de la spécialisation à l'intérieur d'une même profession.

- Dans une seconde coopération, il s'agirait de réunir certaines professions du droit encore séparées dans notre pays mais unifiées dans d'autres : Avoués près des Cours d'Appel, Notaires, Huissiers de Justice, Avocats au Conseil d'Etat et à la Cour de Cassation, etc...

- Enfin, dans une vue encore plus globale, le champ de vision pourrait comprendre les professions du droit et les professions voisines et complémentaires : les Experts Comptables par exemple.

3°/ Pour répondre à un besoin

Avant même de répondre à un besoin, l'interprofessionnalité sucite un intérêt très fort au sein de certaine professions et notamment celle d'avocat comme l'atteste la dernière enquête du Conseil National des Barreaux réalisée sur ce thème en février 1997.

Le besoin, quant à lui, peut être la mise en oeuvre de compétences complémentaires soit pour traiter un dossier qui par lui-même requiert ces compétences : par exemple pour une acquisition d'entreprise il faudra souvent faire appel à un Expert Comptable et à un Avocat, voire à un Notaire si l'entreprise comprend des immeubles ; soit pour offrir en permanence toutes les compétences complémentaires à la clientèle selon ses besoins du moment.

II - DIFFICULTES ET CONTRAINTES

Elle sont liées à la nécessaire harmonisation entre les intervenants des différentes professions concernées. Il s'agit essentiellement de prévenir ou de résoudre des difficultés susceptibles d'apparaître en ce qui concerne : le contrôle de qualité, la responsabilité civile professionnelle, le secret professionnel, la livraison du produit fini, les honoraires.

1°/ Le contrôle de qualité

Le travail en commun de différents professionnels sur un dossier implique pour la désignation d'une sorte de chef d'orchestre qui sera chargé de faire la synthèse. Sachant que sur un sujet donné, la solution la meilleure sur le plan juridique n'est pas toujours la meilleure sur le plan fiscale et que même souvent la règle fiscale se trouve en contradiction avec la règle juridique on ne peut s'étonner qu'il faille arbitrer. Or, il est clair que les risques de contradiction ou de dysharmonie sont encore plus grands lorsque les intervenants appartiennent à des professions différentes.

Un autre aspect important de ce rôle est celui qui consiste à s'assurer qu'il n'y aura pas de question laissée pour compte parce que chacun croyait qu'un autre s'en occupait.

2°/ La responsabilité civile professionnelle

Il est certain que la réunion de compétences diverses sur un dossier est un facteur de sécurité : interprofessionnalité est à ce titre une garantie de professionnalisme. Mais c'est à la condition que la synthèse soit faite.

Ainsi se trouve posée la question de la responsabilité professionnelle des uns et des autres : s'agira-t-il d'une responsabilité conjointe chacun pour la partie qu'il a traité dans son domaine d'intervention ou s'agira-t-il au contraire d'une responsabilité solidaire ?

Dans la mesure où les professions voisines (le chiffre et le droit par exemple) ne peuvent se réunir dans une société d'exercice tel que prévu par la loi sur les S.E.L. il ne peut y avoir un responsable unique qui serait la personne morale.

Cela étant, il paraît difficilement concevable qu'un membre d'une profession puisse avoir à répondre des fautes commises par un autre professionnel dans son propre domaine.

3°/ Le secret professionnel

Parmi les professions concernées celle d'Avocat est celle qui est astreinte à la plus grande rigueur en matière de secret professionnel.

Une première difficulté va donc être créée par la convergence sur un même dossier de professions dont le devoir de secret n'est pas apprécié de la même façon.

Une deuxième difficulté est de savoir comment le devoir de secret pourra s'appliquer dès lors que les intervenants des différentes professions devront pour accomplir leur mission se communiquer des informations.

La divulgation d'une information par un Avocat chargé du dossier à un intervenant d'une profession voisine également chargé du dossier engagera-t-elle la responsabilité de l'Avocat si l'autre professionnel en fait un mauvais usage ?

Le secret de la correspondance entre Avocats devra-t-il être respecté comme au judiciaire ?

Ce sont là autant de questions auxquelles ont ne peut en l'état actuel de la législation et des usages donner de réponses certaines et qui devront en toute hypothèse faire l'objet de dispositions contractuelles et claires entre le client et les différents intervenants.

4°/ La livraison d'un produit fini

Cette notion évoque le résultat du travail qui aura été mené en commun sur un dossier. Il va sans dire que ce produit fini ne revêt pas nécessairement la forme d'un document tel un rapport d'audit.

5°/ Les honoraires

Il paraît évidemment exclu que chacun adresse sa note d'honoraires au client sans concertation avec les autres. Il est hautement souhaitable, voire indispensable qu'un proposition d'honoraires, une sorte de devis, ait été présenté au client pour l'ensemble de l'opération.

III - INTERPROFESSIONNALITE ET SON AVENIR

Lors des déplacements en province effectué dans le cadre de ce rapport, il m'a été confié que l'interprofessionnalité ne se posait en aucun cas de la même façon dans des métropoles judiciaires comme Lyon, Douai ou Aix-en-Provence que dans de plus petits ressorts où le risque de conflits d'intérêt était beaucoup plus grand et pour beaucoup de professionnels insurmontables.

On constate en fait dans la pratique que interprofessionnalité existe d'ores et déjà dans les formes de collaboration entre diverses professionnels. Des GIE sont créés par exemple entre notaires et avocats, entre conseils en propriété industrielle et avocats, entre experts-comptables et avocats également. Cette collaboration a été encore encouragée par Monsieur Jacques Toubon, alors Garde des Sceaux, dans son discours à l'occasion de la Rentrée solennelle du Barreau de Paris le 22 novembre 1996.

Si la fusion progressive des professions du droit ne soulève pas de problème majeur du fait de l'identité ou de la similitude quant à la déontologie notamment en matière de secret professionnel, il en va en revanche tout autrement quand il s'agit de réunir les professions du droit avec les professions voisines comme celles du chiffre notamment.

Une structure qui abriterait à la fois des juristes et des comptables voire d'autres professions risquerait de créer un amalgame paraissant comme contraire au libre choix du client. Pour ces derniers, le risque de se voir enserré dans une sorte de « nasse » institutionnelle serait de nature à le voir préférer une structure plus personnelle.

UNE FORMATION COMMUNE ?

Il est patent que depuis quelques années un fossé d'incompréhension mutuelle se creuse entre les avocats et les magistrats. D'autre part il existe un cloisonnement difficile à comprendre entre les diverses professions juridiques, toutes titulaires d'une formation universitaire de base commune – maîtrise – puis d'une formation comparable conduisant à un niveau de qualification équivalent : c'est le cas des huissiers, notaires, avoués, magistrats et avocats.

L'idée vient alors d'une formation commune afin de rendre cohérent l'exercice du droit, d'améliorer les relations entre les diverses professions par une compréhension mutuelle et de faire face à la concurrence étrangère en proposant un front uni des acteurs professionnels du droit.

Il faudrait donc aller au delà d'un simple "dépoussiérage" qui, prenant en compte les structures déjà existantes, se contenterait de les doter de moyens et de pouvoirs nouveaux.

Les propositions sont alors de deux sortes : la création d'une "Ecole des Hautes Etudes Pratiques du Droit", véritable Ecole nationale du droit, regroupant l'ensemble des étudiants titulaires d'une maîtrise voire d'une licence en droit. L'Ecole durerait deux ans avec une année entièrement commune et la seconde dirigeant plus spécifiquement l'élève vers le métier qu'il a choisi. L'enseignement universitaire subirait un "reprofilage" de la première à la troisième année au moyen d'une culture générale et juridique de base. L'examen d'entrée à l'Ecole limiterait le nombre par le niveau exigé : culture générale, culture juridique, ouverture sociale. Avec ce système, le Barreau de Paris estime que l'on obtiendrait dans quinze ans une "task force" extraordinaire capable de rivaliser avec le monde anglo-saxon et de défendre un marché cohérent.

L'autre solution aurait l'ambition de créer des "Ecoles Régionales interprofessionnelles du droit" procédant d'un découpage de la France en une dizaine de régions dans un souci d'économie d'échelle. Ces Ecoles assureraient une formation commune – "tronc initial commun d'enseignement juridique et judiciaire – puis des spécialisations soit par matière, soit par profession.

Ce système de formation commune s'apparenterait donc au système allemand où toutes les professions judiciaires et juridiques sont issues de la même formation : au moins trois années et demie d'études juridiques universitaires sanctionnées par un premier examen (*Referendarexamen* équivalent à la licence en droit français) et deux années et demie de stages professionnels sanctionnées par un second examen (*accessorat*). Pendant cette période de stages, le stagiaire a un statut de fonctionnaire et à ce titre il est rémunéré par l'Etat. C'est une fois réussi le dernier examen que l'*accessor* peut choisir sa carrière : administration, diplomatie, magistrature, barreau...

Ces deux propositions sont une réponse à l'affirmation du Garde des Sceaux répondant, le 19 novembre 1992, au Bâtonnier de l'Ordre des avocats de Paris que "*devaient être encouragées toutes les réflexions approfondies en vue d'une formation commune au moins partielle des différents professionnels concourant à l'oeuvre de justice*".

De plus, ces propositions redonneraient au Droit ses lettres de noblesse en le définissant très précisément dans le cadre notamment de sa confrontation avec le chiffre. Elles favoriseraient la mobilité tant géographique que professionnelle et feraient prendre conscience à chacun des charges réelles et conséquentes pesant sur chaque profession.

L'EXPORTATION DU DROIT PAR LES PROFESSIONS

Aujourd'hui le droit dessine des parts de marché. La simple conclusion d'un contrat en français aide à l'exportation du droit français et donc de ses professionnels.

La tradition française a toujours été empreinte d'une ouverture quasi messianique sur l'extérieur.

Il faut toutefois noter que si les professions font état d'actions de coopération nombreuses, souvent importantes et anciennes, ces actions débouchent rarement sur des exportations.

1 - LES ACTIONS DE COOPÉRATION

Les actions de coopération peuvent se ranger en trois catégories selon qu'il s'agit de promouvoir un système d'organisation, des techniques ou une culture.

1. La promotion d'un système d'organisation

La promotion d'un système d'organisation est le cas le plus fréquent et l'on peut citer à cet égard le barreau de Paris qui a, de tous les ordres, l'action internationale la plus poussée et la plus ancienne, et notamment sous l'impulsion du Bâtonnier Jean-René Farthouat.

Le barreau de Paris joue en effet un rôle moteur dans l'Europe des Avocats. Il a signé avec les barreaux bulgare, hongrois, polonais et russe des conventions qui ont débouché sur des programmes de stages de jeunes Avocats. Il a envoyé récemment en Palestine une mission pour aider à l'organisation de la vie juridique et de la profession d'Avocat dans le cadre du processus de paix.

Pour leur part, les Huissiers de justice ont cherché depuis de nombreuses années à susciter la création de professionnels libéraux, chargés de la signification des actes et de l'exécution des décisions de justice, principalement dans les pays de l'Est. Ils ont même été invités par les autorités slovaques à rédiger un Code de Procédure.

Le notariat n'est pas resté inactif de son côté tant au niveau du Conseil supérieur que des Chambres régionales : Vietnam, Saint Petersbourg, Afrique francophone.

2. La promotion de techniques

La promotion de techniques est l'action la plus difficile à cerner parce que plus diffuse, mais là encore, le barreau de Paris se montre d'un grand dynamisme.

3. La promotion d'une culture

Quant à la promotion d'une culture, les barreaux ont à l'évidence aussi une action de promotion générale du droit et de la culture française, et leurs actions sont riches de leur diversité et obéissent à des initiatives fort légitimes : défendre la francophonie, protéger un monopole professionnel, une organisation ou une conception du service dans les rapports clients/professionnels.

4. Pour quels débouchés ?

On note cependant que ces actions donnent en effet une impression de foisonnement sans que cela débouche sur la réalité économique d'une exportation ou d'une implantation. La faute n'en incombe à l'évidence pas aux ordres ou aux autorités professionnelles, qui ne peuvent se substituer aux professionnels eux-mêmes.

On peut dégager quatre raisons principales qui expliquent ce phénomène :

• Une approche différente de celle des anglo-saxons qui sont convaincus qu'en exportant des professionnels, ils exportent leur économie et leur culture, alors que la France a tendance à faire l'inverse.

• Un manque d'information sur les relations officielles entre la France et les pays demandeurs.

• Un manque de coordination dans les actions de coopération entre les différentes professions et l'absence de mission commune.

• Enfin, un manque de moyen, la Chancellerie ayant indiqué à plusieurs reprises qu'il lui était parfois difficile de trouver des Experts disponibles pour des missions de deux à trois semaines et parlant au moins une langue étrangère.

2 - LES ATOUTS DE LA FRANCE A L'EXPORTATION

Ses atouts sont à la fois globaux et propres à chaque secteur.

1. Les atouts français en général

Au niveau global tout d'abord, on peut schématiquement en mentionner trois principaux :

• La France est membre de l'Union Européenne et le marché communautaire doit devenir au fur et à mesure où les cloisonnements disparaîtront, pour les professionnels français, le véritable marché intérieur.

• La France affirme aussi ses ambitions internationales et sa diplomatie très active au plan mondial peut être mise au service du développement des échanges de services professionnels, de la même façon qu'elle le fait quotidiennement au service de certains commerces (aéronautique, spatial, militaire etc...).

• La France a un poids économique significatif avec une expérience internationale dans de multiples métiers ou secteurs. Elle a des réseaux fonctionnels (banques, assurances, groupes industriels), parmi les plus étoffés des nations industrielles.

2. Les atouts propres au système juridique français

La France a aussi des atouts propres à chaque secteur et ceci se vérifie principalement en matière juridique.

S'il est commun d'entendre les professionnels du droit déplorer le recul du droit français au profit du système anglo-saxon, force est de constater qu'il n'y a pourtant pas lieu de se plaindre sur la capacité des professionnels français, de maîtriser les techniques ni sur les prétendus handicaps du système juridique français.

Ce système juridique est aujourd'hui au confluent de deux cultures comme le remarque très justement Monsieur Antoine Garapon dans un article intitulé " la justice et l'Etat " :

" L'une qui évolue vers un droit s'énonçant sous forme de principe et accordant à la société civile une plus grande autonomie, l'autre continuant de voir fleurir une réglementation inflationniste et volatile, relevant d'une conception autoritaire, dirigiste et étatiste du droit ".

3. Le point de vue de nos concurrents étrangers

De cette situation mouvante, la concurrence étrangère tire deux arguments pour écarter le recours au droit et aux Tribunaux français : une inflation législative sans précédent accompagné d'une carence dramatique dans l'élaboration et la publication des décrets d'application des lois votées (cf le rapport de Françoise Sauvadet, Député, Assemblée Nationale, rapport n° 2172 intitulé " L'insoutenable application de la loi ") et les revirements fréquents et aléatoires de la jurisprudence française qui sont un obstacle à la nécessaire stabilité de la vie économique.

4. La réponse du droit français

A ces deux arguments, on peut objecter trois réfutations :

• Dans la production de normes communautaires de droit dérivé, les compromis négociés sont beaucoup plus proches du droit français ou en tout état de cause du droit continental, que du droit britannique.

• Du point de vue des agents économiques comme pour sa qualité intrinsèque, la justice française est performante malgré une insuffisance criante de moyens. Son coût est un des plus bas du monde industrialisé (6 000 Magistrats contre 16 000 en Allemagne).

De plus, elle est rendue par des Magistrats compétents et indépendants et la durée des audiences est plus courte qu'au Royaume Uni, sans que l'on puisse dire que la qualité des jugements en pâtisse le moins du monde.

Les incertitudes des jugements rendus sont ainsi infiniment moins grandes que celles d'un jury populaire dans un état américain. Par exemple, la constitution au sein de la 1ère Chambre de la Cour d'appel de Paris d'une section des bourses des valeurs, est une réponse adaptée à la spécialisation croissante des connaissances requises en matière de contentieux financiers.

• Enfin, le système juridique français permet aujourd'hui de monter des opérations financières dans des conditions de sécurité juridique exemplaires.

LES PROFESSIONS : DE LA MOLECULE A L'ELECTRON...

Les professions judiciaires et juridiques doivent prendre conscience du développement inéluctable de leurs activités au regard de la mondialisation des échanges et de la technologie moderne par leur adaptation et leur connaissance du monde informatique.

I - L'AXE INFORMATIQUE

Le développement de la profession à l'ère informatique souffre d'un déficit qui est ici d'ignorance. Cette ignorance aboutit au sein de chaque profession, de chaque organisme, et de manière anarchique un peu partout en France à ce que l'on peut appeler une informatisation politiquement non identifiée c'est à dire sans lien et sans finalité commune.

Pour sortir de cette impasse qui risque d'avoir des conséquences graves pour l'indépendance des professions il convient d'agir dans trois directions :

– il faut créer une véritable "station de travail" des professionnels du droit afin de pouvoir échanger des informations et des données et non plus seulement une tradition commune. Cette station ressemblerait et jouerait le rôle de la nomenclature chez les professions de santé : les termes et les noms y sont définis sous les mêmes normes. On sait alors de quoi l'on parle avec un minimum de grammaire. On peut alors classer, classifier, prospecter, rationaliser et chaque nouveau venu, qu'il soit particulier ou administration devrait se couler dans le moule de cette station de travail, véritable abri de l'information juridique et judiciaire. Il est alors possible de converser de manière informatique puisque chacun utilise la même "langue". Cette "station" relierait tout autant le juridique, le judiciaire, le pénitentiaire, l'aide juridique, ect... Elle serait la première étape indispensable à la communication des acteurs du droit.

– le moyen d'utiliser cette nomenclature juridique passe par l'instauration d'un ou plusieurs réseaux cryptés permettant la mise en relation des utilisateurs tant pour leur information personnelle que pour l'exercice quotidien de la justice comme avec les services de la mise en état par exemple. Tout monopole serait à exclure puisque la philosophie même du réseau est de pouvoir jouer à fond le jeu de l'interactivité entre TOUS les acteurs professionnels du droit. Il serait inséré dans la loi que tout réseau de ce type serait nécessairement réservé à un tiers de confiance qui ne pourrait être qu'un professionnel du droit soumis à une déontologie stricte.

– enfin, pour garantir la sécurité de l'ensemble, la signature électronique au moyen d'une carte à puce permet à la fois l'identification de l'utilisateur, l'intégrité du document et la non répudiation de la personne identifiée. La confidentialité indispensable et non assurée par un réseau classique est obtenue par les moyens de cryptographie (anciennement classés en matériel de guerre deuxième catégorie et démilitarisé par la loi du 26 juillet 1996). Ceux-ci fonctionnant au moyen d'un code, la confidentialité est alors assurée par le dépôt de ces clés chez un tiers de confiance au sens de la loi du 26 juillet 1996.

Or, qui mieux que le professionnel juridique ou judiciaire peut être ce tiers de confiance nécessaire à l'absolue sécurité des messages électroniques ?

Si les professions ne prend pas en main cette mission, ce seront des sociétés de services qui s'en empareront, sociétés commerciales dont la logique est celle du profit et les considérations déontologiques souvent fort éloignées de celles des professions juridiques ou judiciaires.

Nous ne partageons donc pas l'avis de M. Patrice Martin-Lalande qui dans son rapport au Premier Ministre intitulé *« L'Internet : un vrai défi pour la France »* met l'Etat au centre du système de sécurisation des clés de cryptographie au moyen d'une « force de décryptement interministérielle ». Il est en effet nécessaire que la plus stricte déontologie s'impose en la matière, hors toute contingence politique faisant des professions juridiques et judiciaires, inscrits sur une liste particulière approuvée par le Premier Ministre et sous le contrôles des Premiers Présidents pour la double compétence nécessaire, technique et juridique, les tiers de confiance d'une société de droit.

Enfin le développement d'internet, "réseau des réseaux" facilitera considérablement cet échange de données en permettant à chacun d'être présent virtuellement quasi-instantannément faisant ainsi disparaître nos systèmes d'échanges corps présent synchrones (parole) ou asynchrones (courrier).

On passe ainsi du moléculaire à l'électron, du corps à la machine sans faire l'impasse sur l'esprit humain. Tous les documents naissant désormais électroniquement sur traitement de texte, au lieu de se transformer "moléculairement" en papier pour être postés, lus, faxés, resteront sous forme d'électrons capables de voyager en toute sécurité et à la vitesse de la lumière. Un gain de place et une rationalisation du travail sans précédent s'ouvriront pour les professions juridiques et judiciaires pour le plus grand service des justiciables.

II - LES REALISATIONS ET OBJECTIFS INFORMATIQUES

2.1 - LES JURIDICTIONS

Au Tribunal de commerce de Bobigny, il existe actuellement une procédure télématique entre la DIAC, organisme de prêt de Renault, et le Président du tribunal qui permet de transmettre directement et sans aucun intermédiaire les injonctions de payer. On en vient alors à gérer les flux juridiques comme celui de pièces détachées ou du personnel. On entre dans une relation client/fournisseur.

De la même manière, certaines sociétés de recouvrement de créances commencent à saisir directement et par le biais de l'informatisation croissante de certaines juridictions les tribunaux d'instance.

Cette situation présente des dangers incontestables et a suscité de la part de l'Administration un certain nombre de réactions.

D'une part la mise en place de trois types de "chaînes" informatiques au pénal mais qui souffre d'un triple déficit : l'absence d'un module d'exécution des peines, l'absence de communication externe et l'ancienneté des systèmes d'exploitation (UNIX) et des logiciels.

D'autre part, l'informatisation du civil est en proie à un grand désordre et à un grand foisonnement des systèmes. Certes les TI, TGI et Cours d'appel sont largement informatisés (3 postes pour 5 agents en moyenne) mais les juridictions sont le plus souvent entre les mains de petites sociétés commerciales propriétaires des logiciels sans moyen de développement et risquant à tout moment le dépôt de bilan. De plus cette informatisation est le plus souvent limitée à une informatique de greffe à l'efficacité limitée puisque l'on a calqué un système informatique sur un mode de travail déjà existant.

La Chancellerie estime donc au vu de cette situation qu'il faut, avant de développer la communication externe, remettre de l'ordre dans les systèmes, défragiliser les sociétés commerciales qui fournissent les logiciels en élaborant des contrats-cadres, aider et encourager toute initiative locale en mettant en place, autant que faire se peut, des systèmes informatiques au moyen de logiciels dont l'Administration soit elle-même propriétaire.

Dans le cadre d'EDI (Echange de Données Informatisées) c'est à dire d'une véritable normalisation des messages et des codes, la communication devra se faire entre les juridictions et les professionnels du droit qui devront être les seuls et uniques intermédiaires entre les justiciables et la justice de demain.

2.2 - LES PROFESSIONS

Les huissiers, au cours de leur colloque annuel à Lille en 1996 ont entamé une réflexion sur les implications professionnelles de l'environnement actuel des nouvelles technologies de l'information. La preuve de l'information échangée par le constat, sa certification par un procédé de sceau électronique et sa protection par les nouveaux moyens de saisies sont autant de paramètres qui sont à prendre en considération pour que la profession d'huissier adapte sa pratique aux nouvelles technologies.

De leur côté les avocats et notamment à l'initiative du Barreau de Paris sont présents sur internet à travers l'AARC : Avocat Assistance Recours du Consommateur qui permet à ce dernier de trouver une information ou le début d'une réponse à un coût réduit dans le domaine des petits litiges. La mise en place au mois de juin 1996 du serveur "AVOCAWEB" permet d'une part par le réseau internet à l'Ordre de présenter ses services, ses membres et diverses informations pratiques notamment sur l'aide juridictionnelle, mais aussi aux avocats du Barreau de Paris de détenir une boîte aux lettres – *E-mail* – via un réseau intranet réservé aux professionnels et assurant en toute confidentialité des échanges d'informations ou même de fichiers informatiques. Enfin certains cabinets ont eux-mêmes leur propre site web, forme cybernétique de la plaquette de demain, qui leur permet de présenter, dans le respect des règles relatives à la publicité et au démarchage, leur cabinet et ses domaines d'activité.

En tout état de cause la qualité de l'information véhiculée par ses nouveaux modes de communication passe immanquablement par la formation des professionnels et par leur volonté de sortir d'une certaine ignorance elle-même issue d'une crainte de ces mutations technologiques.

LA MÉDIATION JUDICIAIRE

C'est un constat unanime : le développement de procédures « parrallèles » de type arbitrage, médiation ou conciliation répond à un besoin de droit insatisfait par les procédures traditionnelles. Plus encore, elle permettent à des conflits parfois violents et pesants et qui n'auraient jamais pu aboutir devant un juge de droit commun d'être réglés en quelque sorte par les parties elles-mêmes où le tiers médiateur joue simplement un rôle de rapprochement.

Nous avons rencontrés, dans le cadre de cette mission, de nombreux médiateurs et conciliateurs. Tous bénévoles, souvent très actifs, issus la plupart de formation de qualité, ils traitent parfois plus de mille affaires par an dans certains ressorts.

Mais plus qu'une profession – la quasi-totalité sont à la retraite – ils s'accordent pour dire qu'ils exercent une mission, presque un sacerdoce et regrette que les efforts considérables qu'ils produisent ne soient pas contrebalancés par la mise à leur disposition de moyens matériels et financiers.

I. - LA MEDIATION OU LA JUSTICE NON VIOLENTE

Entre le droit et les différents conflits, jusqu'alors résolus par le juge appliquant le droit existant, et selon des procédures instituées, s'est introduit, depuis les années 80, un *mode alternatif* de réglement de ces différends et conflits : la médiation. Le terme, employé désormais dans la vie internationale, les conflits sociaux et les crises familiales, mais aussi par les médias pour désigner leur propre rôle, recouvre un concept flou, associé à la notion tout aussi floue de *consensus*. Il faut tenter de le définir. Selon la définition que donnait de l'institution Hauriou : une réalité organisée par l'idée.

D'abord, par ce qu'il n'est pas : la médiation ne se confond pas avec la négociation ou la transaction La négociation est une confrontation directe ; dans "négociation", il ya "négoce", c'est-à-dire échange. La négociation se fait sans intermédiaire. Il n'y a pas au contraire de médiation sans médiateur. La première condition pour qu'il y ait médiation, c'est qu'il y ait entre les parties un *tiers*. L'ethymologie du mot, du latin *medius*, ce qui se tient au milieu, nous introduit à ce rôle du tiers qui se tient dans l'entre-deux pour s'interposer. Au rapport *immédiat*, et à ses dangers, il substitue un médiat, une prise de distance critique, une déprise sur l'actualité. Un entre-acte parlé. Ainsi comprise, la médiation a pour fonction de prévenir ou de résoudre, entre des personnes ou des groupes qui y consentent ou y participent, et qui s'en satisfassent, un conflit, par le moyen d'une relation loyale, nouvelle ou renouvelée, par l'*intermédiaire* d'une tierce personne, acceptable, impartiale et neutre. Ce qui est par ailleurs définir le Juge - mais sans *l'imperium*, le pouvoir décisionnel et sa force exécutoire ; son effet themis. C'est ce qu'on nomme aujourd'hui l'*ordre négocié* par oppostion à l'*ordre imposé* qui transforme les conflits en litiges relevant du Juge etatique.

Les anthropologues du droit, avec E. Le Roy et N. Rouland, constatent que l'ordre négocié caractérise les procéduires non juridictionnelles des sociétés traditionnelles. Alors que personne dans ces sociétés n'est investi de fonction judiciaire, et qu'il n'existe pas de droit pour fixer l'équivalence entre la faute et la réparation, un tiers, une autorité - *le chef à le peau de léopard* , chez les soudanais - introduit un mode de compensation acceptée qui met un terme à la logique vindicatoire.

Cette résolution traditionnelle des conflits n'est pas très différente de la *justice informelle* des Etats-Unis d'aujourd'hui et de ses *procédures alternatives.* C'est l'Etat qui tôlère lui-même ou encourage le recours à des formes de justice délégalisée. Ou met lui-même en oeuvre des procédures inspirées par l'ordre négocié : *Domestic Relations Courts, Small Claims Courts....* et les autres formes de *soft justice.* Le conflit est considéré plus comme une maladie à guérir que comme un mal à réprimer. La médiation, dominante dans les conflits familiaux, les différends entre voisins, les relations d'affaires ou le droit de la consommation s'étend aussi au contentieux pénal. Soit que le représentant lui-même de l'action publique, le Procureur, accepte de ne pas poursuivre en vue d'un accord amiable, soit par la mise en oeuvre des *Community Boards*, centres de médiation composés de bénévoles et localisés par quartiers. Il s'agit alors de tenter de restaurer la cohésion sociale, à l'occasion de vols ou de prostitution, par une solution d'apaisement acceptée et acceptable. Il s'agit bien là d'une justice alternative proche de la justice non juridictionnelle des sociétés traditionnelles.

Ce mode de solution négociée a été adopté, bien qu'avec réticence, par la France. On a pu parler, pour les années 80, de la decennie de la médiation. Il s'est agi, dans le domaine de la justice en particulier, de répondre à l'explosion judiciaire. Jamais la justice, presque unanimement critiquée, n'a été autant sollicitée. En dix ans le nombre des procédures a doublé. Ce qui s'explique pour partie par la complexification de la vie sociale, la multiplication des différends induite par la mobilité sociale, mais aussi par la disparition des structures coutumières de sociabilité, telles que la famille, la paroisse ou le quartier. Olivier Guichard, en 1977, avait créé les conciliateurs de justice, sans pour autant leur donner les pouvoirs des anciens juges de paix. En 1981, Robert Badinter freina le recrutement. En 1986, Albin Chalendon relança l'institution. En 1989, le retour des socialistes au pouvoir entraina un nouveau coup de frein. En 1994, un rapport sénatorial restaure l'idée de cette *justice de proximité*. Mais aussi d'un développement de la médiation civile et même pénale pour désengorger les tribunaux.

Il faut constater que notre société, selon la formule de Jean-François Six, auteur du *temps des médiateurs,* a "désespérement besoin d'artisans de médiation". Cette procédure ancestrale de réconciliation peut apporter des solutions dont l'avantage évident et immédiat est de permettre le dialogue. On sait bien dans un couple que la scène de ménage vaut mieux que le silence qui corrode les relations. Ainsi la voix est ouverte pour développer le principe d'une solution non contentieuse - *L'amicus curiae* du droit anglo-saxon - et d'en ouvrir les voies.

La loi du 5 avril 1990 avait posé un principe qui développait toutes les virtualités médiatiques du droit, déjà présentes dans la conciliation obligatoire en matière de divorce et dans le préliminaire de conciliation devant les conseils de prud'hommes et les tribunaux paritaires de baux ruraux : "le juge peut, *avec l'accord des parties,* désigner une personne de son choix, pour les entendre, confronter leurs prétentions, leur proposer une solution de nature à les rapprocher, *ou leur permettre de trouver elles mêmes les termes de leur accord* ". Cette confrontation acceptée, en présence d'un tiers, disposant d'un certain savoir de la contradiction, n'a pas encore rencontré toute la faveur des juges et des justiciables, alors que dans les sondages, 90,1% des Français déclarent vouloir une extension de l'arbitrage. Ce souhait est contradictoire avec le peu d'usage qu'ils font de l'article 12 du Nouveau Code de Procédure Civile qui leur permet de conférer au Juge la mission de statuer comme amiable compositeur, tout comme un arbitre privé, pour les droits dont elles ont la libre disposition. Il s'agit d'une reconnaissance par le droit du recours à l'*équité*.

Cet ordre judiciaire négocié a un précédent dans le domaine des disfonctionnements de l'administration. A l'exemple du traditionnel *ombudsman* des pays nordiques, la France a institué en 1973 le Médiateur de la République. J'avais proposé lorsque je militais pour son institution, de le nommer Avocat du Citoyen. C'est le nom qu'il porte depuis lors dans le Royaume d'Espagne : *Défensor del Pueblo*, défenseur du peuple. Saisi par l'intermédiaire obligatoire d'un parlementaire, il intervient dans les litiges entre les particuliers et les services publics dans les cas où il n'y a pas de solution de droit. Dans le *no man's law*. Sa fonction est donc supplétive. Il prépare une solution réglant en *équité* et non en droit la situation du requérant quand sa requête est justifiée. Il lui est en outre permis d'apprécier les conséquences d'une loi ou d'un réglement, alors que cette appréciation est du ressort de la législation pour la loi et du Gouverneur pour le réglement : "Lorsqu'il apparait au Médiateur de la République , à l'occasion d'une réclamation dont il a été saisi, que l'application des dispositions législatives ou réglementaires aboutit à une *inéquité*, il peut recommander à l'organisme en cause toute solution permettant de *régler en équité* la situation du requérant, préférer à l'autorité compétente toutes mesures qu'il estime de nature à y remédier et suggérer les modification qu'il lui apparait utile d'apporter à des textes législatifs ou réglementaires

Ainsi se trouve conciliés la pratique de l'équité longtemps discréditée et moquée et l'Etat de Droit. Ce qui est là encore rejoindre l'esprit et la pratique de la Commun Law et ses notions cardinales de *raisonnable, d'équité et de proportionnel.* inspirées par l'équité aristotélicienne : "L'équité est une force dressée à côté du droit srict pour en compenser la faiblesse, pour en combler les lacunes, pour en atténuer les conséquences partiellement néfastes ; l'équité se présentant comme une sorte d'honnêteté assurant la prise en compte des droits passés sous silence par le législateur, lequel ne peut les déterminer tous avec précision". C'est également l'équité qui est devant les juridictions européennes le critère du contrôle de l'arbitraire et des règles de la procédure juridictionnelle avec le *procès équitable.* C'est encore l'équité qui inspire la théorie jurisprudentielle de l'enrichissement sans cause et la consécration par le Conseil d'Etat des *principes généraux du droit.*

Ainsi, l'ordre négocié se développe auprès de l'ordre imposé. Pour certains, il n'est que son ombre, et le masque du contrôle social. Pour d'autres, il ressemblerait à ces villes nouvelles implantées auprès des villes anciennes pour y développer des nouvelles manières de vivre. C'est en tout cas la remise en cause de la théorie évolutionniste du droit, toujours enseigné dans les Facultés, qui voudrait que la justice privée se soit effacée progressivement au profit de la justice publique. Le recours croissant à l'ordre négocié, que montre la faveur nostalgique des justices de paix, et par ailleurs la contractualisation de la loi (arbitrage privé, divorce par consentement mutuel, assistance éducative des mineurs, peine de substitution désormais nommée peine alternative...) déroge au modèle évolutionniste.

L'ordre négocié n'est donc plus l'exclusivité des sociétés traditionnelles. Il coexiste avec l'ordre imposé. A l'approche diachronique de la théorie évolutionniste - de la vengeance à la guillotine - il faut préférer l'approche synchronique qui prend en compte le *pluralisme judiciaire.* Mauss, Gurvitch, Rouland ont montré que le principe unitaire - le droit français, le droit anglais... - n'est pas inscrit dans la nature du droit. Le droit ne se confond pas nécessairement avec l'Etat même si celui-ci prétend monopoliser la vie juridique. Dans un même champ social il faut constater que plusieurs droits opèrent, et qu'ils relèvent d'instances différentes ; ainsi le droit commercial et le droit social concurrencent le droit civil, considéré longtemps comme le vrai droit ; l'arbitrage privé et la justice disciplinaire des groupes et associations concurrencent le droit étatique. Mais il faut aussi constater que si l'Etat tolère ou encourage des procédures alternatives qui l'allègent d'une partie de ses tâches et qui règlent à moindre frais et avec plus d'efficacité bien des conflits, il se réserve un droit de tutelle. S'il gère autant qu'il le peut la division sociale par le recours à l'ordre négocié, alors que dans les sociétés traditionnelles l'ordre négocié prévient la division sociale, il conserve par le biais de l'appel devant ses propres instances la possibilité d'imposer son ordre. Et dans la pratique juridictionnelle, il se constate que l'article 21 du Code de Procédure Civile qui énonce qu'*il entre dans la mission du juge de concilier les parties* et l'article 20, tout aussi lapidaire, *le juge peut toujours entendre les parties elles-mêmes,* sont à peine plus pratiqués que l'article 12 qui lui permet d'être nommé comme amiable compositeur . Le juge n'a pas sauf en référé , le temps nécessaire pour rechercher la médiation judiciaire .

Si on cherche maintenant à circonscrire le concept de médiation, il faut tout d'abord relever qu'il n'y a pas de médiation sans un conflit. Mais un conflit n'est pas toujours un mal. Il peut y avoir une promesse d'avenir dans un conflit et au contraire une aliénation de la liberté humaine dans la volonté d'abolire tous les conflits dans l'existence quotidienne comme dans la vie publique. "C'est le propre de la pensée totalitaire que de concevoir une fin des conflits" (Hannah Arendt). Rien de plus infantilisant que la tendance contemporaine à vouloir neutraliser tous les différends dans une sorte de tendresse fusionnelle. - *Tout le monde est beau - Tout le monde est gentil.* Le conflit ne cesse d'être une étape dans un processus de développement que lorsqu'il s'accompagne de violences destructrices de l'autre. La médiation ne doit donc pas avoir pour objectif de dissoudre les conflits, en les exténuant, mais, selon l'expression récente, de les *gérer*.

C'est là ou l'analyse d'Hegel du contrat dans *La Philosophie du Droit* est éclairante. Hegel montre que dans l'échange libre de deux volontés contractantes une volonté commune se constitue. En se dessaisissant de ce qu'il possède, le contractant atteste de sa maitrise et de sa liberté de ne pas rester dans l'immédiat. Mais la médiation va au delà en passant de la situation duelle du contrat à un rapport trinitaire. Les parties, au lieu de se regarder, dans la logique binaire du tout ou rien, en *chien de faïence*, se regardent regardées par un regard neutre et inactif.

Car le deuxième terme de la médiation est *l'absence de pouvoir du médiateur*. Il ne rend pas de décision. Il n'arbitre pas. Il ne devrait pas même proposer de solution dans la mesure où il exerce alors encore une maitrise. Il est là pour favoriser le rapprochement des parties dans le respect de la liberté de chacun. Mais pour n'avoir pas de *potestas* il doit avoir une *auctoritas*.

La troisième condition est une *catalyse.* Le terme est emprunté à la chimie. Il s'agit d'une action par réaction. La présence du médiateur doit provoquer par sa seule présence une transformation dont il n'est pas l'initiateur. Et qu'il ne conclut pas par lui même. Il doit en effet rester à sa place. C'est à dire qu'il secrète une communication active, un dialogue, par l'écoute en prenant le temps de l'écoute.

Ainsi la médiation, qui est une pratique séculaire chez les africains, par exemple sous "l'arbre à palabres" et chez les asiatiques, artistes du compromis. semble s'acclimater en europe. Sous les formes judiciaires ou sociétales, dans les affaires entre parties mais aussi en matière pénale, l'idée de médiation progresse. Elle contribue à la nécessaire ouverture de la justice étatique sur la société civile. Mais elle n'échappera au risque du bricolage juridico-psychologique que si elle s'impose par son autorité morale. Car ce risque existe quand font défaut les garanties que sont les principes du contradictoire et de publicité de la procédure. Le langage symbolique et les rites judiciaires sont également de puissants moyens de métamorphose d'un litige. Le "tiers qui s'entremet" en est privé. Le droit devient alors incertain. Selon la formule de la Commun Law : "il ne suffit pas que justice soit rendue, il faut encore qu'elle ait l'apparence d'être rendue". Ce qui est singulièrement nécessaire lorsqu'il s'agit de développer une politique criminelle participative par laquelle l'Etat renonce à faire usage de la contrainte physique, dont il a selon le mot de Max Weber, le monopole légitime. Il y a en effet dans l'exercice public du droit de punir, la traduction des sentiments de réprobation et d'exclusion du public dont il ne doit pas être frustré, sans contrepartie. C'est pourquoi concilier et contraindre, réunir et punir sont des fonctions et des pouvoirs difficilement compatibles. Il y a dans la procédure comme un glacis de sécurité qu'il ne faut franchir qu'à bon escient et armé d'une rigoureuse déontologie.

II. - QU'EST-CE LA MEDIATION JUDICIAIRE ?

La médiation est l'intervention d'un tiers qui essaie de trouver une solution à un litige en faisant des propositions aux différentes parties. La médiation est dite judiciaire lorsqu'elle est organisée par le juge. Elle est conventionnelle ou amiable dans les autres cas.

Depuis un décret du 22 Juillet 1996 relatif à l'application des articles 21 à 26 de la loi du 8 Février 1995 sur la conciliation et la médiation judiciaire, ce nouveau type de règlement des conflits est défini au sein même du nouveau Code de procédure civile qui se voit doter d'un titre 6 bis.

Aux termes de ces nouvelles dispositions, la médiation judiciaire a pour caractéristique essentielle de rester sous le contrôle constant du juge à tous les stades de la procédure y compris en référé.

C'est le juge qui en prend l'initiative. Il peut y mettre fin d'office parce que le bon déroulement de la médiation lui apparaît compromis ou à la demande d'une des parties. C'est le juge qui désigne le médiateur et à aucun moment il n'est dessaisi du dossier.

Contrairement au mode de désignation des experts judiciaires, la solution d'une liste officielle du médiateur a été écartée en raison de la longueur et du travail laborieux qu'aurait entraîné l'établissement de ces listes officielles et de leur mise à jour. En l'absence de telles listes, le juge devra organiser personnellement la vérification des conditions requises par l'article 135-5 du décret relatif aux qualités exigées du médiateur.

III. - ACCES A LA QUALITE DE MEDIATEUR

Le médiateur doit satisfaire aux cinq conditions légales énumérées à l'article 131-5 du décret :

- ne pas avoir faire l'objet d'une condamnation, d'une incapacité ou d'une déchéance mentionnée sur le B2 du casier judiciaire,

- n'avoir pas été l'auteur de faits contraires à l'honneur, à la probité et aux bonnes moeurs ayant donné lieu à une sanction disciplinaire ou administrative de destitution, de radiation, révocation, de retrait d'agrément ou d'autorisation,

- posséder par l'exercice présent ou passé d'une activité la qualification requise eu égard à la nature du litige,

- justifier selon le cas d'une formation ou d'une expérience adaptée à la pratique de la médiation,

- présenter les garanties d'indépendance nécessaire à l'exercice de la médiation.

Au-delà de ce cadre indispensable le juge pourra fixer son choix en fonction de critères plus subtils tels que l'autorité reconnue du médiateur, son sens de la négociation et surtout sa disponibilité pour accomplir la mission dans les plus brefs délais.

IV. - MISE EN OEUVRE DE LA MEDIATION

La médiation judiciaire est possible en tout état de la procédure. Elle s'insère dans celle-ci sans retarder le déroulement.

La décision qui ordonne la médiation fixe la durée de celle-ci et la date à laquelle l'affaire sera rappelée à l'audience. Si la médiation réussit la date d'audience qui en consacre l'aboutissement est déjà fixée. Si elle échoue l'audience de procédure reprend son cours normal à la date préalablement fixée.

Le cadre d'action du médiateur est fixé sommairement ou sous une forme restrictive. Selon l'article 138-8 du décret, le médiateur ne dispose pas du pouvoir d'instruction. Il ne peut à cet effet entendre les tiers que si ceux-ci y consentent et si les parties ont préalablement donné leur accord.

Dans la forme il devra se comporter avec la réserve et la prudence qui sont exigées d'un expert.

Le respect du contradictoire est également essentiel.

Les dispositions concernant la rémunération du médiateur judiciaire sont calquées sur celles de l'expert judiciaire. Dans le cadre de leur mission ils sont civilement responsables de leurs fautes et la souscription d'une assurance de responsabilité civile s'impose dans les deux cas.

On ne peut affirmer que ce décret du 22 Juillet 1996, qui constitue la référence pour l'organisation de la médiation consensuelle, permettra le développement comme mode alternatif de solution des conflits, mais « le temps des médiateurs » selon la formule de Jean-François Six est désormais juridiquement et judiciairement possible.

III

LES ACTEURS PROFESSIONNELS DU DROIT

INISTRATEUR JUDICIAIRE

La principale préoccupation des administrateurs judiciaires rencontrés dans le cadre de cette mission reste la question de leur indépendance. Pour beaucoup d'entre eux, le caractère libérale de leur profession a tendance a s'effacer au profit du poids parfois lourd que représentent les Tribunaux de commerce et leurs magistrats auprès de cette profession.

La question de la maîtrise de leur discipline, si elle a suscité partout un véritable intérêt, en effraie certains mais tous s'accordent à constater qu'il faut un véritable changement du système actuel pour éviter de futurs sinistres. Dans un rapport sur la réforme des tribunaux consulaires, la Chambre de commerce de Paris réclamait notamment que la profession organise *« mieux son auto-contrôle »*.

Enfin, les professionnels exerçant en province ont particulièrement insisté sur le caractère personnel de leur travail, la nécessité d'une véritable relation avec le client et la nécessité d'être sur place pour surveiller et conseiller au mieux.

1 - QU'EST_CE QU'UN ADMINISTRATEUR JUDICIAIRE ?

Les administrateurs judiciaires sont les mandataires chargés par décision de justice d'administrer les biens d'autrui ou d'exercer les fonctions d'assistance ou de surveillance dans la gestion de ces biens.

La profession d'administrateur judiciaire est une création prétorienne apparue d'abord comme une conséquence de la loi de 1867 sur les sociétés de capitaux, puis officiellement par les lois de 1872, 1935 et les différentes lois sur les sociétés (1966 et 1985).

Il convient de faire dans un premier temps, la différence entre les administrateurs judiciaires et les mandataires liquidateurs, même si les deux professions ont en commun un Conseil National ainsi que la Commission Nationale de Discipline.

Il existe environ 150 administrateurs judiciaires au commerce et au civil.

Ils ont conservé les anciennes missions de ce que l'on appelait l'administrateur provisoire, ainsi que la gestion des redressements judiciaires.

La profession d'administrateur judiciaire a pour pilier le savoir faire et la confiance donnés par les dirigeants et les banques. Il existe de ce point de vue là un aspect psychologique très important dans cette profession.

La difficulté de la profession provient que de fait, le nouveau professionnel doit être agréé moralement par le Tribunal de commerce qui lui envoie les affaires.

Les administrateurs judiciaires sont désignés soit par les tribunaux compétents pour des missions d'administration judiciaire après dépôt de bilan ou d'administration provisoire de sociétés, soit par les parties elles-mêmes pour des missions de conseils et d'expertise.

Ils sont obligatoirement adhérents à la Caisse Nationale de Garantie qui assure leur responsabilité professionnelle. Ils ont en outre une compétence nationale.

Le danger vient de professionnels entièrement libres et non réglementés qui font fonction d'administrateur judiciaire grâce à leurs relations avec les dirigeants des entreprises ou avec les tribunaux comme les y autorise la loi mais "à titre exceptionnel".

Il existe de plus une très mauvaise habitude des Tribunaux de commerce qui est de nommer dans tout ce qui est règlement amiable, des anciens juges, magistrats honoraires, sans aucune garantie de temps ni de compétence.

2 - ORGANISATION DE LA PROFESSION

Depuis la loi de 1985, ils ont perdu tous droits d'organisation de leur profession, de discipline et de nomination.

Ils sont nommés par une Commission nationale qui établit la liste des administrateurs et le Conseil national créé en 1990, n'a pour rôle que la défense de la profession, l'organisation de la formation des candidats et s'est arrogé peu à peu un pouvoir de recommandation à la Commission.

Le Conseil national est actuellement présidé par Jean-Yves AUBERT et il existe deux syndicats : l'IFPPC présidé par Christophe BIDON et comprenant des professionnels des deux professions, et l'ASPAG, composé uniquement d'administrateurs judiciaires et présidé par les personnes auditionnées.

Il existe un projet de rapprochement de ces deux syndicats, rapprochement allant de pair avec la création de deux syndicats distincts, un administrateur judiciaire et un mandataire liquidateur.

Vu l'organisation des Tribunaux de commerce français et l'absence de tribunaux spécifiques dans les autres pays européens, il ne peut y avoir d'extension ou d'exportation de cette profession puisqu'à l'étranger, la fonction d'administrateur judiciaire étant exercée soit par les avocats, soit même par les experts comptables.

3 - ACCES A LA PROFESSION

La loi du 25 janvier 1985 a supprimé la profession de syndic de faillite. Cette dernière a éclaté en deux nouvelles professions strictement incompatibles : celle d'administrateur judiciaire en matière civile et commerciale ayant compétence sur l'ensemble du territoire national pour traiter en général les difficultés d'entreprises importantes et celle de mandataire judiciaire à la liquidation des entreprises ayant compétence dans le ressort de la Cour d'appel où il exerce son activité.

Le nouveau statut prévoit que désormais les deux professions sont ouvertes aux membres de la Communauté européenne. De plus, un avocat peut exercer sa profession en même temps que celle d'administrateur judiciaire.

Le candidat à l'une ou l'autre des professions doit être au moins titulaire d'une maîtrise en droit ou d'un diplôme équivalent. Beaucoup d'administrateurs et mandataires sont aujourd'hui diplômés de grandes école de commerce.

Un stage obligatoire de trois ans doit être accompli dans le cabinet d'un maître de stage exerçant la profession à laquelle le candidat se destine.

Enfin, un examen d'aptitude extrêmement sélectif sanctionne la formation. C'est la Conseil National qui est chargé de son organisation.

L'AVOCAT

1 - QU'EST-CE QU'UN AVOCAT ?

L'avocat – du latin *advocatus*, "appelé à l'aide" – est un auxiliaire de justice chargé de défendre les intérêts d'un client que ce soit au travers d'une procédure judiciaire ou au moyen de conseils et de rédaction d'actes juridiques divers.

Traditionnellement exercée de manière libérale et indépendante, la profession d'avocat s'est ouverte à l'exercice en salariat par la loi du 31 décembre 1990.

Soumis à une déontologie stricte contrôlée par son Ordre, l'avocat doit agir dans le respect de ses obligations professionnelles, de la probité, de l'honneur et de la délicatesse. Il encourt des peines allant de l'avertissement à la radiation du tableau en passant par le blâme et l'interdiction temporaire.

2 - ACCÈS À LA PROFESSION

La profession d'Avocat est une profession réglementée et pour y accéder il est nécessaire de remplir certaines conditions. Celles-ci sont énumérées à l'article 11 de la loi du 31 Décembre 1971 modifié par la loi du 31 Décembre 1990 :

- nationalité,
- moralité,
- compétences attestées principalement par des diplômes.

C'est le Conseil de l'Ordre qui contrôle que toutes les conditions sont réunies au moment de la demande d'inscription, soit sur la liste du stage, soit au Tableau lorsque le postulant est dispensé de stage.

2.1 CONDITION DE NATIONALITÉ [1]

La profession est largement ouverte sur la Communauté Européenne et même sur le monde.

On peut dire que l'accès à la profession d'Avocat est ouverte à tous quelque soit leur nationalité sauf exception. Il convient toutefois de distinguer deux sortes d'étrangers :

- les ressortissants communautaires,
- et les autres.

2.2 - RÉGIME DES ÉTRANGERS HORS COMMUNAUTÉ EUROPÉENNE

La loi de 1990 a établi pour les étrangers une réciprocité de fait sans exiger qu'il existe une convention internationale en ce sens. L'étranger non communautaire peut ainsi devenir Avocat d'un Barreau français si son pays d'origine accorde le même droit aux Français.

La difficulté réside dans l'établissement de la réciprocité de fait. C'est le C.N.B. qui contrôle l'existence de cette réciprocité, condition préalable lorsqu'il autorise le candidat à subir les épreuves de l'examen de contrôle des connaissances. A fortiori, la voie sera largement ouverte s'il existe une réciprocité de droit aux termes d'une convention internationale bilatérale (WIETNAM, MAROC, CONGO, ALGERIE, GABON, MALI, etc...).

2.3 - RESSORTISSANTS DES PAYS MEMBRES DE LA COMMUNAUTÉ EUROPÉENNE

Les Avocats constituent à ce jour la seule profession juridique ayant fait l'objet d'une directive communautaire. Mais le droit communautaire appréhende aussi les autres profession juridiques et judiciaires.

2.3.1 - Etat du droit communautaire de la libre circulation applicable aux Avocats

Il n'existe pas actuellement de définition précise de la profession d'Avocat en droit communautaire.

La directive 77/249 relative aux Avocats désigne par Avocat toute personne habilitée à exercer ses activités professionnelles sous une des dénominations indiquées par le texte.

[1] Cette étude a été réalisée en partie grâce au concours de la Délégation des Barreaux de France à Bruxelles sous la responsabilité des Bâtonniers Vatier et Ricour

Dans l'arrêt " *Gullung* ", la Cour de Justice précise, en limitant la portée de l'obligation d'inscription " *au juriste qui est Avocat au sens de la législation de l'Etat membre où il est établi et qui envisage de s'installer dans un autre Etat membre en tant qu'Avocat au sens de la législation de ce dernier Etat membre* " que le terme Avocat en droit communautaire ne désigne pas une profession unique.

Il est cependant admis que le terme Avocat en droit communautaire recouvre aussi bien l'Avocat salarié que l'Avocat indépendant.

Le Conseil des Barreaux de la C.E. a édicté le 28 Octobre 1988 un Code de déontologie des Avocats de la Communauté Européenne et ce, à l'unanimité des représentants des douze Barreaux.

La définition de l'Avocat retenue par le Code est celle qui figure dans la directive 77/249.

Ce Code intervient essentiellement dans le cadre des activités transfrontalières de l'Avocat-Individu (c'est-à-dire exerçant en dehors des firmes) et énonce un certain nombre de principes généraux relatifs à l'indépendance de l'Avocat, au secret professionnel, aux incompatibilités, à la publicité personnelle et à l'intérêt du client.

Il prévoit également les règles de détermination des honoraires , de provisions et de partage d'honoraires.

Mais son article 1 rappelle que chaque Barreau conserve ses propres règles spécifiques dues à ses propres traditions, adaptées à l'organisation et au champ d'activités de la profession dans l'Etat considéré, ainsi qu'aux procédures judiciaires et administratives et à la loi nationale.

En ce qui concerne plus particulièrement le droit communautaire, les articles 52 et 59 du Traité de Rome, traitant respectivement du libre établissement et de la libre prestation de services, sont directement applicables aux Avocats.

Deux textes principaux, les directives n° 77/249 (relative à la libre prestation de services des Avocats) et 89/48 (relative à la reconnaissance des diplômes) composent la réglementation communautaire applicable actuellement à la profession d'Avocat et prévoient l'élimination des restrictions non discriminatoires à la liberté d'établissement et à la libre prestation de services.

Ces dispositions sont complétées par des arrêts importants de la Cour de Justice des Communautés Européennes, condamnant notamment l'instauration de restrictions nationales discriminatoires ou non.

Par ailleurs, la profession est également soumise aux règles du droit de la concurrence.

2.3.2 - <u>Situation actuelle</u>

a. Le libre établissement

* *Les textes applicables*

L'article 52 du Traité de Rome prévoit la suppression progressive des restrictions discriminatoires entre Etats membres à la liberté d'établissement (notamment celles relatives à la nationalité) et fixe le principe de l'assimilation du libre établi au praticien de l'Etat membre d'accueil en prévoyant que *" la liberté d'établissement comporte l'accès aux activités non salariées et leur exercice ... dans les conditions définies par la législation du pays d'établissement pour ses propres ressortissants... "*.

Le ressortissant communautaire, lorsqu'il est assimilé au ressortissant national, ne peut donc se voir imposer des obligations qui ne pèseraient pas sur ce dernier et peut prétendre à tous les avantages accordés aux nationaux exerçant la même profession.

Le CJCE dans son arrêt *" Reyners "*, a considéré que l'exception prévue par l'article 55 du Traité[3] doit être strictement interprétée et qu'elle ne concerne éventuellement qu'une partie des activités publiques, l'essentiel (les activités privées, si elles ont le caractère d'actes détachables) restant soumis à l'article 52 du Traité.

La Cour dit ainsi pour droit :

> *" L'exception prévue à la liberté d'établissement prévue à l'article 55, alinéa 1, doit être restreinte à celle des activités visées par l'article 52, qui par elles-mêmes comportent une participation directe à l'exercice de l'autorité publique ;*
>
> *Qu'en aucun cas, on ne saurait donner cette qualification, dans le cadre d'une profession libérale comme celle de l'Avocat, à des activités telles que la consultation et l'assistance juridique, ou la représentation et la défense des parties en Justice, même si l'accomplissement de ces activités fait l'objet d'une obligation ou d'une exclusivité établies par la loi "*.

La directive 89/48 du 21 Décembre 1988 relative à la reconnaissance des diplômes précise de façon générale la portée de l'article 52 et vise toutes les professions réglementées pour lesquelles une formation de niveau universitaire d'au moins trois ans est exigée et prévoit un système général de reconnaissance mutuelle des diplômes de l'enseignement supérieur.

Lorsque, dans un Etat membre, l'accès à une profession réglementée ou son exercice est subordonné à la possession d'un diplôme, l'autorité compétente ne peut refuser à un ressortissant d'un Etat membre pour défaut de qualification l'accès à cette profession ou son exercice dans les mêmes conditions que les nationaux :

- si le demandeur possède le diplôme qui est prescrit par un autre Etat membre pour accéder à cette même profession sur son territoire ;

- si le demandeur a exercé à plein temps cette profession pendant une durée de deux ans au cours des dix années précédentes dans un autre Etat membre qui ne réglemente pas cette profession.

En ce qui concerne l'accès à un Barreau d'accueil, la Directive « reconnaissance mutuelle des diplômes » dispose que l'Avocat établi sous son titre d'origine peut obtenir le titre professionnel de l'Etat membre d'accueil soit en se présentant à un test d'aptitude, soit en effectuant un stage.

La plupart des Etats membres avait opté pour le test.

* *La Directive « libre établissement des avocats » du 21 mai 1997*

Après un débat anglo-saxon/franco-espagol, c'est un texte de compromis qu'a adopté le Conseil « Marché intérieur » : l'avocat titulaire du diplôme d'un Etat membre pourra s'établir s'établir dans un autre Etat membre et y exercer sous son titre d'origine les mêmes activités que l'avocat national. L'intégration au Barreau d'accueil se fera « naturellement dans le plein respect des règles d'organisation de la justice propres à chaque Etat membre ». Pas de test d'aptitude : si « l'activité est effective et régulière pendant trois ans », l'avocat pourra, s'il le demande, intégrer la profession de l'Etat membre et obtenir le diplôme correspondant. Le texte de la Directive prévoit cependant un entretien avec les autorités ordinales pour ceux qui auraient exercé pendant trois ans dans un pays d'accueil sans toutefois pouvoir justifier de la pratique régulière et effective du droit de ce pays.

En tout état de cause, l'avocat devra s'inscrire auprès du barreau du pays d'accueil ce qui garantit le plein respect des règles professionnelles et déontologiques de l'Etat d'accueil et offre donc en principe toute sécurité pour le justiciable.

Cependant, le fait que l'avocat communauatire ait la simple faculté de demander son intégration sans y être tenu de quelque manière que ce soit, facilitera le développement des cabinets anglo-saxons car l'appellation d'origine a, qu'on le veuille ou non une importance : près de 99% des avocats étrangers qui viennent s'installer en France, grâce notamment à de fortes incitations et avantages fiscaux accordés par leur pays, sont des avaocats d'affaires. Il est donc fort probable qu'il préfèreront conserver leur titre d'origine souvent plus attractif pour les milieux financiers et d'affaires.

* *La jurisprudence de la CJCE*

Aucune directive n'ayant été prise en matière de libre établissement pour la profession d'Avocat, la CJCE a précisé les conditions d'application de l'article 52 dans plusieurs arrêts.

Dans son arrêt "*Thieffry*", la Cour juge qu'il y a restriction injustifiée à la liberté d'établissement dans le cas où l'accès à une profession donnée serait refusé, dans un Etat membre, à une personne relevant du champ d'application du Traité, titulaire d'un diplôme reconnu comme équivalent par l'autorité compétente du pays d'établissement en raison du seul fait que l'intéressé ne serait pas en possession du diplôme national correspondant au diplôme dont il est titulaire.

Dans chaque Etat membre, la reconnaissance des titres d'habilitation professionnelle aux fins de l'établissement doit pouvoir être admise dans toute la mesure compatible avec des exigences professionnelles justifiées par l'intérêt général.

Cependant, l'accès à certaines activités non salariées et leur exercice peuvent être subordonnés au respect de certaines dispositions législatives, réglementaires ou administratives.

Selon la CJCE dans un arrêt "*Klopp*", la liberté d'établissement peut être librement exercée ; l'article 52, directement applicable, s'oppose à ce que des autorités nationales refusent conformément à leur législation nationale et à leurs règles de déontologie, à un ressortissant d'un autre Etat membre le droit d'accéder à la profession d'Avocat et d'exercer cette activité du seul fait qu'il maintient en même temps un domicile professionnel sur le territoire d'un autre Etat membre.

L'arrêt consacre donc le principe que tout Avocat d'un Etat membre peut avoir plusieurs établissements dans d'autres Etats membres.

Dans un arrêt "*Vlassopoulo*[7], la CJCE a dit pour droit que l'Etat membre saisi d'une demande d'autorisation d'exercer une profession dont l'accès est, selon la législation nationale, subordonné à la possession d'un diplôme ou d'une qualification professionnelle, a l'obligation de prendre en considération les diplômes, certificats et autres titres que l'intéressé a acquis dans le but d'exercer cette même profession dans un autre Etat membre en procédant à une comparaison entre les compétences attestées par ces diplômes et les qualifications et connaissances exigées par les règles nationales.

Dans l'arrêt " *Gebhard* ", (cité ci-dessus), la Cour pose les limites de la libre prestation de services, laquelle est exclusive du libre établissement et, parallèlement, rappelle que le ressortissant d'un Etat membre qui, de façon stable et continue, exerce une activité professionnelle dans un autre Etat membre, relève des dispositions concernant le droit d'établissement.

La Cour précise également que la liberté d'établissement est exercée dans les conditions définies par la législation du pays d'établissement pour ses propres ressortissants.

Ainsi, la Cour dit pour droit que, lorsque l'accès à une activité spécifique ou l'exercice de celle-ci est subordonnée dans l'Etat membre d'accueil à certaines conditions, le ressortissant d'un autre Etat membre entendant exercer cette activité, doit en principe y répondre.

La Cour, dans cet arrêt, ne se prononce pas sur le caractère légal ou illégal de certaines de ces conditions. Cependant, elle précise que toute mesure nationale susceptible de gêner ou de rendre moins attrayant l'exercice d'une liberté fondamentale tombe sous le coup du droit communautaire. Ces mesures ne peuvent être justifiées que si les quatre conditions traditionnelles sont remplies : la réglementation nationale doit être indistinctement applicable et justifiée par des raisons impérieuses d'intérêt général ; la mesure doit être propre à garantir la réalisation de l'objectif poursuivi et ne pas aller au-delà de ce qui est nécessaire pour l'atteindre.

b. La libre prestation de services

* *Les textes applicables*

L'article 59 du Traité de Rome prévoit la suppression des restrictions discriminatoires à la libre prestation de services et s'applique à l'ensemble des activités professionnelles accomplies occasionnellement par un ressortissant d'un Etat membre sur le territoire d'un autre Etat membre.

Les justiciables, prestataires ou destinataires de services, ont notamment le droit d'invoquer devant les juridictions nationales l'élimination de toute discrimination en raison de la nationalité ou du lieu de leur résidence (arrêt " *Van binsbergen* ").

L'article 60 dispose cependant que l'Etat où la prestation est fournie peut imposer au prestataire de services des exigences spécifiques motivées par l'application des règles professionnelles ou de contrôle justifiées par l'intérêt général.

La directive 77/249 du 22 Mars 1977 relative à la libre prestation de services précise la portée de l'article 59 pour la profession d'Avocats exerçant en prestation de services et vise à éliminer les restrictions non discriminatoires (tenant aux diplômes, par exemple). Elle institue une reconnaissance des diplômes dont l'obtention permet l'usage de ces titres.

Conformément à l'article 59 du Traité, elle permet de manière occasionnelle une libre prestation de services sous le titre professionnel d'origine, exprimé dans la ou les langues de l'Etat membre de provenance, avec indication de l'organisation professionnelle dont l'Avocat relève ou de la juridiction auprès de laquelle il est admis en vertu de la législation de son Etat d'origine.

La directive opère une distinction entre, d'une part, les activités relatives à la représentation et à la défense d'un client en Justice ou devant les autorités publiques, et d'autre part, toutes les autres activités (consultations, rédactions d'actes sous seing privé,...).

L'article 4 § 1 prévoit en effet que les activités relatives à la représentation et à la défense d'un client en Justice ou devant des autorités publiques sont exercées dans chaque Etat membre d'accueil dans les conditions prévues pour les Avocats établis dans cet Etat, à l'exclusion de toute condition de résidence ou d'inscription à une organisation professionnelle dans ledit Etat.

Le prestataire de services est alors soumis aux règles professionnelles et déontologiques de son Etat membre d'origine tout en ayant l'obligation de respecter les règles de l'Etat membre d'accueil (article 4 § 2).

Les Etats membres peuvent cependant imposer, en matière de représentation en Justice, l'obligation d'agir de concert, soit avec un Avocat, soit avec un Avoué.

Dans un arrêt " *Commission c/ Francs* [9], la CJCE a défini la notion " d'action de concert " de la manière suivante : " *L'Avocat de concert a pour but de fournir à l'Avocat prestataire de services l'appui nécessaire afin d'agir dans un système juridictionnel différent de celui auquel il est habitué et de donner à la juridiction saisie l'assurance qu'il dispose effectivement de cet appui et qu'il est ainsi en mesure de respecter pleinement les règles procédurales et déontologiques applicables* ".

Pour les autres activités, l'Avocat reste soumis aux conditions et règles de l'Etat de provenance sans préjudice du respect des règles qui régissent la profession dans l'Etat d'accueil.

* *La jurisprudence de la CJCE*

La CJCE a eu l'occasion, à plusieurs reprises, de juger contraires au principe de libre prestation de services des restrictions non discriminatoires, à moins qu'elles ne soient justifiées par un objectif d'intérêt général (arrêt " *Säger* " et arrêt " *Gouda* " du 25 Juillet 1991).

L'arrêt " *Gebhard* " du 30 Novembre 1995, rendu par la CJCE sur saisine à titre préjudiciel, concerne l'interprétation de la directive 77/249 relative à la libre prestation de services des Avocats au sein de l'Europe.

Dans cet arrêt, la CJCE confirme la nécessaire distinction entre l'établissement et la prestation de services en rappelant ou en mettant en place certains critères déclarés ou implicites et éclaircit quelque peu la confusion régnant en cette matière.

La Cour définit notamment le régime des prestations de services comme ne s'appliquant qu'à un exercice à caractère temporaire du prestataire (appréciation en fonction de la durée de la prestation et en fonction de sa fréquence, périodicité ou continuité), ce qui n'exclut pas la possibilité pour ce dernier de se doter d'une infrastructure, dans la mesure où cette infrastructure est nécessaire aux fins de l'accomplissement de la prestation en cause.

Si l'infrastructure est maintenue après l'accomplissement de la prestation en cause, il y a alors assimilation à la situation décrite dans l'arrêt " *Klopp* ", c'est-à-dire, à l'établissement.

Pour que la Cour reste cohérente (arrêts " *Klopp* " - article 52 - et " *Gebhard* " - article 59-) et suive la règle de conduite qu'elle fixe dans l'arrêt " *Gebhard* " (libre prestation de services et libre établissement exclusifs l'un de l'autre), il est impératif que l'ouverture de l'infrastructure en libre prestation de services soit effectivement limitée à l'accomplissement de la prestation en cause.

2.2 - CONDITIONS DE MORALITÉ

L'appartenance à la profession d'Avocat implique l'acceptation et le respect d'une certaine éthique plus exigeante que celle des autres professions. Ces qualités morales sont contrôlées lors de l'entrée dans la profession par le Conseil de l'Ordre qui peut refuser l'inscription au Barreau de celui qui ne les possède pas. Cette exigence de moralité se poursuit pendant tout le cours de l'exercice de la profession et se traduit par une action disciplinaire accordée à l'Ordre sous le contrôle de la Cour d'Appel. Elle survie même à la retraite pour l'Avocat admis à l'honorariat.

La personne qui demande son inscription sur la liste du stage ou directement au Tableau doit justifier qu'elle n'a pas été l'auteur de faits ayant donné lieu à une condamnation pénale pour agissements contraires à l'honneur, à la probité, et aux bonnes moeurs. Une condamnation pénale à elle seule n'interdit pas l'accès au Barreau quelque soit le délit qu'elle ait sanctionné. Il faut que les faits constitutifs de l'infraction soient contraires à l'honneur, à la probité et aux bonne moeurs.

Le postulant au Barreau doit de même justifier n'avoir pas été l'auteur de faits de même nature ayant donné lieu à une sanction disciplinaire ou administrative de destitution, révocation, retrait d'agrément ou d'autorisation.

La faillite personnelle ou les autres sanctions prononcées en application de la loi du 25 Janvier 1985 sur le redressement judiciaire interdisent à celui qui les a subies de devenir Avocat.

2.3 - CONDITIONS RELATIVES À LA COMPÉTENCE ET AUX DIPLÔMES

La voie d'accès ordinaire au Barreau, c'est la voie suivie par l'étudiant en droit d'une Université française lequel n'est pas nécessairement de nationalité française. Celui-ci doit justifier de certains diplômes, être admis à suivre une formation dans un centre de formation professionnelle et obtenir enfin le certificat d'aptitude à la profession d'Avocat avant de prêter serment et d'être inscrit au Barreau comme stagiaire.

L'étudiant doit être titulaire d'une maîtrise en droit ou de son équivalence.

Il doit accéder par un examen d'entrée à un centre régional de formation professionnelle. La formation suivie dans ce centre est à la fois théorique et pratique. Elle est assurée par les Barreaux en collaboration avec l'Université. Ce sont ces mêmes centres qui assurent la formation des Avocats stagiaires. A l'issue de l'année passée au centre, les élèves présentent le certificat d'aptitude à la profession d'Avocats (CAPA).

Le détenteur du CAPA peut alors demander son inscription sur la liste du stage d'un Barreau. Il n'est pas obligé de présenter sa demande dans le ressort du centre dont il est issu et peut postuler à n'importe quel Barreau français.

L'autorisation d'inscription est prononcée par le Conseil de l'Ordre dans les deux mois de la réception de la demande. C'est à cette phase que le Conseil de l'Ordre vérifie si le demandeur rempli toutes les conditions requises tenant à la compétence attestée par l'obtention du CAPA, à la nationalité et à la moralité.

La décision portant inscription au refus doit être notifiée par lettre recommandée dans les quinze jours de sa date à l'intéressé et au Procureur Général qui peuvent la déférer devant la Cour d'Appel.

Quand l'autorisation d'inscription a été délivrée, le postulant avant son inscription effective doit prêter serment. Il le fait devant la Cour d'Appel dans les termes suivants :

> *" Je suis comme Avocat d'exercer mes fonctions avec dignité, conscience, indépendance, probité et humanité. "*

L'Avocat inscrit sur la liste du stage est un Avocat de plein exercice. Il peut accomplir toutes les missions permises à un Avocat, porte la robe, n'est plus obligé de faire suivre son titre de la mention stagiaire, vote aux Assemblées de l'Ordre. Rien ne le distingue de son aîné inscrit au Tableau si ce n'est qu'il est soumis à certaines obligations pour parfaire sa formation.

Le stage dure deux ans et est effectué sous le contrôle du centre de formation.

Il impose à l'Avocat stagiaire la participation aux travaux organisés par son centre de formation, la fréquentation des audiences, la participation éventuelle à des travaux de la conférence du stage, un travail effectif d'une année au moins en qualité de collaborateur, de salarié, ou d'associé d'un Avocat.

A l'issue du stage, le Conseil d'Administration du centre délivre un certificat de fin de stage.

Certaines personnes peuvent accéder au Barreau sans suivre le cursus de type universitaire. Il s'agit de professionnels ayant exercé une autre profession juridique réglementée en France ou d'étrangers, notamment des ressortissants de la Communauté Européenne présentant des garanties de compétences acquises dans leur pays d'origine.

Peuvent être inscrits directement au Tableau les professionnels suivants :

- membres et anciens membres du Conseil d'Etat et Magistrats ou anciens Magistrats des Cours Administratives d'Appel ou des Tribunaux Administratifs ;

- Magistrats ou anciens Magistrats de la Cour des Comptes, des Chambres Régionales des Comptes, des Chambres Territoriales des Comptes ;

- Magistrats et anciens Magistrats de l'Ordre judiciaire ;

- Professeurs d'Université chargés d'un enseignement juridique ;

- Avocats au Conseil d'Etat et à la Cour de Cassation ;

- Avoués près les Cours d'Appel.

D'autres sont soumis à une année de stage comme les Notaires, Huissiers, Administrateurs, Mandataires, Conseils en propriété industrielle, certains fonctionnaires ou encore les juristes d'entreprise justifiant de huit années au moins de pratique professionnelle au sein du service juridique d'une ou plusieurs entreprises.

3 - <u>ORGANISATION ET REPRESENTATION DE LA PROFESSION</u>

Les Avocats sont traditionnellement organisés en Barreau dont le ressort coïncide généralement avec celui du Tribunal de Grande Instance. Chaque Barreau a la personnalité donc l'autonomie. Mais de nombreux motifs militent en faveur d'une représentation nationale. Le législateur a donc superposé un organe central institutionnel dit Conseil National des Barreaux.

3.1 - LE CONSEIL NATIONAL DES BARREAUX

La loi a donné au CNB pour mission de représenter la profession auprès de pouvoirs publics, de veiller à l'harmonisation des règles et usages de la profession, d'harmoniser les programmes de formation, de coordonner les actions de formation des centres, de déterminer les conditions d'obtention des mentions de spécialisation, de répartir le financement de la formation professionnelle et enfin d'arrêter la liste des Avocats communautaires et non communautaires autorisés à passer l'examen de contrôle des connaissances leurs permettant de s'inscrire à un Barreau français.

Le CNB est financé par une cotisation annuelle à la charge des Avocats inscrits au Tableau ou sur la liste du stage ainsi que par une dotation annuelle de l'Etat chargé de contribuer au coût de la formation.

Les élections au CNB relèvent d'un système électoral complexe caractérisé par la répartition des électeurs en deux collèges qui choisissent selon des modalités différentes des grands électeurs lesquels élisent au second degré les trente membres du Conseil.

Aux termes de quatre années d'activité, le CNB a élaboré un certain nombre d'avis de recommandations et de réflexions notamment sur certains aspects déontologiques comme la confidentialité des correspondances entre Avocats, la publicité personnelle de l'Avocat ou encore la clause de respect de clientèle.

3.2 - LA CONFÉRENCE DES BÂTONNIERS

Ce sont les Barreaux qui ce sont regroupés eux-mêmes au sein de cette organisation où chaque Bâtonnier de chaque Barreau vote au poids du nombre de membres de son Barreau. Chaque année un tiers des membres du Bureau sont réélus. Le Président de la conférence du Bâtonnier est élu à la fois par l'Assemblée Générale du Bâtonnier et des membres du Bureau.

La conférence du Bâtonnier se donne pour but d'informer les barreaux et les bâtonniers ainsi que de les interroger sur les voeux et leurs difficultés.

Il convient de noter que le Barreau de PARIS ne s'est pas associé à ce regroupement ce qui en fait un organe quelque peu particulier.

3.3 - L'ORDRE, LE BARREAU ET LE BATONNIER

Le Barreau est composé de l'ensemble des avocats inscrits au Tableau de l'Ordre ainsi que des avocats stagiaires alors que l'Ordre comprend également les avocats honoraires ce qui permet de dire que le Barreau est la partie active de l'Ordre. Il a la nature d'un établissement d'utilité publique et possède une administration collective : le Conseil de l'Ordre élu par l'ensemble des membres de l'Ordre et dont l'exécutif est le Bâtonnier.

Le Conseil de l'Ordre a traditionnellement trois fonctions : une fonction administrative (tableau, budget, services généraux, formation professionnelle), une fonction réglementaire (arrête le Règlement intérieur) et une fonction de police (première instance disciplinaire).

On remarque qu'à Paris des voix se font régulièrement entendre pour demander une réforme en profondeur des structures ordinales. L'Ordre lui-même avait demandé en 1986 à Maître Bruno BOCCARA de remettre un rapport sur la réforme du Conseil de l'Ordre. Les propositions de ce rapport tenaient en trois points essentiels : tout d'abord, rendre présent le Bâtonnier en exercice en le déchargeant de toutes les tâches de représentation qui seraient dévolus au Bâtonnier et par le Dauphin lors de la seconde année du bâtonnat, ensuite, créer un "Comité consultatif de l'Ordre des avocats de Paris", sorte de "Sénat", composé de trente membres et à voix consultative, et enfin, instaurer le référendum pour les réformes d'envergure prônées par les deux "Chambres".

3.4 - LES VOEUX DE LA PROFESSION

3.4.1 - Le Conseil National des Barreaux

– donner au CNB les moyens de sa mission en redéfinissant ses pouvoirs au niveau réglementaire : dotation de l'Etat, formation professionnelle, règlement intérieur, regroupement des petits barreaux

– intégration des juristes d'entreprise au sein de la profession d'avocat

– interprofessionnalité avec les notaires

– revalorisation du stage avec système de sanction ou d'omission en cas de non respect de la formation

– donner à la profession la voix majoritaire au sein des I.E.J.

– rajouter au projet de directive européenne l'obligation du respect des règles de procédure pour protéger la postulation

3.4.2 - L'Ordre des avocats à la Cour d'appel de Paris

– création d'une École des Hautes Études pratiques du droit avec accès au bout de trois ans et d'une durée de deux ans.

– donner à l'avocat le titre d' " avocat-conseil"

– intégration des juristes d'entreprise au sein de la profession d'avocat

– rétablir le ministère d'avocat obligatoire devant les juridictions sociales

– élaboration d'un Règlement intérieur national

3.4.3 - La Conférence des Bâtonniers

– intégration des juristes d'entreprise au sein de la profession d'avocat

– surtout ne pas ouvrir un débat législatif sur la question du périmètre du droit

– donner au CNB les moyens de sa mission

– favorable à la création d'une Chambre de la Cour d'appel spécialisée en matière disciplinaire avec un système d'échevinage

3.4.4 - La Confédération Nationale des avocats (C.N.A.)

– permettre à l'interprofessionnalité d'exister réellement
– réaliser la "grande profession"
– amender le projet de directive européenne en ce qu'il permet à l'avocat communautaire d'exercer sous son titre d'origine sans limitation de durée
– protéger le périmètre du droit en affirmant notamment que la fiscalité fait partie intégrante du droit et n'en est pas un accessoire
– permettre à l'avocat de faire du fiduciaire

3.4.5 - L'association des Avocats Conseils d'entreprise (A.C.E.)

– importance du titre de "conseil"
– intégration des juristes d'entreprise au sein de la profession d'avocat à condition qu'on appelle juriste d'entreprise un véritable responsable et non pas un simple exécutant
– alignement de la fiscalité des avocats sur celle des entreprises qui font de l'exportation afin d'encourager l'exportation de la profession

3.4.7 - La fédération Nationale des jeunes avocats (F.N.U.J.A.)

– empêcher la concurrence déloyale des banques et des assurances
– laisser un domaine partagé avec les experts-comptables en matière de droit fiscal et de droit social déclaratif avec interdiction absolue et claire de tout le reste
– exiger le troisième cycle pour les candidats au CFPA
– imposer le titre du pays d'accueil dès l'inscription d'un ressortissant communautaire
– sanctionner sévèrement les avocats qui prélèvent un pourcentage sur les clients personnels de leurs collaborateurs.

L'AVOCAT AU CONSEIL D'ETAT ET A LA COUR DE CASSATION

1 - QU'EST-CE QU'UN AVOCAT AUX CONSEILS ?

L'avocat aux Conseils est l'avocat seul habilité à représenter les parties et à plaider devant la Cour de cassation et le Conseil d'Etat.

L'Avocat aux Conseils est un auxiliaire de justice très proche et bien plus proche que les autres Avocats des Juges devant lesquels ils plaident mais ils restent avant tout l'Avocat d'une partie.

Ce qui définit l'Avocat aux Conseils, c'est le numerus clausus bien plus que le terme de charge. Ce numerus clausus se justifie par l'examen spécialisé et le rôle de tri opéré par les Avocats aux Conseils devant des juridictions suprêmes très encombrées. A titre d'exemple, il existe grâce aux Avocats aux Conseils près de 34% de pourvois mort-nés, c'est-à-dire de désistement à la suite d'un avis défavorable ou d'une consultation négative d'un Avocat aux Conseils alors qu'en matière sociale où la représentation n'est pas obligatoire moins de 1% des personnes désirant former un pourvoi se désiste à la suite de l'intervention d'un Avocat aux Conseils.

La limitation du nombre d'avocats aux Conseils favorise indiscutablement le contingent des recours. Une spécialisation sans limitation de nombre est privée de tout effet comme le montre le système italien avec plus de 80.000 pourvois qui asphyxient chaque année la Cour de cassation.

Cette limitation de la profession existe dans plus de dix pays membres de la Communauté Européenne, soit de fait, soit de droit, par un système de spécialisation. Il existe du reste une association avec les Avocats devant les Cours Suprêmes d'Europe (Belgique, Allemagne, etc...) ainsi qu'avec d'autres pays étrangers (Maroc, Egypte, etc...).

La profession d'Avocat auprès des Cours Suprêmes - judiciaire et administrative - constitue une composante indispensable au bon fonctionnement du service public de la Justice dont elle partage les préoccupations.

La France possède un système édifié de très longue date, qui a fait preuve de sa solidité et de son efficacité, au point qu'une commission constituée à la Chancellerie en 1983 avait conclu à l'unanimité des Magistrats et des Avocats qui la composait que le maintien d'un Ordre spécialisé auprès des Cours Suprêmes était souhaitable.

De plus, les meilleurs défenseurs de la profession sont le Premier Président de la Cour de Cassation et le vice-président du Conseil d'Etat ainsi que l'ensemble des Conseillers devant ces deux juridictions qui voient dans l'institution d'Avocats aux Conseils la mise en place d'interlocuteurs spécialisés et privilégiés (cf. discours d'installation du Premier Président TRUCHE et du Procureur Général BURGELIN qui ont souligné la nécessité de cette profession au travers de leurs compétences, de la confiance qu'ils inspirent, et de leur rôle de tri).

1.2 - LES JUSTIFICATIONS D'UN BARREAU SPECIALISE POUR LES COURS SUPREMES

L'Existence d'un Barreau spécialisé pour les Cours Suprêmes correspond à un besoin, pour trois raisons :

- respect de la distinction du fait et du droit,
- la nécessité pour les Cours suprêmes d'accorder leur confiance à des auxiliaires de justice choisis pour leur compétence et leur expérience,
- le danger d'encombrement des juridictions à ressort national.

1.2.1 - **La spécialisation imposée par la distinction du fait et du droit**

La distinction du fait et du droit régit l'activité de juge de cassation. Elle empêche les Cours suprêmes de dégénérer en troisième degré de juridiction. La Cour de Cassation ne peut pas devenir la Cour d'appel de toutes les Cours d'appel de France, ce qui multiplierait à l'excès ses interventions et serait profondément contraire à sa mission institutionnelle de Cour régulatrice du droit, chargée d'assurer l'uniformité du droit interprétatif et par là-même l'égalité des citoyens devant la loi, objectif de valeur constitutionnelle et principe général du droit communautaire.

Cette distinction existe dans dix des quinze pays de l'Union européenne : La France, la Belgique, les Pays-Bas, le Luxembourg, l'Allemagne, l'Autriche, l'Italie, l'Espagne, le Portugal et la Grèce. Seuls les pays d'inspiration anglo-saxonne y échappent.

Or, nul ne peut contester sérieusement que la distinction du fait et du droit soit une technique d'un apprentissage difficile, puisqu'il faut cinq ans pour former convenablement un futur avocat aux Conseils et - disent les Présidents de Chambre de la Cour de cassation - plusieurs années pour former un bon Conseiller à la Cour de cassation. C'est pourquoi l'existence d'un Ordre spécialisé constitue un élément essentiel pour assurer la formation des candidats à cette technique et permettre le bon fonctionnement des Cours régulatrices du droit. La procédure avec représentation obligatoire permet au législateur d'imposer aux Avocats spécialisés des règles strictes pour la clarification des moyens de cassation, qui ont leur siège, en matière civile, dans l'article 978 du Nouveau Code de Procédure Civile et qui facilitent le travail de la Cour de cassation.

Cette spécialisation protège à la fois les Cours suprêmes en facilitant leur travail et les justiciables - qui sont la finalité de toute justice - en assurant l'efficacité de leurs recours :

- Les Cours suprêmes : il est facile d'observer que les seuls " secteurs en difficulté " de la Cour de cassation française - la Chambre sociale et la Chambre criminelle - sont ceux qui reçoivent pour partie des affaires dispensées du ministère d'Avocat aux Conseils. Et les Présidents successifs de la Chambre sociale rêvent d'un temps où, comme en Belgique, la France soumettrait toutes les affaires sociales à la procédure avec représentation obligatoire et où ce contentieux serait, comme chez nos voisins, parfaitement maîtrisé.

- Les justiciables : l'ordinateur de la Cour de cassation enseigne que dans les affaires dispensées du ministère d'un avocat spécialisé, 90% des cassations sont obtenues par des Avocats aux Conseils, alors que 10% seulement sont obtenues sans ce ministère. On comprend dès lors pourquoi le législateur a successivement supprimé, devant la Cour de cassation, les dispenses du ministère d'Avocat qu'il avait établies pour des raisons sociales après 1946, en matière de baux ruraux, de sécurité sociale, et de baux d'habitation, qui s'étaient révélées des " cadeaux empoisonnés " - car nier la nécessité d'une spécialisation est une naïveté d'une inconséquence redoutable.

L'expérience nationale doit sur ce point éclairer nos choix européens, car les ressortissants des autres pays de l'Union européenne, seraient, plus encore que les nationaux, exposés à des erreurs de choix irréparables, s'ils ne disposaient pas de la commodité de choisir sur un tableau spécial un mandataire dont la compétence est garantie, ayant la charge de les représenter devant les deux Cours suprêmes, qui sont soumises à des règles de procédure et de fond tout à fait particulières.

Il est bon à cet égard de préciser que la cassation administrative, si elle relève des mêmes exigences, présente de surcroît une spécificité particulière dans le système français.

Le Conseil d'Etat demeure le régulateur suprême de l'activité administrative, et son office de juge de cassation, qui ne saurait être artificiellement dissocié du rôle qu'il continue de jouer comme juge du fond dans les domaines les plus sensibles du contentieux administratif, obéit à des règles et à des modes de raisonnement spécifiques que seul un corps d'Avocats ayant acquis la spécialisation en droit public, grâce à sa formation propre et à sa pratique transversale du droit administratif et fiscal, est à même de maîtriser dans l'intérêt tant des collectivités publiques que des personnes privées.

Au surplus, la spécialisation reconnue des Avocats aux Conseils en droit public, qui les amène à plaider devant les juridictions administratives de première instance et d'appel, leur permet de contribuer à l'unité jurisprudentielle du droit administratif et facilite l'adoption par le Conseil d'Etat de solutions régulatrices prenant en compte tous les aspects, complexes par nature, de l'action administrative.

1.2.2 - **La confiance qu'autorise un Barreau spécialisé**

Cette confiance qu'elles peuvent mettre en chacun des auxiliaires de justice choisis pour leur compétence et leur expérience est une nécessité pour les Cours régulatrices.

Elle permet d'organiser une collaboration indispensable au bon fonctionnement des juridictions, à la qualité de la prestation des auxiliaires de justice et à la régulation des flux par des mesures souples et des pratiques négociées dans l'intérêt général.

Une telle collaboration est rendue possible par les relations directes et privilégiées qui existent entre les Hauts magistrats et chaque membre du Barreau spécialisé, et que favorise leur limitation en nombre.

1.2.3 - **Le risque d'encombrement des juridictions à ressort national**

Mais à côté de la spécialisation du Barreau, qui assure sa compétence et son crédit, il y a une justification beaucoup plus forte encore à l'existence d'un Barreau particulier pour les Cours suprêmes : c'est la nécessité de lutter contre un risque permanent d'encombrement, qui est inhérent à ce type de juridiction à ressort national. un certain nombre de pays de l'Union ont résolu cette question intelligemment, en créant et en maintenant un Barreau spécial et un Barreau limité en nombre.

C'est là encore un objectif majeur de bonne administration de la justice.

a) Le Barreau particulier et indépendant

Si beaucoup de pays ont préféré un Ordre autonome, plutôt qu'une spécialité au sein d'un Ordre national, c'est parce qu'ils ont compris que, pour conserver au recours en cassation son caractère de voie de recours extraordinaire, il était nécessaire que le pourvoi en cassation soit soutenu par un mandataire nouveau, qui n'est pas encore intervenu dans le procès, ayant un oeil neuf et n'ayant pas connu l'amertume de la défaite. En bref, la nécessité de changer d'Avocat est une bonne garantie que la continuation du procès ne procédera pas d'un esprit de revanche, mais reposera sur des raisons sérieuses. La pratique traditionnelle de la “ consultation avant pourvoi ” contribue à assurer et à institutionnaliser ce sérieux et le respect des règles de compétence de la Cour suprême.

L'existence d'un Barreau particulier et l'indépendance d'esprit de ce Barreau est à la base même de la sélection des affaires qui s'opère - et doit s'opérer - par la voie de la consultation avant pourvoi (généralement délivrée à l'abri d'un pourvoi conservatoire) et qui aboutit chaque année, à la Cour de cassation française, dans les affaires avec représentation obligatoire, à 33% de désistements ou déchéances. Grâce à cette sélection, une affaire sur trois disparaît chaque année sans aucun travail de la Cour, par la sagesse des justiciables et l'acceptation de la chose jugée. C'est là un facteur important de la lutte contre le risque d'encombrement des juridictions à ressort national.

b) Le Barreau comportant une limitation en nombre

Mais à la spécialisation, qui conduit déjà naturellement à une limitation en nombre du Barreau, plusieurs pays d'Europe ont ressenti la nécessité d'ajouter un élément plus direct de la limitation en nombre, pour éviter un engorgement de la Cour suprême et lui permettre de juger dans un “ délai raisonnable ”, qui nous est aujourd'hui imposé dans nos engagements européens.

L'examen du droit comparé démontre en effet qu'il y a une proportionnalité inévitable - d'ailleurs fort compréhensible - entre le nombre des pourvois et le nombre des Avocats qui les forment :

- En Belgique, 16 Avocats à la Cour de cassation forment chaque année 2.000 à 3.000 pourvois ;

- En Allemagne, 25 Avocats auprès du Bundesgerichtshof forment chaque année 6.000 pourvois ;

- En France, 60 Cabinets d'Avocats aux Conseils, ayant un monopole très large devant la Cour de cassation et devant le Conseil d'Etat, juge de cassation, forment chaque année en moyenne 20.000 pourvois devant la Cour de cassation ;

- En Italie, au contraire, où l'Ordre spécialisé (l'Albo speciale) ne comporte aucune limitation en nombre, le contingent des recours qui envahissent chaque année la Cour de cassation atteint 80.000 pourvois, ce qui crée une situation proche de l'asphyxie. Ce contre-exemple montre ce qu'en réalité le simple bon sens permet de comprendre, à savoir qu'une spécialisation sans limitation en nombre est privée de toute efficacité.

Or, toute Cour régulatrice du droit a pour mission essentielle d'assurer l'unité d'interprétation et d'application du droit interne, en même temps qu'elle est, en vertu de l'article 177 du Traité de Rome, une rampe de lancement des questions préjudicielles de droit communautaire. Et il est extrêmement difficile de préserver cette unité du droit national avec une Cour qui comporte 20 Chambres. La fonction régulatrice ne peut être assurée que par une juridiction unique, qui ne multiplie pas à l'extrême le nombre de ses Chambres et de ses Présidents de Chambre. Le principe de l'expansion, cher aux économistes qui résonnent en termes de " marché ", serait en porte-à-faux lorsqu'il s'agit du bon fonctionnement du service public, tous les Etats membres de la Communauté ayant le souci légitime de ne pas avoir des services publics pléthoriques, incapables de respecter le délai raisonnable de jugement imposé par nos engagements européens.

C'est pourquoi plusieurs pays de la Communauté, selon des modalités diverses, ont choisi de faire désigner par l'exécutif national, selon les besoins du service, les noms et le nombre des Avocats admis à plaider devant les Cours suprêmes nationales. En France l'office ministériel a été l'instrument commode de cette limitation en nombre.

2 - ACCES A LA PROFESSION

Le corollaire du numerus clausus est l'existence d'un examen très difficile que seuls deux à trois candidats tentent chaque année. La difficulté réside dans la double qualification imposée de publiciste et de privatiste.

Le jury de l'examen est composé de trois Avocats aux Conseils, d'un Conseiller à la Cour de Cassation, d'un Conseiller au Conseil d'Etat ainsi que d'un Professeur de Droit.

De l'avis de la profession, les textes sont un peu obsolètes, notamment quant aux conditions d'accès régie par un décret n° 91-1125 du 28 octobre 1991 instituant un système qui ne fonctionne pas dans les faits. Ce décret a institué un stage de deux ans et non plus de trois ans comme il était auparavant ce qui fait que l'enseignement est bancale puisque les trois matières principale du droit, le Civil, le Pénal, et le Droit Administratif, doivent se partager deux ans. La profession demande également le rétablissement des notes éliminatoires afin de s'assurer l'arrivée de véritables spécialistes polyvalents.

L'examen est ouvert à toutes les nationalités, il comporte cette condition :

- il faut avoir 25 ans,
- être ressortissant d'un Etat membre de l'Union,
- avoir sa maîtrise de droit,
- être Avocat inscrit au Grand Tableau, ce qui exclut les Avocats stagiaires,
- avoir accompli un stage de deux ans,
- avoir assisté et participé aux travaux de la conférence du stage en ayant fait au moins deux discours,
- avoir participé aux travaux de recherches de l'Ordre.

3 - ORGANISATION DE LA PROFESSION

Le Conseil de l'Ordre des Avocats aux Conseils est Maître du Tableau. Il exerce la discipline qui est en tous points la même que celle des Avocats à la Cour. Ses décisions sont susceptibles de recours ce qui est extrêmement rare puisque l'appel doit être porté à la fois devant l'Assemblée Plénière de la Cour de Cassation et devant la Formation Plénière du Conseil d'Etat. Les sanctions vont du blâme à la suspension, la radiation étant réservée au Garde des Sceaux du fait de leurs statuts d'Officiers Ministériels.

La spécialisation de l'Avocat aux Conseils, réside essentiellement dans la maîtrise de la technique de Cassation, c'est-à-dire du sens du moyen et de sa rédaction. Cette technique est enseignée à l'IFAC, Institut de Formation des Avocats aux Conseils, responsable de la formation des stagiaires et qui dépend de l'Ordre.

Quant à la déontologie, elle obéit aux mêmes règles et principes que ceux des avocats à la Cour.

4 - LA PROFESSION : AVENIR ET DEVELOPPEMENT

4.1 - VALIDITÉ DU DÉCRET DU 28 OCTOBRE 1991 MODIFIÉ AU REGARD DU DROIT COMMUNAUTAIRE

Du point de vue du droit d'établissement, en l'état actuel du droit positif communautaire, le décret du 28 Octobre 1991 modifié relatif aux conditions d'accès à la profession d'Avocat aux Conseils est pleinement valide dans son article 5 (ouverture au Communautaire).

En effet, il ne créé pas de discrimination entre nationaux et ressortissants communautaires.

Il obéit à des intérêts généraux impérieux au sens de la jurisprudence communautaire :

- la fonction d'Avocat aux Conseils participe de l'organisation et du fonctionnement du service public de la Justice Judiciaire et Administrative ;
- elle est assurée par des officiers ministériels nommés par le Garde des Sceaux ;
- elle participe d'une bonne administration de la Justice liée aux spécificités de la cassation civile et administrative et à la nécessaire cohérence jurisprudentielle entre les deux Cous suprêmes, assurée par elles-mêmes et par le Tribunal des Conflits ;
- le nombre de ces Avocats est limité et leur capacité reconnue par une sélection de haut niveau ;
- elle dégage un corps d'officiers ministériels qui ont une vision à la fois transversale et spécialisée du fond du droit privé et du droit public, laquelle fait de ceux-ci des experts consultés à tous les niveaux des procédures contentieuses ;
- elle est propre à la France ;
- elle favorise la modération des coûts et l'objectivité de l'accès aux juges suprêmes, et sert ainsi la mise en oeuvre effective du droit fondamental au juge consacré, dès 1974, par la Cour de Justice (CJCE, 3 Décembre 1974, Johnston, Rec. p. 1299, pt 13) ;
- la sélection prévue est adéquate aux objectifs poursuivis : s'assurer que le ressortissant communautaire a bien la compétence adaptée aux obligations statutaires de cet officier ministériel ;

- elle est proportionnée puisque le décret prévoit l'examen des titres et aptitudes, déjà acquis et non une sélection supplémentaire, sauf dans le cas où ceux-ci sont insuffisants et après une procédure objective d'analyse.

La situation est comparable au plan des méthodes à l'ouverture des corps de fonctionnaires aux ressortissants communautaires (par exemple : décret n° 94-741 et 94-743 du 30 Août 1994 relatifs à l'assimilation pour l'accès aux concours de la fonction publique des diplômes communautaires).

4.2 - LA QUESTION DE LA PORTÉE DE LA FUTURE DIRECTIVE POUR LES AVOCATS AUX CONSEILS

La directive n° 77/249 du 22 Mars 1977, qui demeurera en vigueur, vise, pour la France, les Avocats, et ne comporte pas l'exclusion formelle des Avocats aux Conseils. C'est pourquoi le décret du 27 Novembre 1991 exclut expressément ceux-ci de la libre prestation de service des Avocats.

La directive future vise également, pour la France, les Avocats.

Si on considère que le critère est formel, il exclut nécessairement les Avocats aux Conseils qui ne sont pas des “ Avocats ” au sens de la loi du 31 décembre 1971 (voir articles 4 et 56 par exemple) et du décret du 27 Novembre 1991 (cf. article 200).

Il est vrai que l'approche de la notion d'Avocat par la directive peut être regardée comme matérielle : dans son rapport, la Commission y inclut les Avocats au Barreau d'une Cour suprême, et il n'est pas incontestable que les Avocats aux Conseils sont pleinement, au sens matériel, des Avocats.

Il reste à déterminer comment l'Avocat au Conseil d'Etat et à la Cour de Cassation peut, dans le cadre européen, maintenir son statut d'Avocat spécialisé, accrédité pour plaider devant le Conseil d'Etat et la Cour de Cassation et d'Avocat soumis à une limitation en nombre.

Le projet de Directive établissement adopté en juillet 1996 par le Parlement européen prévoit dans un amendement parlementaire n° 9 d'exclure de son champ d'application "les titulaires d'une charge d'officier ministériel", formule qui peut notamment s'appliquer à la France, la Belgique et l'Allemagne. Si le projet devait rester en l'état, l'existence d'un Barreau spécialisé devant les Cours suprêmes serait ainsi validée au regard du droit communautaire.

L'AVOUE A LA COUR

C'est une profesion dynamique mais soucieuse de son avenir qu'il nous a été donné de rencontrer dans le cadre de cette mission.

Dynamique, de par son rajeunissement progressif, d'un travail toujours plus abondant et d'une volonté très nette de développer une mise en état performante et informatisée.

Soucieuse, eu égard au poids croissant de l'aide juridictionnelle qui incite les justiciabes à faire appel parfois dans le seul but de de profiter des longs délais de jugements, à la non-revaloristaion de leur tarif et à leur avenir dans le cadre européen.

1 - QU'EST-CE QU'UN AVOUE A LA COUR ?

L'Avoué à la Cour est avant tout un auxiliaire de Justice.

Il est responsable des écritures et de la procédure devant la Cour d'Appel. C'est une sorte de postulant du client devant cette même Cour. Son rôle est d'authentifier l'expression et la volonté des parties devant la Cour d'Appel.

S'il n'est pas Officier Public, l'Avoué est cependant Officier Ministériel. Cette profession est unique en Europe.

Le rôle de l'Avoué est étroitement lié à la connaissance et à l'exercice des règles spécifiques de procédure devant la Cour d'Appel. Il trouve sa justification et sa légitimité dans l'oeil neuf qu'il a du dossier non marqué par les choix de l'Avocat de première instance, Avocat qui perd quelque peu de son objectivité dans le dossier en raison des choix premiers de procédure, de pièces et d'argumentation.

Ce rôle est essentiel dans l'organisation matérielle de l'audience mais aussi dans les relations de confiance et de sécurité que l'Avoué noue avec les Magistrats, Présidents et Conseillers de la Cour d'Appel.

Il convient de noter qu'en vertu d'un décret de 1812, l'Avoué a la possibilité de plaider devant la Cour même si en pratique cela se produit très rarement. Il ne peut en aucun cas invoquer le dominus litis pour s'exonérer de sa responsabilité dans la conduite de la procédure devant la Cour.

Ce rôle prépondérant a été reconnu par l'histoire elle-même puisque lors de la suppression des ordres professionnels et notamment de la profession d'Avocats par la convention, la Révolution française, c'est la profession d'Avoué qui a été rétablie en premier quelques années plus tard car il était nécessaire devant l'encombrement et l'inorganisation des Tribunaux de faire appel à des véritables professionnels de la procédure.

2 - ACCES À LA PROFESSION

Pour accéder à la profession d'Avoué il faut être titulaire d'une maîtrise en droit suivie d'un stage de deux ans sanctionné par un examen dont les membres du jury sont nommés par le Garde des Sceaux.

Il faut remarquer que les dispenses de stage sont nombreuses ainsi que les passerelles entre les diverses professions juridiques et judiciaires pour accéder parallèlement à la profession d'avoué.

L'Avoué est nommé par le Garde des Sceaux mais c'est le Premier Président de la Cour d'Appel qui propose au Ministre de la Justice toute création d'office d'Avoués après consultation de la Chambre Nationale. Il existe à ce jour en France 226 Etudes.

3 - ORGANISATION PROFESSIONNELLE, DEONTOLOGIE ET DISCIPLINE

3.1 REGLES GENERALES

Il existe une Chambre Nationale des Avoués qui a rôle de représentation ainsi que de consultation dans les matières législatives (réforme de la procédure civile, procédure civile d'exécution, etc...).

La discipline de la profession d'Avoué ressort des Chambres Régionales pour les sanctions légères mais principalement du Tribunal de Grande Instance puis de la Cour d'Appel seule compétente pour prononcer les peines les plus graves (suspension, destitution). La radiation ne peut être prononcée que sur décret du Garde des Sceaux.

Il est à noter que les Avoués ne revendiquent pas d'augmentation de leur pouvoir disciplinaire en raison, d'une part, de la faiblesse de leur nombre, et d'autre part, que leur qualité d'Officier Ministériel qui en tout état de cause leur interdirait de prononcer des suspensions ou des destitutions en vertu de leur nomination par le Garde des Sceaux.

Les Chambres de discipline opèrent également un contrôle annuel de la comptabilité des Etudes et il existe actuellement un projet de texte en discussion à la Chancellerie sur la transmission de ces résultats à la Chambre Nationale des Avoués.

3.2 LA TARIFICATION

Les Avoués insistent particulièrement sur le rôle essentiel du tarif qui permet d'après eux un accès à la Justice pour le justiciable lui permettant d'aller devant la Cour d'Appel.

4 - LA PROFESSION FACE A SON AVENIR

4.1 - L'AIDE JURIDICTIONNELLE

Les Avoués estiment qu'il estime une dégradation progressive de l'exercice de leur profession en raison principalement de l'augmentation de l'aide juridictionnelle. En effet, certains Avoués en sont à 40% de leur activité en cette matière où ils ne sont payés que forfaitairement 1.250 Francs par dossier ce qui abouti à une rémunération à perte ou quasi nulle pour un Avoué estimant le coût d'un dossier devant la Cour d'Appel à environ 3.000 Francs. Une autre conséquence est que ces cas d'aide juridictionnelle, l'Avocat se décharge souvent du travail sur l'Avoué du fait du manque de rémunération.

4.2 - LA REVALORISATION DU TARIF

Il est de plus envisagé à la Chancellerie d'augmenter le plafond de l'aide juridictionnelle mais sans augmenter l'indemnité forfaitaire des auxiliaires de justice. Il faut remarquer que seule la France possède un système d'indemnité forfaitaire en Europe et que ce tarif date de 1984.

4.3 - LE PARTICULARISME DES COURS D'APPEL

Il faut tout être conscient de la place tout à fait exceptionnelle et capitale que jouent les Cours d'Appel dans l'organisation judiciaire française. Il est admis que ces Cours d'Appel fonctionnent bien qu'elles rendent des décisions de qualité dans un délai raisonnable. Ces constatations procèdent du fait que les Cours d'Appel sont exclusivement constituées de Magistrats professionnels alors que des juridictions de premier degré sont composées souvent de professionnels participant à la vie sociale et ne possédant pas obligatoirement une parfaite maîtrise des connaissances juridiques. De plus, les Cours d'Appel ont un rôle jurisprudentiel bien plus important que les juridictions de premier degré ce qui leur donne une mission régulatrice du droit. Enfin le droit d'appel est en fait le droit de critiquer son Juge, celui qui a rendu la décision en première instance. C'est le caractère particulier de ce droit qui justifie l'existence d'un mandataire spécialisé.

LE COMMISSAIRE AUX COMPTES

Un des voeux les plus pressants de profession est une meilleure définition de leur mission à chaque fois que la profession de commissaire aux comptes est visée par un texte réglementaire ou législatif afin d'assurer à leur mission légale et d'ordre public une précision et une qualité nécessaires en la matière.

Les professionnels rencontrés s'accordent tous pour considérer que leur actvité de commissaire aux comptes doit être totalement indépendante de celle d'expert-comptable qu'ils exercent par ailleurs le plus souvent et ce à peine de sanction graves.

Enfin, tous se félicitent du rôle essentiel joué par leur obligation de formation permanente de 40 heures par an qu'ils se sont imposés sans aucune contrainte légale ou réglementaire.

1 - QU'EST-CE QU'UN COMMISSAIRE AUX COMPTES ?

Nous sommes en présence d'une profession hybride à la frontière du droit et du chiffre puisque selon les propres termes du Garde des Sceaux, les commissaires aux comptes sont en quelque sorte "les notaires du chiffre".

Les différents textes sur le droit des sociétés ainsi que le décret de 1969 portant statut des Commissaires aux Comptes définit ceux-ci non pas comme une profession mais comme investis d'une mission. Cette particularité est illustrée par le rattachement à la Chancellerie non pas à la Sous-Direction des professions mais à la Direction des Affaires Civiles.

1.1 - MISSION GENERALE

La mission générale du Commissaire aux Comptes comporte à la fois une mission d'audit conduisant à la certification des comptes et des missions de vérification spécifiques.

Par ailleurs, en sa qualité de Commissaire aux Comptes de l'entreprise celui-ci effectue des interventions connexes à sa mission générale consécutives à des opérations particulières décidées par la Société telles que augmentation de capital, fusion, etc... ou à des événements survenants dans la société tels que ceux conduisant à la procédure d'alerte ou à la révélation de faits délictueux.

A ce titre, le Commissaire aux Comptes appelé Contrôleur Légal des Comptes selon la terminologie des directives européennes a pour finalité générale de concourir à la sécurité des relations financières en exprimant sur les principales informations qui en sont l'objet une opinion compétente et impartiale.

1.2 - AVIS ET CONSEILS

La mission du Commissaire aux Comptes implique des avis et des conseils. L'essentiel de sa mission est de se prononcer sur les qualités requises par la loi des comptes soumis par les dirigeants sociaux à l'approbation de l'Assemblée Générale. Pour autant, elle ne se limite pas à l'appréciation a posteriori de comptes arrêtés. La loi du 24 Juillet 1966 précise que le Commissaire aux Comptes est convoqué à la réunion du Conseil d'Administration qui arrête les comptes.

Cependant, les conseils et avis que le Commissaire aux Comptes est amené à donner aux dirigeants doivent rester en relation avec sa mission telle qu'elle est définie par la loi. Ses conseils ne peuvent conduire le Commissaire aux Comptes à déroger aux règles d'indépendance, d'incompatibilité, et de non immixtion dans la gestion.

De plus, le Commissaire aux Comptes est autorisé par la loi à exercer à tout moment qu'il juge utile les pouvoirs d'investigation qui lui sont confiés. de cette disposition est issue la notion devenue usuelle de mission permanente. Ainsi le Commissaire aux Comptes a un pouvoir permanent de contrôle mais il n'est pas chargé d'un contrôle permanent.

2 - ACCES A LA PROFESSION

Il existe un examen pour accéder à la profession, le certificat d'aptitude à la profession de Commissaire aux Comptes (CAP - QAC) que passent seulement 5% des nouveaux Commissaires aux Comptes par an. Les 95% restant provenant de la passerelle Experts Comptables avec un accès sur dossier suivi d'un avis d'une commission rattachée au Garde des Sceaux.

3 - DEONTOLOGIE

Ni la mission du Commissaire aux Comptes, ni sa responsabilité ne se confondent avec celles des dirigeants de l'entreprise. En effet, la loi du 24 Juillet 1966 a établi un ordre de compétences distinguant clairement les activités de gestion et de direction, d'une part, de celles de contrôle, d'autre part. Les dirigeants sociaux ont la charge sous leur responsabilité d'établir des comptes réguliers et sincères et qui donnent une image fidèle du résultat des opérations de l'exercice écoulé ainsi que de la situation financière et du patrimoine de la société à la fin de cet exercice, d'informer correctement les associés, de veiller au bon fonctionnement de la société et de contrôler l'activité du personnel. Si ces dirigeants commettent des fautes, la responsabilité qu'ils encourent n'entraînent, ipso facto, celle du Commissaire aux Comptes et ne peut se confondre avec elle.

Le Commissaire aux Comptes ne saurait être responsable de droit de toute irrégularité qui serait commise dans la société qu'il contrôle que cette irrégularité soit le fait des dirigeants ou celui du personnel de la société.

La responsabilité du Commissaire aux Comptes ne peut être mise en oeuvre que s'il a commis une faute dans l'exercice de ses fonctions de contrôle et qu'il existe un lien de causalité directe entre la faute éventuellement commise et le préjudice éventuellement subi.

A ce titre, le Commissaire aux Comptes n'est tenu que d'une obligation de moyen et non de résultat. Il n'a donc pas à vérifier toutes les opérations qui relèvent du champ des ses missions ni à rechercher systématiquement toutes les erreurs et irrégularités qu'elles pourraient comporter.

Son devoir est d'exécuter sa mission avec toute la compétence et le soin que l'on est en droit d'attendre d'un professionnel raisonnablement diligent.

Dans le même ordre d'idée, il est fait interdiction aux Commissaires aux Comptes de s'immiscer dans la gestion de l'entreprise. La loi a entendu ainsi supprimer toute confusion entre les fonctions et donc entre les responsabilités des dirigeants et de celles du contrôleur légal.

Enfin, membre d'une profession libérale, le Commissaire aux Comptes se doit d'exercer ses fonctions dans le respect des règles de confraternité, de solidarité et de courtoisie qui la régisse.

On peut raisonnablement dire que le Commissaire aux Comptes ne défend pas l'entreprise mais qu'il est son interlocuteur privilégié. Sa mission est en effet d'ordre public et si l'on parle souvent de son obligation de révéler des faits délictueux cette obligation ne concerne que les faits délibérés et significatifs. Il a à ce titre un rôle de médiateur et doit inciter le plus souvent à régulariser.

4 - ORGANISATION ET DISCIPLINE

Il existe une Chambre de Discipline dont les membres sont étrangers à la profession et nommés par le Garde des Sceaux.

Les Commissaires aux Comptes sont demandeurs d'une plus grande maîtrise de leur discipline ainsi que l'accès à leur profession. Les sanctions internes leur paraissent en effet plus adaptées que les sanctions à caractère pénal parfois disproportionnées par rapport aux actes reprochés.

Il existe d'autre part une Compagnie Nationale des Commissaires aux Comptes qui a pour but de définir les voies et les moyens de la mission du fait souvent du peu de clarté des lois sur les sociétés, de définir les obligations de formation (les Commissaires aux Comptes ont obligation de suivre quarante heures par an dans un centre spécialisé), de contrôler la qualité des missions une fois tous les quatre ans (contrôles article 66) dont les conclusions sont à la disposition du Procureur Général de la COB, etc..., et d'élaborer des normes d'étique et de déontologie après accord de la Chancellerie.

5 - LA PROFESSION FACE A SON AVENIR

La matière du contrôle légal des comptes est reconnue par de nombreuses directives en droit communautaire et un livre vert est en cours d'élaboration sur les statuts du contrôleur légal car il existe de grandes différences entre les pays membres sur certains aspects de la mission et sur le statut du contrôleur. Ces différences se situent dans trois domaines principaux :

- l'obligation en général de respect du droit et de la réglementation des affaires par les sociétés,

- les responsabilités spécifiques concernant la fraude et les actes illégaux,

- les devoirs respectifs des différentes parties concernées lorsqu'il apparaît que la continuité d'exploitation d'une entreprise est en péril,

- la procédure d'alerte,

- la révélation des faits délictueux.

La tendance aujourd'hui va vers un élargissement du champ de la mission des Commissaires aux Comptes dans des domaines notamment sportifs, associatifs, partis politiques, etc...

Il convient de noter à titre d'exemple qu'en Grande Bretagne les professions sont entièrement organisées de manière libérales sans aucun lien avec les pouvoirs publics ce qui créé une différence notable avec leurs homologues français.

LE COMMISSAIRE PRISEUR

Le projet de réforme de la profession, interrompu par la dissolution de l'Assemblée Nationale, bien qu'adopté par les organes représentatifs des commissaires-priseurs, a provoqué un certain émoi chez tous les professionnels rencontrés dans le cadre de cette mission. Tous unanimement se sont inquiété de la triple « casquette » qu'ils risqaient de devoir assumer : officier ministériel, profession liberale et dirigeants de sociétés commerciales.

De plus, dans certaines régions, des dissensions avec d'autres professions autorisées à effectuer des ventes aggravaient une situation économique difficile.

I - QU'EST-CE QU'UN COMMISSAIRE PRISEUR ?

1.1 - DOMAINE DE COMPETENCE

Les ventes aux enchères publiques ont acquis en France une place décisive sur de nombreux marchés : celui des objets d'art, mais aussi celui des vins et des alcools de qualité, celui des voitures de collection, celui des équipements industriels d'occasion, celui des yearling, etc.

En France, depuis près de deux siècles, les ventes aux enchères publiques de meubles ou d'effets mobiliers d'occasion sont devenues raisonnablement sures parce que la loi a confié leur organisation à des officiers ministériels, les commissaires-priseurs et, dans certains cas, les huissiers de justice et les notaires. C'est parce que, grâce à ce moyen, elle a réussi dans son objectif que ces ventes ont été un succès économique : en 1995, les 330 commissaires priseurs ont réalisé 7,5 milliards de ventes.

La compétence des commissaires priseurs procède en dernier lieu de l'ordonnance 45-2593 du 2 novembre 1945 et de ses textes d'application, modifiés en particulier par le décret 92-195 du 27 février 1992. Son origine est fort ancienne puisque la corporation existe depuis Henri II.

Dans les communes où ils sont installés (et où ils doivent résider), les commissaires priseurs jouissent d'un monopole, les commissaires priseurs établis ailleurs pouvant à titre non habituel y procéder à des ventes. Dans les autres communes, ce monopole est partagé avec les notaires et les huissiers, la compétence de ceux-ci étant limitée à leur périmètre d'instrumentation.

1.2 - GARANTIES OFFERTES PAR LES COMMISSAIRES PRISEURS

Le statut des commissaires priseurs, et accessoirement ceux des notaires et des huissiers, garantissent tant acheteurs que vendeurs contre nombre de risques.

Risques d'erreurs sur l'authenticité des objets, sur leur valeur et sur les titres de propriété des vendeurs. A cet égard, la compétence juridique et artistique des commissaires priseurs est indiscutable.

L'accès à la profession suppose l'obtention préalable d'un diplôme soit d'histoire, soit d'histoire de l'art, chacun de ces diplômes sanctionnant plusieurs années d'études supérieurs. En outre, sont imposés l'admission sur examen à un stage de deux ans, puis le succès à l'examen d'aptitude à la profession de commissaire priseur.

Par ailleurs sont exigées des garanties de moralité. Sont exclus ceux qui auront fait l'objet de condamnations pénales ou de sanctions disciplinaires ou administratives pour des faits contraires à l'honneur ou à la probité. Sont également exclus les faillis.

Les commissaires priseurs doivent aussi être impartiaux. Il est interdit aux commissaires priseurs de faire le commerce de quelque manière que ce soit, de se porter contrepartie dans les ventes, de consentir des prêts aux acheteurs, ou de se porter caution pour eux, d'acheter et de vendre pour leur propre compte ; en outre, les commissaires priseurs ne peuvent refuser leur ministère.

Enfin, les commissaires priseurs engagent leur responsabilité. Ils répondent intégralement des dommages causés par leur faute et, notamment, de la livraison à l'enchérisseur de l'objet acheté sans paiement comptant du prix. En outre, la bourse commune de chaque compagnie garantit la responsabilité professionnelle de tous les membres de celle-ci sans pouvoir opposer aux créanciers le bénéfice de discussion.

II - ORGANISATION DE LA PROFESSION

Ces garanties sont sanctionnées par l'organisation même de la profession. Les commissaires priseurs sont des officiers ministériels nommés par arrêté du Ministre de la justice. Ils sont regroupés en compagnies, établissements d'utilité publique, dont chacun comporte une chambre de discipline qui a pour mission de veiller sur le respect des lois et des règlements, d'arbitrer les différends d'ordre professionnel et de vérifier la comptabilité des offices. Ces compagnies sont regroupées au sein de la chambre nationale des commissaires priseurs, établissement d'utilité publique institué auprès du Ministre de la justice, dont les décisions s'imposent aux compagnies régionales.

Les chambres de discipline des compagnies régionales peuvent prendre des sanctions allant du rappel à l'ordre à la censure. Ces dispositions disciplinaires sont placées sous le contrôle des tribunaux de l'ordre judiciaire. Ceux-ci sont habilités à prendre des sanctions allant jusqu'à la destitution.

III - LA PROFESSION FACE A SON AVENIR

Grâce à ces dispositions, les ventes d'oeuvres d'art et d'objets mobiliers d'occasion se sont largement répandues en France. Elles ont permis la rencontre rapide et sure entre l'offre et la demande avec un coût minimum d'intermédiation ; elles ont servi à fixer des prix de référence.

Toutefois, force est de constater qu'après avoir constitué le premier marché mondial, la France n'est maintenant que le troisième et que les objets d'art en particulier prennent de plus en plus le chemin de Londres ou de New-York. Cette perte relative d'influence est due tant à des conditions fiscales qui pénalisent le marché français qu'à une organisation plus ou moins dépassée de la profession.

3.1 LES HANDICAPS DE LA PROFESSION

Les handicaps fiscaux sont bien connus et ne nécessitent pas de longs développements :

- Imposition des plus-values (4 % de la valeur de l'objet pour les ventes publiques),
- TVA sur les importations (5,5 % pour les importations des pays non communautaires),
- Droit de suite (3 % pour les artistes vivants ou pour leurs héritiers).

Ces impositions ne frappent pas, ou ne frappent que faiblement les ventes effectuées en Angleterre ou aux Etats-Unis.

A ces handicaps fiscaux, s'ajoutent les effets d'une réglementation trop stricte de la profession.

La quasi totalité des commissaires priseurs sont contraints par les lois en vigueur d'exercer à titre individuel ou en sociétés civiles professionnelles qui ne peuvent être constituées qu'entre commissaires priseurs ou entre personnes remplissant les conditions requises pour exercer cette profession.

Les sociétés d'exercice libéral ne leur conviennent pas, car elles ne peuvent unir que des membres de professions juridiques et ceux-ci ne peuvent, dans ce cas, déduire de leurs bénéfices les intérêts des prêts contractés pour la souscription du capital des sociétés.

Toute forme de société commerciale de droit commun est pour eux prohibée. Aussi les commissaires priseurs n'ont-ils pu se constituer en véritables entreprises unissant les compétences nécessaires et surtout disposant des capitaux suffisants pour affronter à armes égales la concurrence sur un marché qui est devenu largement international.

LE CONSEIL EN PROPRIETE INDUSTRIELLE

Profession souvent méconnue et localisée dans les grandes villes, les conseil en propriété industrielle ont la chance d'être une profession réglementée et codifiée depuis la promulgation du Code de la propriété intellectuelle du 1er juillet 1992.

Cette situation, s'il elle est vécue comme une grande avancée, n'est pas exempte de critiques et de voeux de la part d'une profession menacée par la concurrence étrangère et notamment allemande et privée d'un haut lieu international en matière de intellectuelle situé sur le sol français puisque l'Office européen des brevets est à Munich et celui des marques à .

Le principal souci des professionnels est de protéger non pas seulement leur titre qui l'est depuis 1992 mais aussi leur domaine d'activité de « marques dessins et modèles » afin d'éviter une concurrence sauvage de personnes se donnant le titre de conseil en brevet ou en marque ce qui menace la sécurité juridique de ces domaines.

I - QU'EST-CE QU'UN CONSEIL EN PROPRIETE INDUSTRIELLE ?

Aux termes de l'article L.422-1 du Code de la Propriété Industrielle,

"Le Conseil en propriété industrielle a pour profession d'offrir à titre habituel et rémunéré ses services au public pour conseiller, assister ou représenter les tiers en vue de l'obtention du maintien de l'exploitation ou de la défense des droits de propriété industrielle, droits annexes et droits portant sur toute question connexe.

Les services visés à l'alinéa précédent incluent les consultations juridiques et la rédaction d'actes sous seing privé".

Aux termes des mêmes dispositions, le titre de Conseil en propriété industrielle est un titre protégé et réservé aux personnes inscrites sur la liste des Conseils en propriété industrielle établie par le Directeur de l'Institut National de la Propriété Industrielle (INPI).

Maîtres de leurs moyens d'exercice, hautement diplômés et totalement indépendants à l'égard des pouvoirs publics, la profession de Conseil en propriété industrielle est incontestablement une profession libérale.

Toutefois, elle n'est pas recensée comme une profession juridique mais plus précisément comme une profession technique et juridique. En effet, les Conseils en propriété industrielle sont à la base et avant l'entrée en vigueur de la loi n° 90-1052 du 26 novembre 1990 relative à la propriété industrielle, des Conseils en brevet d'invention ayant la qualité et la formation d'ingénieur.

Néanmoins, le rôle du Conseil en propriété industrielle est en définitive de délimiter le droit de quelqu'un par rapport aux tiers, d'obtenir et de défendre le monopole de la propriété industrielle conféré exclusivement par l'Etat. Il s'agit bien là d'une démarche juridique, tant pour cette assistance que pour cette défense. Chargé de constituer des droits, le conseil en propriété industrielle est à la croisée des chemins du technique et du juridique.

Si la profession est unique, elle possède deux spécialisations : une mention brevet d'invention et une mention marque et modèle, mais il est possible d'être titulaire des deux mentions, ce qui est le cas de la majorité des Conseils en propriété industrielle.

Le Conseil en propriété industrielle intervient pour l'acquisition des droits de propriété industrielle (s'agissant des brevets d'invention, il rédige la description et prépare les revendications d'un brevet ; s'agissant des marques de fabrique et de service, il définit le contenu et la teneur de la liste des produits et des services de l'enregistrement), pour leur interprétation (avis consultatif), pour leur exploitation (négociation et rédaction d'actes portant sur des droits) et pour leur défense (représentation du client devant l'INPI en matière d'opposition de marque ; plaidoirie devant les divisions d'opposition et chambres de recours de l'office européen des brevets ; conclusions d'accord transactionnel ; assistance de l'Avocat dans les actions judiciaires ; avis consultatif sur l'évaluation d'un droit dans une procédure de litige ; représentation du client devant la Commission paritaire de conciliation de l'INPI en cas de litige entre inventeur salarié et employeur). On remarque également qu'à Paris, la coutume a généralisé la présence des Conseils en propriété industrielle au cours de l'audience devant les 3ème Chambre du Tribunal et 4ème Chambre de la Cour, où ils interviennent régulièrement.

Au 1er mars 1993, 169 personnes figuraient sur la liste des Conseils en propriété industrielle.

II - ACCES A LA PROFESSION

L'accès à la profession se fait par l'inscription d'une personne physique sur la liste des personnes qualifiées en propriété industrielle. Cette inscription se fait sous les conditions suivantes :

- Maîtrise juridique, scientifique ou technique
- Diplôme du Centre d'Etude International de la Propriété Industrielle (CEIPI) de l'université Strasbourg ou d'un titre équivalent (DESS de propriété industrielle)
- Pratique professionnelle de trois années au moins
- Succès à l'examen d'aptitude à la qualification propriété industrielle

Néanmoins il faut constater que seul le titre de "conseil en propriété industrielle" est légalement protégé mais non pas l'exercice de la profession : il est donc possible de donner des conseils en propriété industrielle sans en utiliser le titre. La profession souhaite que son exercice soit mieux protégé.

III- ORGANISATION DE LA PROFESSION

La profession est représentée par une Compagnie nationale des Conseils en propriété industrielle, organisme doté de la personnalité morale et placée auprès de l'Institut National de la Propriété Industrielle.

Cette compagnie défend les intérêts professionnels des Conseils en propriété industrielle auprès des pouvoirs publics et veille au respect des règles de déontologie.

La compagnie établit son règlement intérieur qui doit être approuvé par arrêté conjoint du garde des Sceaux et du Ministre chargé de la propriété industrielle et élit pour deux ans parmi ses membres un bureau composé de neuf membres, dont un Président et trois vice-présidents.

IV - DEONTOLOGIE ET DISCIPLINE

Le Conseil en propriété industrielle doit exercer sa profession avec dignité, conscience, indépendance et probité et dans le respect des lois et règlements régissant la compagnie.

Il doit également s'abstenir de tout démarchage et de toute publicité non autorisée.

Il ne peut, dans une même affaire, conseiller, assister ou représenter des clients ayant des intérêts opposés.

Il est astreint au secret professionnel et ce secret s'étend notamment aux consultations qu'il donne à son client, aux correspondances professionnelles échangées, ainsi qu'à tous documents préparés à cette occasion.

Toute personne exerçant la profession de Conseil en propriété industrielle qui se rend coupable, soit d'une infraction aux règles de la profession, soit de faits contraires à la probité, à l'honneur ou à la délicatesse, mêmes s'ils sont extra-professionnels, peut faire l'objet d'une mesure disciplinaire allant de l'avertissement à la radiation temporaire ou définitive en passant par le blâme.

Ces sanctions sont prononcées par la Chambre de discipline de la Compagnie Nationale des Conseils en Propriété Industrielle, composée de sept membres et comprenant un Magistrat de l'ordre judiciaire exerçant les fonctions de Président, un membre du Conseil d'Etat, le Président de la Commission Nationale des Conseils en Propriété Industrielle, deux Conseils en propriété industrielle, le Directeur Général de l'INPI et une personne qualifiée nommée sur proposition du Directeur Général de l'INPI.

L'ensemble de ses membres sont nommés pour deux ans par arrêté conjoint du Garde des Sceaux et du Ministre chargé de la propriété industrielle.

V - LA PROFESSION : AVENIR ET DEVELOPPEMENT

5.1 - L'INTERPROFESSIONNALITE

Dans la plupart des pays d'Europe et notamment en Allemagne, les fonctions exercées par le Conseil en propriété industrielle français le sont par des Avocats. En Allemagne, c'est une catégorie d'Avocats appelés Patenwalt, qui plaident devant les juridictions spécialisées en matière de propriété industrielle.

Ils ont également la possibilité de s'associer avec les Avocats Rechtenwalt.

D'autre part, les Conseils en propriété industrielle allemands étant Avocats, ils peuvent s'associer avec des Avocats français et créer ainsi des structures fortement compétitives, ce que ne peuvent pas faire les Conseils en propriété industrielle français puisqu'ils ne sont pas Avocats.

Afin de tenter de résoudre cette difficulté, la profession est dans son ensemble favorable à un resserrement de ses liens avec la profession d'Avocat au moyen de l'interprofessionnalité, à défaut de possibilité de fusion des professions d'Avocat et de Conseil en propriété industrielle, ou de cumul des deux titres.

5.2 - VERS UN PLUS GRAND MONOPOLE

En France, la profession de conseil en propriété industrielle, comme dans la plupart des autres pays de la communauté s'est vue reconnaître par la loi de 1990, un monopole de représentation devant l'INPI mais qui reste limité.

En effet, elle partage ce monopole de représentation avec les personnes inscrites au titre des droits antérieurs à la loi de 1990 acquis sur une liste spéciale prévue à l'article L.422-5 ainsi qu'avec les Avocats, ce qui ne va pas sans poser des problèmes de concurrence, notamment du fait de l'existence d'une spécialisation en propriété industrielle que les Avocats peuvent acquérir.

Les personnes visées à l'article L.422-5 n'ont en principe que le droit de représenter mais il est patent qu'ils donnent de nombreux conseils. De plus ils ne sont en aucun cas soumis à la déontologie et à la discipline des conseils en propriété industrielle ce que regrette notamment la profession car cette situation pose de sérieux problèmes quant au démarchage et à la publicité faits par ces personnes ou ces sociétés. Enfin, on aurait pu penser que cette liste irait vers une inévitable extinction mais le décret d'application de l'article L.422-5 a permis à des personnes morales d'y figurer ce qui exclut cette extinction et oblige à une cohabitation entre une profession soucieuse de sa déontologie et sévèrement encadrée, réglementée et contrôlée, et une autre profession exerçant les mêmes droits mais en toute liberté et sans aucun contrôle.

Enfin, vu le taux d'échec important des français à l'examen de qualification européen donnant accès à la fonction de mandataire européen devant l'Office européen des brevets (Munich est devant l'Office européen chargé des marques, dessins et modèles à Alicante), la profession serait dans son ensemble favorable à intégrer dans la formation universitaire française une véritable formation internationale prenant en compte le rôle économique majeur du brevet et des marques dans la vie des affaires, afin que les Conseils en propriété industrielle français soient à même de répondre à l'afflux de protection qui déferle sur le marché européen, plus grand marché du monde.

L'EXPERT JUDICIAIRE

Bien qu'ils n'exercent pas une profession au sens restrictif du terme, il n'en demeure pas moins qu'ils exercent une mission de justice qui justifie pleinement leur présence au sein du présent rapport et qu'ils accomplissent un rôle irremplaçable tant auprès des magistrats qu'auprès des parties.

Profession non organisée et non réglementée, la profession d'expert judiciaire est fortement demanderesse d'un statut légal qui lui permette d'exercer les missions qui lui sont confiées avec le maximum d'excellence.

1 - QU'EST-CE QU'UN EXPERT JUDICIAIRE ?

L'Expert Judiciaire est un technicien à la disposition du Magistrat (Cf. N.C.P.C.).

L'Expert Judiciaire n'exerce pas véritablement une profession mais plutôt une activité aléatoire en fonction de la demande de justice. Il existe à cet égard une forte opposition à la professionnalisation de cette activité mais la profession est fortement demanderesse d'un véritable statut qui la règlemente tant au niveau de ses domaines d'activités que de sa déontologie et de sa discipline.

L'Expert Judiciaire est en fait un être hybride qui bénéficie de peu de protections. Plus qu'un auxiliaire de justice, c'est un auxiliaire du Juge. Il n'existe pas de statut de l'Expert Judiciaire.

Néanmoins, les rapports de l'Expert Judiciaire avec le Juge sont assez limités, le Juge n'intervenant que dans la surveillance de forme de la mission (délais, etc...) ou dans quelques cas rares et délicats où l'Expert demande au Magistrat d'être présent pendant les réunions d'expertise.

Certains experts consacrent beaucoup de leur temps à l'expertise judiciaire sans toutefois en faire une activité exclusive. Pour certains, du fait de leur implication par d'autres fonctions dans le monde des affaires, il est difficile d'accepter certaines missions en raisons des liens multiples tissés par les organisations auxquelles ils apportent leur concours en qualité de salarié ou de consultant indépendant. Ce phénomène est appelé certainement à s'amplifier.

2 - ACCES A LA PROFESSION

L'accès à l'inscription sur une liste d'Experts nécessite tout d'abord une demande effectuée auprès du Procureur de la République entraînant la mise en place d'une enquête.

L'Expert est nommé par une Commission dépendant de la Cour d'appel en principe pour un an mais son renouvellement est quasi automatique sauf faute grave et notamment en cas de refus répété d'accepter des missions.

Les inscriptions sur les listes se font en fonction de trois critères : compétence, expérience, indépendance.

Le fait de figurer sur une liste d'Experts près la Cour de Cassation n'est qu'une reconnaissance d'une compétence plus importante puisque la Cour de Cassation ne désigne jamais d'expert.

3 - LA PROFESSION : AVENIR ET DEVELOPPEMENT

En matière d'expertise pénale il existe une grande ignorance de la matière pénale proprement dite chez les Experts Judiciaires.

Les Experts Judiciaires ont adopté au début des années 1980 un code de déontologie mais les questions de discipline sont assez rares.

La profession émet un voeu quant à l'uniformisation des prescriptions des professions juridiques et judiciaires puisque les Experts Judiciaires sont soumis à une prescription de trentenaire alors que les Avocats bénéficient d'une prescription décennale.

De la même manière, il serait peut-être bon que l'Expert soit plus présent à l'audience civile comme il l'est à l'audience pénale.

La principale difficulté rencontrée par les Experts Judiciaires dans l'exercice de leurs activités est leur place en fonction de l'évolution des techniques de plus en plus pointues.

Or, il existe une interdiction dans le Nouveau Code de Procédure Civile qui interdit à l'Expert de faire appel à un autre Expert de la même spécialité. Du fait de l'évolution des techniques, il serait nécessaire de changer cette disposition.

Une autre difficulté tient aux lacunes juridiques très importantes présentes chez les Experts notamment dans la matière pénale proprement dite. La profession demande d'introduire une formation juridique et judiciaire à l'issue de l'inscription, formation qui devrait être accomplie dans un délai de trois ans. Cette formation éviterait notamment les problèmes de contradictoire qui apparaissent souvent en matière d'expertise.

LE GREFFIER DU TRIBUNAL DE COMMERCE

Profession remarquablement organisée et à la pointe des technologies nouvelles qui fournit, et c'est un constat unanimement reconnu, des prestations sans équivalence en Europe, les greffiers des tribunaux de commerce assurent un rôle de régulation, de surveillance, d'inscription, de renseignement et de secrétariat des magistrats qui rendent les greffes commerciaux particulièrement performants.

1 - QU'EST-CE QU'UN GREFFIER DU TRIBUNAL DE COMMERCE ?

1.1 MISSION GENERALE

Le Greffier du Tribunal de Commerce est un Officier Public et Ministériel (définition de l'article 821-2 du Code de l'Organisation Judiciaire) qui exerce une profession libérale au sein de chaque juridiction consulaire.

Titulaire de sa charge, il est nommé par le Garde des Sceaux, et exerce sa fonction sous le contrôle de l'autorité judiciaire.

En tant qu'Officier Public, il est délégataire de la puissance publique et de l'Etat et au nom de ce dernier, il confie l'authenticité aux actes de sa compétence.

En tant qu'Officier Ministériel, il prête son Ministère aux particuliers (essentiellement les commerçants et les sociétés) pour l'exécution de certains actes, ainsi qu'aux Magistrats pour la préparation du dossier et l'exécution de leurs décisions.

1.2 ROLE JUDICIAIRE

C'est le rôle traditionnel du Greffier qui selon l'expression célèbre " tient la plume aux audiences ". Le Greffier participe donc directement à la préparation et au fonctionnement des audiences, et assure en outre, la conservation des minutes des décisions, la délivrance des copies, expéditions et l'authentification des décisions par la délivrance d'un titre exécutoire.

1.2.1 Assistance du Tribunal

Le Greffier assiste d'abord le Président de la juridiction dont il est chargé d'assurer le secrétariat (art. R. 821-1 du C.O.J.).

Il assiste également les membres du Tribunal, mais ne participe en aucun cas au délibéré des Magistrats.

Son rôle est triple : il prépare l'audience en " enrôlant " les affaires ; lors des audiences, il note les décisions rendues ou les renvois, la composition du Tribunal et la représentation des parties et éventuellement les déclarations orales. A l'issue de l'audience, le Greffier assure la publicité (plus ou moins grande selon le domaine concerné) de l'audience et en garantit l'authentification.

En matière de procédures collectives, le Greffier reçoit la déclaration de cessation des paiements, assure les diverses publicités (journal d'annonces légales, BODACC, ...) et transmet les jugements aux huissiers pour signification.

Les requêtes aux Juges-Commissaires sont remises au Greffe, et les ordonnances des Juges-Commissaires y sont déposées. Le Greffe reçoit également les éventuelles oppositions contre ces ordonnances.

Le Greffier gère également les ordonnances d'injonction de payer, les ordonnances de référés, les dossiers d'expertise. Il établit chaque année les statistiques judiciaires et établit les listes électorales pour le Tribunal et la Chambre de Commerce.

1.2.2 Conservation des minutes

Le Greffier conserve sous sa responsabilité les originaux (signés par les Juges et le Greffier) des documents suivants :

- Jugements et ordonnances,
- Registres du rôle,
- Registres d'audience (" plumitif "),
- Le dossier du Tribunal qui comprend :
  - les indications du répertoire général,
  - le nom des Juges,

- le nom des personnes qui représentent ou assistent les parties,
- les actes, notes et documents relatifs à l'affaire.

1.2.3 Délivrance des copies et publicité

Le Greffier avertit les parties au jugement, et selon les textes certaines autorités (Procureur, Trésorier-Payeur-Général), les créanciers en cas de procédure collective au moyen de lettres, avis dans des journaux d'annonces légales ou au BODACC, sans oublier les mentions d'office au Registre du Commerce et des Sociétés.

Pour d'une ordonnance ou un jugement puisse être mis à exécution par un huissier, il doit être revêtu de la " formule exécutoire " (En conséquence, *la République Française, mande et ordonne,...*).

Le Greffier délivre donc une copie (puisque l'original doit rester au Greffe) signée par lui, revêtue du sceau et comportant la formule énoncée ci-dessus.

Cette copie communément appelée " grosse " est un acte authentique (le Greffier étant un Officier Public, les actes qu'il délivre ne peuvent être attaqués que par la procédure de faux en écriture publique : art. 441-4 du N.C.P.).

Les archives étant publiques, toute personne peut se faire délivrer une expédition ou extrait des pièces qui y sont déposées, à moins que la loi n'en décide autrement.

L'expédition est une copie authentifiée par le sceau et la signature du Greffier, mais sans force exécutoire.
Les " simples copies " (sans le sceau) n'ont aucune valeur authentique.

Le Greffier est donc bien " la plaque tournante du Tribunal " (rappelons que les Juges du Tribunal de Commerce sont des commerçants ou des représentants d'entreprises exerçant leur fonction de Magistrat à titre bénévole et à temps partiel) entre les Juges, le Parquet, les Avocats et tous les Auxiliaires de Justice.

1.3 - ROLE EXTRA-JUDICIAIRE

Il s'agit d'une fonction de centralisation de la publicité légale en matière commerciale.

Le principal secteur est le Registre du Commerce (et des Sociétés depuis que les sociétés civiles doivent être immatriculées).

Les autres secteurs sont les inscriptions de privilèges sur fonds de commerce, les inscriptions de protêts et de crédit-bail, ainsi que le dépôt des marques, dessins et modèles. Pour certains Greffes, les inscriptions d'hypothèques fluviales.

1.3.1 - Gestion des Registres Officiels des Entreprises

Son rôle juridique est capital, puisque l'immatriculation fait présumer la qualité de commerçant (sauf bien sur pour les sociétés non commerciales) avec ses avantages et inconvénients.

Les sociétés acquièrent la personnalité morale à compter de leur immatriculation au Registre du Commerce ; les inscriptions au R.C.S. génèrent des effets juridiques par leur opposabilité aux tiers.

Le Greffier sauf dans le cas des sociétés civiles et des agents commerciaux ou il est lui-même “ CFE ”, reçoit les déclarations d'immatriculation, modification et radiation du Centre de Formalités des Entreprises (Chambre de Commerce ou Chambre des Métiers) qui est chargé de rassembler les pièces justificatives et d'informer les “ associés ” (INSEE, IMPOTS, URSSAF).

Notons que seul le Greffier est habilité sous sa responsabilité à accepter ou refuser un dossier ; par ailleurs, au moyen de la “ procédure article 9 ”, les déclarants peuvent porter directement leur dossier au Greffe en cas d'urgence, de complexité (ou de choix personnel) sous réserve d'avoir averti le Centre de Formalités.

Le contrôle du Greffier s'applique non seulement à la régularité des déclarations au regard de la réglementation relative au RCS, mais également au regard des lois et décrets qui régissent le droit des sociétés, ce qui suppose une vérification des actes statutaires. Il convient de rappeler que les dirigeants des sociétés demeurent responsables des actes déposés et des formalités effectuées.

Le Greffier agit sous la surveillance du Président du Tribunal ou du juge commis à cet effet qui juge en premier ressort les difficultés relatives à l'application des textes.

Le Registre du Commerce et des Sociétés

Le Greffier effectue les inscriptions des commerçants, commerçants-artisans, sociétés civiles, sociétés commerciales, GIE et GEIE qui ont leur siège dans le ressort du Tribunal, ainsi que des agents commerciaux qui y ont leur domicile.

En annexe du registre, sont déposés les actes des sociétés (statuts, procès-verbaux, cessions de parts, projets de fusion) ainsi que leurs comptes annuels si elles sont assujetties à leur dépôt.

Quand la loi en dispose, le Greffier effectue des “ mentions d’office ”.

Le Président du Tribunal quant à lui peut prendre des ordonnances (report d’assemblées, nominations de commissaires, d’administrateur provisoire) qui seront déposées avec les autres actes de sociétés.

Même lorsque le Greffier ne fait pas fonction de “ CFE ”, il fait partie d’une chaîne “ d’associés ” ; ainsi, il assiste le Juge commis à la surveillance du RCS dans les demandes de casier judiciaire des dirigeants des entreprises, il doit adresser des avis au BODACC (journal officiel) pour assurer l’information des tiers, le plus souvent dans un délai de 8 jours, adresser un double des déclarations et des actes à l’INPI (Registre National du Commerce et des Sociétés), et retranscrire dans ses dossiers le numéro SIRENE (numéro national d’identification des entreprises) que lui adresse l’INSEE, et communique le numéro d’immatriculation aux entreprises, dès sa réception.

Enfin, à-côté du Juge commis à la surveillance du RCS, il existe depuis 1985 le Comité de Coordination sur le RCS qui a pour but de donner un avis sur les textes relatifs au RCS afin d’en assurer l’application uniforme.

Les nantissements et inscriptions sur fonds de commerce

Le Greffier procède aux inscriptions :

- de privilège de vendeur et de nantissement sur fonds de commerce (loi du 17 Mars 1909) ;

- de privilège de la sécurité de la sécurité sociale et des caisses complémentaires (loi du 1er Mars 1984) ;

- de privilège du Trésor en matière fiscale (loi du 28 Décembre 1966) ;

- de nantissement de parts de société civile (décret du 3 Juillet 1978) ;

- des opérations de crédit-bail en matière mobilière (loi du 2 Juillet 1966) ;

- des contrats de location et de contrats de vente assortis d’une réserve de propriété (décret du 27 Décembre 1985) ;

- ainsi que des protêts et des certificats de non-paiement des chèques.

Le Greffier assume ici une grande responsabilité professionnelle, puisque l'identification des créanciers et des débiteurs, ainsi que les sommes conservées seront utilisées pour régler les créanciers en cas de procédure collective ou de déchéance du terme.

Parallèlement à l'inscription des inscriptions, le Greffier pourra voir sa responsabilité engagée sur la question de la durée des inscriptions (délais de caducité, possibilité de renouvellement, mainlevées) et de la délivrance des " états " qui sont l'énumération des inscriptions à un moment donné.

Activités annexes

Elles sont annexes par le volume, mais par l'importance, si l'on pense au paraphe des livres.

Le Greffier assure aussi le dépôt des marques et modèles (transmis ensuite à l'INPI), et pour certains Tribunaux, le dépôt des rapports maritimes et fluviaux, et les inscriptions d'hypothèques fluviales.

1.3.2 - Diffusion des informations de ces registres

Le Greffier qui détient des renseignements essentiels sur la situation juridique et économique des entreprises du ressort de son Tribunal a pour mission de les diffuser à tout intéressé de façon anonyme et dans les formes autorisées par les textes, en raison du caractère public des fichiers.

Seules certaines informations définies strictement ne sont pas communicables.

Les informations sont diffusées essentiellement sous forme d'extraits (K-Bis et L-Bis), d'états (nantissements et privilèges) de certificats (réponse à une question non couverte par les extraits et états), et de copies (statuts, procès-verbaux, bilans).

L'extrait du Registre du Commerce (ou K-Bis) est " la carte d'identité de la société " à la date de sa délivrance, indiquant sa dénomination, sa forme, ses dirigeants, son siège social, son capital (pour les sociétés), et une éventuelle procédure collective. Il faut noter que les entreprises, sous leur responsabilité, doivent déclarer les changements intervenus dans le délai d'un mois, ce qui est peu respecté, et l'est d'autant moins que l'état de la société est mauvais (cf. mention de la perte de la moitié du capital). En revanche, les mentions d'office du Greffier pour signaler une procédure collective sont faites sans délai.

2 - ACCES A LA PROFESSION

La profession de Greffier au Tribunal de Commerce est strictement réglementée.

Le Greffier est un professionnel du droit titulaire de la licence de droit ou d'un diplôme équivalent qui a passé à l'issue d'un stage (sauf cas de dispense) un examen d'aptitude à la profession destiné à tester les connaissances juridiques et techniques nécessaires pour exercer ses fonctions au sein du Tribunal.

La profession de Greffier de Tribunal de Commerce peut être exercée à titre individuel, en société civile professionnelle, ou même en société d'exercice libéral.

Un Greffier, ou une société peut être nommé Greffier de plusieurs Tribunaux de Commerce.

Les Greffiers ont une entière liberté de recrutement ; leur personnel relève du secteur privé et de leur Convention Collective. Pour la plupart ils ont suivi des séances de formation et des cours spécialisés réservés au personnel des greffes de tribunaux de commerce.

3 - ORGANISATION DE LA PROFESSION

La profession est organisée par le Conseil National des Greffiers.

Le Greffier de Tribunal de Commerce en tant qu'Officier Public et Ministériel a une place particulière dans l'organisation judiciaire.

Nous verrons le cadre de son action : le Tribunal de Commerce puis successivement son rôle judiciaire et son rôle extrajudiciaire.

La profession compte actuellement 266 Greffiers (exerçant seuls, en société civile, ou en SELARL) pour 227 Tribunaux de Commerce.

La répartition des Greffes est le résultat de l'histoire économique des régions ; ainsi, certains départements (Seine Maritime, Côte d'Or) possèdent un nombre très élevé de Greffes qui sont souvent gérés par le même Greffier (on parle de " cumul ou binage ") pour des raisons pratiques et économiques.

Toujours pour des raisons pratiques, de nouveaux Greffes ont été créés dans les régions au fort développement économique (Nanterre, Créteil, Bobigny).

Enfin, il existe des Greffes « à compétence commerciale » ou « mixtes » gérés par les T.G.I. et tenus par des Greffiers Fonctionnaires. Ces Greffes et ces Greffiers n'ont bien entendu par le statut des Greffes et des Greffiers de Tribunal de Commerce, mais ils ont dans leur circonscription territoriale les mêmes attributions.

La Chancellerie a déjà remplacé des T.G.I. à compétence commerciale par des Tribunaux de Commerce (La Roche Sur Yon, Douai, Foix), mais ce mouvement se heurte à des problèmes financiers ou historiques (Alsace et Lorraine).

Chaque Tribunal de Commerce doit être assisté d'un Greffier ; le Greffier est un « membre nécessaire du Tribunal » selon la formule de la Cour de Cassation, et il fait partie intégrante de la juridiction, ainsi que cela résulte de l'article L. 411-1 du C.O.J.

En plus des fonctions inhérentes au fonctionnement du Tribunal, le Greffier s'est vu attribuer une fonction de centralisation dans le domaine de la publicité légale en matière commerciale.

Ce rôle ne cesse de se développer tant en raison de l'accroissement des obligations des sociétés (cf. dépôt des comptes des SNC) que du développement des techniques (possibilité de commande de documents par Minitel).

4 - LA PROFESSION : AVENIR ET DEVELOPPEMENT

En plus du rôle traditionnel à dominante juridique, l'essor de la télématique a élargi la stricte diffusion de l'information juridique (pour laquelle le support papier reste exigé) à une diffusion d'informations économiques et financières pour lesquelles la rapidité et la fiabilité des informations sont essentielles.

Ceci est possible grâce à l'informatisation de tous les Greffes et à la répercussion des informations en temps réel.

Les demandeurs d'information sont donc de plus en plus nombreux, et en plus des « clients » habituels, comme les Avocats, les Notaires, les banques et les sociétés de renseignement et de recouvrement, les particuliers et les entreprises n'hésitent plus à recourir aux informations conservées par les Greffes. Il faut noter que le Greffier fournit les indications contenues dans ses fichiers sans faire de commentaire ou d'appréciation.

L'utilisation de la télématique devrait encore dans les prochaines années modifier la vie des Greffes avec entre autres projets l'Echange de

Données Informatiques avec les “ partenaires ”, ou le dépôt des comptes annuels par voie électronique.

Il faut toutefois noter qu’en contrepartie d’un accroissement de son activité, la télématique accroît sa responsabilité du fait de l’extension du nombre des destinataires de ses états, extraits et copies et des risques difficilement calculables qu’entraîne une erreur de saisie informatique.

Le rôle du Greffier évolue et évoluera encore, mais s’il ne veut pas voir son rôle banalisé, le Greffier devra toujours conserver ses qualités traditionnelles d’exactitude et de responsabilité héritées de l’époque où il “ tenait la plume à l’audience ”.

Le Greffier du Tribunal de Commerce fait donc partie intégrante du Tribunal ; il est ainsi au service de la Justice, mais aussi du public et, de par sa spécificité, tout spécialement des entreprises.

L'HUISSIER DE JUSTICE

Dans l'ensemble, il nous a été donné de rencontrer une profession qui se porte économiquement bien, dont le tarif légal a été récemment revalorisé, dont le rôle s'est accru les dix dernières années et dont les champs d'action se sont développés notamment par la réforme des voies civiles d'exécution.

1 - QU'EST-CE QU'UN HUISSIER DE JUSTICE ?

1.1 - HISTORIQUE

Répondant à la nécessité immuable de signifier les actes, d'assurer la comparution des parties en Justice et le service des audiences, de faire exécuter les décisions de Justice, ou encore de procéder à des constats, les Huissiers de Justice sont les dignes successeurs des sergents et huissiers de l'Ancien Droit.

Il faut noter à cet égard que la fonction de l'huissier est indissociable du Palais de Justice, lieu de l'audience et que cette audience est le berceau de l'huissier qui est étymologiquement signifie "celui qui tient l'huis".

1.2 - DEFINITION

L'Huissier de Justice est en vertu de l'article 1er de l'ordonnance du 2 novembre 1945 un Officier Ministériel qui a seul qualité pour signifier les actes et les exploits, faire les notifications prescrites par les lois et règlements et ramener à exécution les décisions de Justice ainsi que les actes au titre en forme exécutoire.

1.3 - CARACTERISTIQUES

L'Huissier est à la fois un Officier Public car il établit des actes authentiques et Officier Ministériel car il est nommé par le Ministre de la Justice dans un Office à la tête d'une charge. IL convient cependant de noter que le terme d'officier public n'est expressément utilisé dans l'ordonnance de 1945 que pour les notaires.

L'huissier exerce néanmoins une profession libérale car il est maître de ses moyens de travail, il finance l'achat de son Office (avec toutefois l'aide non négligeable de la Caisse de Prêt des Notaires) et prend tout le risque de son exploitation de telle sorte qu'il exerce son métier en toute indépendance.

Les huissiers de Justice peuvent exercer à titre accessoire certaines activités ou fonctions, mais en règle générale l'huissier peut exercer toute fonction qui ne lui est interdit par un texte formel ou par les restrictions tirées de l'indépendance et de la dignité professionnelle :

- Avocats,
- Avoués à la Cour,
- Notaires,
- Géomètres Experts,
- Magistrats,
- Instituteurs,
- ou Commissaires de Police,

sont des fonctions interdites à l'Huissier.

Toute activité commerciale est bien évidemment prohibée :

- Agent immobilier,
- Agent d'affaires,
- Courtier en automobiles,
- etc...

2 - ACCES À LA PROFESSION

Depuis un décret du 1er Janvier 1996, le candidat aux fonctions d'Huissier de Justice doit être impérativement titulaire de la maîtrise en droit. Ainsi, les conditions d'accès de cette profession son alignées sur les autres professions telles que Notaires, Greffiers des Tribunaux de Commerce et en règle générale toutes les professions juridiques ou judiciaires.

La maîtrise est suivie d'un stage de deux ans sanctionnée par un examen national dont les membres du jury sont nommés par le Garde des Sceaux (un Conseiller à la Cour de Cassation, un Professeur de Droit, trois Huissiers et un Clerc ayant obtenu l'examen).

Il est à noter que sont dispensées du stage les personnes ayant exercé pendant six ans au moins les fonctions de principal Clerc d'Huissier de Justice.

L'Huissier de Justice, candidat à la succession d'un autre huissier de Justice, doit ensuite solliciter l'agrément du Garde des Sceaux.

3 - <u>ORGANISATION DE LA PROFESSION</u>

3.1 - ORGANISMES PROFESSIONNELS

Le pouvoir disciplinaire ressort des Chambres Départementales qui ont remplacé les Chambres disciplinaires.

Il existe également des Chambres Régionales (une par Cour d'Appel) qui opèrent des contrôles de comptabilité et représentent la profession au sein du ressort.

Enfin, la Chambre Nationales des Huissiers assure la couverture des risques professionnels, représente la profession auprès des pouvoirs publics, gère une Caisse de Prêts, ainsi que le service de compensation des transports en assurant le paiement de la différence entre la somme forfaitaire payée par le justiciable et les frais de transport réels de l'Huissier.

Les Huissiers ne peuvent légalement constituer des syndicats professionnels : ce sont les Chambres qui participent directement en tant que corps collectif intermédiaire à la représentation des membres de la profession.

3.2 - TARIFS

Le tarif se divise, d'une part, en émoluments : ce sont les droits aux actes assortis d'un coefficient en fonction du montant de la créance, et d'autre part, en droits proportionnels.

4 - <u>DISCIPLINE ET DEONTOLOGIE</u>

4.1 - REGLES GENERALES

Les devoirs généraux de l'Huissier de Justice ont été formulés par le Baron FAVART de LANGLADE, rédacteur de l'ancienne charte des Huissiers de Justice du 14 Juin 1813 en des termes dont l'esprit demeure :

" Les Huissiers ont deux règles principales de conduite à observer :

- *d'abord un grand front de probité et de délicatesse,*
- *d'apporter ensuite dans l'exercice de leurs fonctions les connaissances nécessaires, tout le zèle possible, en un mot le sentiment de tous leurs devoirs ".*

Les règles relatives à la discipline des huissiers sont contenues dans l'Ordonnance du 28 juin 1945 et le décret du 28 décembre 1973 dont les règles s'appliquent également aux notaires, aux avoués et aux commissaires-priseurs à l'exception de toute autre profession d'officier ministériel.

De la même manière que les Notaires, les Huissiers de Justice sont tenus d'exercer leur Ministère toutes les fois qu'ils en sont requis, sauf dans des cas d'empêchement ou pour cause de parenté ou d'alliance. Le Ministère forcé de l'Huissier de Justice est la contrepartie du monopole légal de cet Officier Ministériel : auxiliaire de Justice imposé aux justiciables, l'Huissier de Justice ne saurait par sa carence ou son refus paralyser le fonctionnement des Tribunaux et l'administration de la Justice.

Sur les faits d'ordre privé, on considère aujourd'hui sans difficulté que des peines disciplinaires peuvent être prononcées contre des Officiers Ministériels pour des faits étrangers à l'exercice de leur profession et notamment pour des actes de leur vie privée et extra-professionnels contraires à la probité, à l'honneur et à la délicatesse.

4.2 - LE SECRET PROFESSIONNEL

Il est admis en doctrine et en jurisprudence que l'article L. 226-13 du Nouveau Code Pénal est général et s'applique à tous ceux qui sont les confidents nécessaires :

- Magistrats,
- Avoués,
- Notaires, ect.

et que son énumération n'est pas limitative. Les Huissiers de Justice sont donc tenus au secret professionnel et le délit existe même si le fait est de notoriété publique lorsque la révélation faite apporte une certitude ou des détails supplémentaires qui ne découlaient pas de la connaissance antérieure des faits.

5 - LA PROFESSION FACE A SON AVENIR

L'idée d'une profession de l'exécution est une idée qui s'exporte et qui intéresse de nombreux pays en proie à des difficultés dans ce domaine. Un certains nombre de pays de l'Est se sont inspirés du système français (Roumanie par exemple).

D'autre part, dans le cadre de la coopération judiciaire prévue au Traité de Maastricht, la solution d'un titre exécutoire européen serait une avancée et une simplification importante des relations au sein de l'Union européenne.

LE JURISTE D'ENTREPRISE

I - LES JURISTES D'ENTREPRISES EN FRANCE

1.1 - LES SPECIFICITES DU JURISTE D'ENTREPRISE

Le Juriste d'entreprise n'est pas une personne qui dit le Droit, rôle qui revient au Juge (Juris - Dictio), mais connaissant bien l'entreprise, son organisation, ses méthodes de travail et les hommes qui la compose à tous les niveaux, il est celui qui va recherche l'adéquation des objectifs poursuivie par l'entreprise avec les règles de Droit qui s'imposent à elle. En ce sens, il est l'Avocat des droits de l'entreprise et non l'exécuteur de basses oeuvres délictuelles chargé de contourner ou de violer discrètement ou impunément la loi.

Le Juriste d'entreprise est donc tout d'abord et avant tout au service d'une seule entreprise. Il ne participe pas à la vie judiciaire mais il met en oeuvre dans son entreprise des solutions conformes au Droit.

1.2 - LES CARACTERISTIQUES DU JURISTE D'ENTREPRISE

– fortement diplômé : 95% des moins de 30 ans ont un 3e cycle
– salaire élevé : en moyenne 400 KF/an. Débutants : 207 KF/an
– participe au pouvoir décisionnel : 60% sont rattachés à la Direction Générale de l'entreprise.. 50% font partie du Comité de Direction.
– maîtrise des langues : 77% sont au moins bilingues
– recrutement : 38% ont exercé dans des cabinets d'avocats.

1.3 - LES CHAMPS D'ACTION DU JURISTE D'ENTREPRISE

Il existe de grandes diversités dans la fonction du juriste d'entreprise, elle dépend de la taille de l'entreprise et de son organisation, de la nature de ses activités et de l'évolution de son environnement économique et législatif, et de l'expérience de l'intéressé.

• La taille de l'entreprise : dans les entreprises de petite taille, le juriste d'entreprise est généralement seul. Généraliste, il s'appuie le plus souvent sur des conseils extérieurs dont il coordonne les activités. Dans les entreprise plus grandes, le juriste est situé dans un service organisé parfois centralisés au niveau de la holding et il travaille un peu comme un cabinet d'avocats pour toutes les sociétés du groupe, à tous les niveaux de ces sociétés. Il peut être au contraire décentralisé avec un point commun au niveau de la holding et des juristes éparpillés dans les différentes filiales. L'évolution veut que le juriste ou le responsable du service juridique soit de plus en plus un membre de la direction faisant partie du comité de direction, son rôle sera alors davantage celui d'un consultant de haut niveau.

• L'activité de l'entreprise et son environnement : si certaines matières juridiques peuvent être communes à toutes les entreprises indépendamment de leur activité (droit des sociétés ou droit du travail), certaines peuvent être absentes en raison de la nature de l'activité de l'entreprise et des problèmes qui s'y posent : une société de transport privilégiera le droit du transport; le droit du travail aura une importance primordiale dans une entreprise de main-d'oeuvre et ne sera que marginal dans un holding financier.

• L'expérience de l'intéressé : du débutant qui pourra se voir confier des études ponctuelles plus ou moins spécialisées dans des domaines très divers allant du droit des sociétés au droit de la consommation en passant par le droit de la concurrence ou le droit communautaire au juriste confirmé qui pourra être associé à toutes les grandes décisions de l'entreprise et qui pourra devenir en quelque sorte sa "conscience", il existe une grande diversité de situation. De plus le juriste d'entreprise devient aujourd'hui un véritable "opérationnel" chargé de négocier d'importants contrats voir même de gérer certaines activités (immobilier, propriété industrielle).

Depuis quelques années le juriste d'entreprise est devenu, sous l'influence notamment des sociétés anglo-saxonnes et de par la complexité croissante et l'internationalisation du droit, un homme ou une femme de responsabilité impliqué dans toutes les prises de décision. Il est un éléments indispensable à la gestion de l'entreprise.

Le juriste d'entreprise doit être disponible et pédagogue pour faire comprendre la nécessité de prendre en compte le droit afin d'éviter l'accident, source de coût pour l'entreprise. Il est à même de répondre rapidement, de façon précise aux questions les plus variées et imaginer les solutions que sa connaissance approfondie de l'entreprise lui permet de mieux appréhender.

Son approche concrète des problèmes posés, sa disponibilité, sa connaissance de l'entreprise constituent la supériorité opérationnelle du juriste d'entreprise par rapport aux conseils extérieurs à elle, conseils sur lesquels il peut cependant s'appuyer pour l'éclairer sur des points très précis afin de conforter sa position.

A ce titre il doit faire corps avec son entreprise, épouser ses objectifs et se sentir du même coup impliqué dans les résultats tout en conservant son indépendance d'esprit sur les moyens qu'il préconise pour atteindre les objectifs et respecter des principes généraux déontologiques assez proches de ceux de l'avocat.

Ces principes déontologiques ont été élaborés par la profession elle-même au travers de ses diverses associations représentatives, demanderesses de manière unanime d'un véritable statut légal du juriste d'entreprise.

II - LA SITUATION LEGALE ET REGLEMENTAIRE ACTUELLEMENT EN VIGUEUR EN FRANCE

En vertu de l'article 98 du décret n° 91-1197 du 27 novembre 1991, les juristes d'entreprise justifiant de huit ans au moins de pratique professionnelle au sein du service juridique d'une ou plusieurs entreprises, sont dispensés de la formation théorique et pratique du certificat d'aptitude à la profession d'avocat.

Il revient au conseil de l'ordre d'apprécier l'effectivité et la réalité de cette condition et de procéder à l'inscription ou à son refus sur la liste du stage sous réserve d'un appel devant la Cour d'appel.

L'avocat déjà inscrit à un barreau désirant exercer au sein d'une entreprise commerciale en tant que juriste d'entreprise, n'a actuellement pas d'autre choix que de se faire radier du tableau afin de devenir salarié juriste de cette entreprise.

Il n'est alors plus avocat. Il n'est donc plus soumis à la déontologie et à la discipline de l'ordre, du fait de la séparation très nette entre les deux professions.

III - LES EXEMPLES ETRANGERS

A - AUX ETATS-UNIS

Les juristes américains sont tous des *lawyers* licenciés à l'*American Bar* et qui peuvent exercer soit :

- A titre libéral,
- En tant que juriste d'entreprise,
- En tant qu'avocat spécialisé en contentieux dit litigators

• En tant que Juges

Le respect de la même déontologie s'impose à tous les juristes quelle que soit la catégorie à laquelle ils se rattachent.

La sanction est la perte de la licence, c'est à dire la radiation du barreau.

Lorsqu'un lawyer exerçant comme juriste d'entreprise s'adresse à l'un de ses collègues qui exerce en cabinet, ce dernier doit le traiter comme un confrère.

Les règles déontologiques s'appliquent toujours aux deux

B - EN ALLEMAGNE

En Allemagne, les juristes d'entreprise peuvent être avocats, on les appelle alors des *syndikusanwalt*.

Ils sont employés dans tous types d'entreprises, qu'elles soient industrielles, commerciales, d'assurances ou de banques ou dans des syndicats patronaux. Dans la plupart des cas, ils font partie d'une direction juridique.

De par leur appartenance à l'ordre des avocats, ils sont soumis aux principes professionnels qui sont inscrits dans la loi sur les avocats. Ils doivent rendre leurs avis en toute indépendance y compris vis à vis de leur employeur.

Dans toutes les affaires juridiques, contentieux ou conseils, ils sont donc considérés comme des conseils juridiques indépendants des instructions de leurs employeurs.

Pour éviter des conflits d'intérêt qui résulteraient de l'opposition possible entre l'indépendance du *syndikusanwalt* d'une part, et son activité de salarié ayant signé un contrat de travail avec son employeur d'autre part, la loi dispose que le *syndikusanwalt* ne peut représenter son employeur comme avocat devant les tribunaux ni en arbitrage. Il peut néanmoins avoir une clientèle privée.

Pour le reste, les droits et obligations professionnelles du *syndikusanwalt* résultent de sa qualité d'avocat et notamment sur le secret professionnel. De ce fait, il a le droit de refuser de témoigner lorsque ses connaissances sur le sujet sur lequel il lui est demandé d'être témoin résulte de son activité d'avocat.

Pour être admis au barreau en tant que *syndikusanwalt*, le candidat doit avoir passé avec succès le premier et le second examen d'Etat dans le domaine juridique.

C - En ESPAGNE

Après quatre ou cinq années de droit, tout étudiant espagnol peut devenir avocat, juriste d'entreprise ou les deux à la fois.

La loi sur le système judiciaire espagnol indique que *« le nom et la fonction d'avocat désignent le licencié en droit qui exerce professionnellement la direction et la défense des parties dans toutes sortes de procédures, ou l'assistance et le conseil juridique ».*

La conséquence est que les entreprises préfèrent recruter des avocats qui peuvent aussi avoir leur propre cabinet ou même collaborer en tant qu'associé dans des cabinets professionnels. Ils sont donc avocats à 100 % et parfois donc salariés à 40, 50, voir 100 % également.

Allant même plus loin, l'avocat juriste d'entreprise espagnol peut sans aucun inconvénient plaider pour l'entreprise qui l'emploie.

Une situation qui est donc fort différente de leurs homologues allemands.

Comme tout avocat, l'avocat juriste d'entreprise espagnol est tenu au secret professionnel et à la confidentialité des correspondances : toute correspondance concernant une affaire déterminée envoyée à l'avocat juriste d'entreprise est considérée comme un courrier entre confrères, sans qu'aucune des parties ne puisse donc s'en servir.

D - En ANGLETERRE

Pour devenir *solicitor*, il suffit d'avoir étudié trois années dans une faculté de droit puis passer le *solicitor final examination* et effectuer un stage de deux ans dans un cabinet de solicitors.

Il est possible par la suite de signer un contrat de travail avec une société anglaise en tant que juriste d'entreprise, mais ce changement de situation ne modifie en rien le statut vis à vis de l'organisation professionnelle des *solicitors*, la *law society*.

A condition de continuer à payer une cotisation modeste en fait réglée par l'employeur, le *solicitor* juriste d'entreprise reste membre de *la law society* et inscrit par conséquent sur le tableau qui inclut sur une seule et même colonne les *solicitors* exerçant dans un cabinet et ceux travaillant en entreprise, tous soumis à la même déontologie édictée par la *law society* et sanctionnée par sa commission disciplinaire.

Ils peuvent voter et sont éligibles aux élections professionnelles.

IV - LA NECESSITE D'UN NOUVEAU STATUT

On a donc constaté qu'en France les deux professions, si elles sont indépendantes l'une de l'autre, ont déjà des liens :

• le métier exercé est en partie le même puisque l'article 58 de la loi du 31 décembre 1990 dispose que *« les juristes d'entreprise exerçant leur fonction en exécution d'un contrat de travail au sein d'une entreprise ou d'un groupe d'entreprises peuvent dans l'exercice de ses fonctions et au profit exclusif de l'entreprise qui les emploie ou de toute entreprise du groupe auquel elle appartient, donner des consultations juridiques et rédiger des actes sous seing privé relevant de l'activité desdites entreprises. »*

• la passerelle existe depuis 1971.

• l'avocat peut se faire omettre du barreau et devenir juriste d'entreprise.

Une réforme envisagée aurait pour objectif de renforcer cette évolution qui peut être considérée comme une garantie pour l'entreprise, pour les tiers et pour les avocats en général.

LE MANDATAIRE JUDICIAIRE

Profession relativement moins touchée par la conjucture que les administrateurs judiciaires, les mandataires liquidateurs ont néanmoins une même préoccupation : celui de leur indépendance vis à vis des tribunaux consulaires.

Ils déplorent souvent une insuffisance en nombre de professionnels dans certaines villes ainsi que la pratique parfois trop courante de la désignation de mandataires ad hoc entraiant un risque pour des raisons d'assurance, de compétence et de rapidité.

1- QU'EST-CE QU'UN MANDATAIRE JUDICIAIRE ?

La spécificité et l'existence même de cette profession remontent à l'antiquité et au droit romain. C'est en effet une très vieille idée de tous les temps de représenter les créanciers et de les défendre face au failli.

Le mandataire judiciaire est avant tout un arbitre au carrefour de tous les intérêts contraires.

Il se situe également à l'intersection du droit et du chiffre.

C'est peut-être la profession qui se distingue le moins par son caractère libéral malgré une certaine indépendance. Sa principale caractéristique est celle d'être titulaire d'un mandat de justice (décret de 1959 et surtout loi du 25 Janvier 1995).

Le mandataire occupe essentiellement les fonctions de représentant des créanciers dans la procédure de redressement judiciaire. Son rôle consiste entre autre à établir le passif de l'entreprise après l'avoir vérifié, consulter les créanciers dans le cadre du projet de plan d'apurement du passif proposé par l'administrateur ou le débiteur, établir les relevés de créances résultant du contrat de travail et assurer le règlement des sommes dues aux salariés sur avance du fonds national de garantie, ect...

Le représentant des créanciers est désigné liquidateur lorsque la liquidation judiciaire est prononcée. Sa mission est alors complétée par la réalisation de l'actif et sa répartition.

Enfin, le mandataire a une mission d'information tant des créanciers que du débiteur, mais aussi souvent d'arbitre, le professionnel se trouvant au carrefour d'intérêts divergents et de situations conflictuelles.

2 - ACCES A LA PROFESSION

Il faut être titulaire d'une maîtrise en droit puis avoir accompli un stage de trois ans sanctionné par un examen (dix nouveaux mandataires environ par an).

C'est une profession unique en Europe. Ses activités sont exercées par les avocats en Allemagne, en Espagne et en Italie et par les experts comptables en Grande Bretagne.

Les articles 5 et 20 de la loi du 25 Janvier 1985 posent comme condition préalable à l'accès de la profession la nationalité française bien qu'il existe un projet d'ouvrir l'examen à des confrères étrangers à Bruxelles.

Le mandataire doit ensuite être inscrit sur une liste établie par une commission instituée au siège de chaque Cour d'appel et composée de neuf membres.

3 - ORGANISATION DE LA PROFESSION

Les mandataires judiciaires doivent rendre compte au Ministère Public ainsi qu'au Président du Tribunal. Ils ont l'obligation d'avoir un commissaire aux comptes.

C'est donc une sorte de profession libérale sui generis.

Mais du fait de leur mandat de justice participant ainsi et de ce fait au pouvoir judiciaire et à l'exercice de certaines prérogatives de puissance publique, on peut considérer que l'article 52 du Traité de Rome s'applique et qu'il n'est pas possible à l'Union Européenne d'imposer au gouvernement français un changement du système.

Leurs honoraires ne sont pas librement fixés, ils sont tarifés. Ils peuvent exercer en SCP ou en SRL.

Toutes les sommes dont ils sont les dépositaires sont versées à la Caisse des Dépôts et Consignations.

Le Conseil National exerce un contrôle sur chacun des mandataires tous les quatre ans et un magistrat nommé par le Garde des Sceaux et affecté à cette seule tâche effectue régulièrement des inspections.

L'inscription et la discipline ressortent des Commissions régionales et de la Commission nationale.

Le Conseil National pour sa part n'a qu'une mission de représentation, de contrôle et de formation.

Il n'est pas demandeur bien qu'il y soit attentif de pouvoir de discipline en raison de son manque de recul par rapport aux litiges et aux problèmes ainsi que l'obligation qu'il a de rendre compte au pouvoir judiciaire en vertu du mandat judiciaire dont il tire sa raison d'être.

LE NOTAIRE

Il s'agit d'une profession dynamique et moderne que nous avons rencontrée dans le cadre du présent rapport.

Relativement nombreuse – 7.600 notaires environ – la profession emploie plus de 40.000 salariés sur toute la France et se trouve bien souvent le premier employeur d'une région ou d'un ressort comme à Douai. Les notaires établissenet ainsi 4,2 millions d'actes par an et gèrent plus de 240 milliards de francs de transactions.

Tous les professionnels rencontrés ont admis que ce qui avait sauvé leur profession du chaos suite à la crise immobilière sans précédent du début des années 90 est le maintien du numerus clausus qui a ainsi évité une paupérisation deleur profession conséquence d'une démographie incontrolée.

Leurs revendications se situent à trois niveaux : maîtrise de la discipline, formation continue obligatoire et extension du champ de l'authenticité pour certains actes.

1 - <u>QU'EST-CE QU'UN NOTAIRE ?</u>

1.1. HISTORIQUE

Le notariat français est une profession millénaire qui a survécu aux changements de régimes, qui est passé à travers les révolutions et les guerres. Cette pérennité est un fait qui doit retenir toute l'attention et constitue d'ores et déjà un premier objet de réflexion.

D'autre part l'on constate que l'histoire de la France, son histoire sociale et économique, celle de la vie quotidienne tant de la province comme de la capitale est essentiellement contenue dans les faits et actes retracés par les notaires. Ce sont les notaires qui ont consigné les faits qui sont le tissu de toute l'histoire.

L'origine du notaire authentifiant les conventions au nom de l'Etat remonte au Bas Empire romain et pénètre en Gaule par l'occupation romaine. C'est en effet vers la fin de l'Empire romain que furent constitués les *tabelliones*. Néanmoins jusqu'au moyen âge le notaire reste intimement lié à la magistrature en ce sens que l'acte, pour acquérir sa force et son authenticité, devait être transcrit sur des registres tenus par les scribes des magistrats et soumis à la signature du juge de la même manière qu'aujourd'hui un greffier met en forme un jugement signé ensuite par le juge.

Au moyen âge le développement du notariat devait connaître des aspects différents dans les pays du sud de la France régis essentiellement par un droit écrit directement issu du droit romain et dans les pays du nord de la France qui connaissaient un droit coutumier.

On remarque en effet que les pays de droit écrit ont connu très tôt le notariat. Les évêques et les seigneurs justiciers, sans doute pour se décharger du fardeau de la surveillance et de la légalisation des contrats, investirent comme à Rome des notaires du droit d'instrumenter dans le ressort de leur juridiction. Ce furent dès lors de véritables notaires publics habilités à conférer aux actes l'authenticité par la seule apposition de leur seing. Les notaires méridionaux français sont directement issus des notaires latins.

L'autorité royale généralisa l'institution : en 1270 Saint Louis crée soixante notaires qui instrumentent au nom du prévôt. En 1302 Philippe le Bel établit dans tous ses domaines des notaires et cet exemple fut peu à peu suivi par les seigneurs laïcs et ecclésiastiques de tout rang si bien que la moindre bourgade possédait son notaire.

Le notaire n'était pourtant pas le seul pour élaborer l'acte authentique. Plusieurs personnes concourraient à son élaboration : le notaire, qui recevait les déclarations des parties et rédigeait les clauses du contrat ; le tabellion qui recevait l'acte en dépôt ; le garde-scel qui l'authentifiait.

Ce n'est que progressivement et définitivement au XV° siècle que se réalisa la confusion des fonctions en la seule personne du notaire qui devient lui-même alors garde-scel, c'est-à-dire, détenteur du sceau de l'Etat au même titre que les juges et délégataires directs de l'autorité publique pour authentifier les conventions des particuliers.

La profession se réglemente peu à peu, des organismes professionnels sont mis en place et le nombre de notaires augmente au fur et à mesure que se développent les besoins juridiques.

Tout au long de l'Ancien Régime la diversité des actes notariés est tout à fait remarquable mais comme nombre de professions celle du notariat souffrira des abus provoqués par la pratique de la vénalité des charges et très rapidement des offices seront créés hors de proportion avec les besoins de la population.

La Révolution de 1789 fera une tentative de nationalisation par la mise en place de notaires publics mais celle-ci échouera et mais c'est paradoxalement elle qui consacrera la profession des notaires en raison notamment de la nécessité sociale qu' était devenue le droit de propriété.

L'entreprise de codification amenée par Bonaparte donnera au notariat une organisation et un statut dont les grandes lignes restent valables encore de nos jours.

C'est la loi du 25 Ventose An XI (16 mars 1803) qui, avec le code civil lui-même où l'on trouve des indications relatives aux actes notariés, constitue la charte du notariat français. Par cette loi les notaires reçoivent une mission très large de praticiens du droit par opposition aux avocats confinés dans des situations contentieuses : *"ces conseils désintéressés, ces rédacteurs impartiaux, cet espèce de juge volontaire, qui obligent irrévocablement les parties contractantes, sont les notaires : cette institution est le notariat"*.

Tout au long du XIX° siècle le notaire jouera un rôle social et économique remarquable. A l'âge d'or du libéralisme il prêtera la main à l'établissement de conventions qui seules peuvent désormais lier les hommes et édifier le structures sociales. Il organisera la collecte de l'épargne privée, la gestion et le transfert des patrimoines et procurera les instruments juridiques du droit des sociétés et les capitaux dont il a besoin. Le notaire est alors le notable, il occupe les postes de confiance, il est investi des mandats politiques. C'est l'époque où Balzac, alors clerc de notaire, commence à peindre sa comédie humaine.

Le XXème siècle se marque par une profonde mutation de l'agriculture, par une diminution des gros patrimoines fonciers, par le développement de la copropriété et de la construction pour répondre au besoin de logement de l'après-guerre. A côté du domaine traditionnel de la famille, cette matière immobilière accapare le notariat, qui s'applique parallèlement à accentuer son rôle dans le domaine des petites et moyennes entreprises : commerce, artisanat, agriculture, industrie.

Le notariat assure, en raison de sa répartition sur tout le territoire un service juridique de proximité largement accessible aux ménages et aux divers acteurs de la vie économique.

2 - LES CARACTERISTIQUES DU NOTAIRE

L'institution notariale présente des caractéristiques qui peuvent être relevées sous quatre rubriques :

1. le statut du notaire
2. l'acte notarié
3. des garanties particulières
4. le tarif.

2.1 - LE STATUT DU NOTAIRE

Le notaire français est tout à la fois un officier public et un professionnel libéral.

2. 1. 1 - Le notaire officier public :

L'article 1er de l'ordonnance du 2 novembre 1945 dispose : « les notaires sont les officiers publics établis pour recevoir tous les actes et contrats auxquels les parties doivent ou veulent faire donner le caractère d'authenticité attaché aux actes de l'autorité publique, et pour en assurer la date, en conserver le dépôt, en délivrer des grosses (copies exécutoires) et expéditions (copies authentiques).

La qualité d'officier public du notaire fonde la mission légale qu'il exerce, pour laquelle la puissance publique lui délègue une partie de son autorité.

Cette qualité d'officier public se manifeste sous divers aspects très essentiels.

2. 1. 1. 1 - Les offices de notaires :

L'office de notaire n'est pas un cabinet ou une entreprise ordinaire. C'est le siège d'une fonction publique En tant que tel, l'office notarial est donc hors du commerce. Sa création, sa localisation, sa suppression, son transfert, dépendent de l'autorité de l'Etat.

2. 1. 1. 2 - Un statut particulier :

Le statut d'officier public confère au notaire des droits et des obligations spécifiques.

* Le notariat est lié à l'Etat.
Il relève des attributions du ministère de la Justice, autorité de tutelle de la profession.

Les notaires sont nommés par le Garde des Sceaux. Ils exercent leur profession sous le contrôle du parquet.

Le notaire est protégé dans sa personne pour l'exercice de ses fonctions (art. 433-5 du code pénal).

Le code pénal (art. 413-13) sanctionne par ailleurs tout agissement susceptible de créer dans l'esprit du public une confusion avec l'exercice d'une activité réservée au ministère d'un officier public.

* Les obligations et interdictions sont nombreuses :

– Positivement, le notaire, officier public, a l'obligation d'instrumenter lorsqu'il en est requis. Cette obligation affirme le caractère de service public de l'authenticité.

Il est tenu au secret professionnel.

Chaque notaire doit assurer la permanence et l'efficacité du service public dont il a la charge.

– Négativement, le notaire n'a pas sa liberté d'installation. Il ne peut exercer que dans le cadre d'un office. Celui-ci, qu'il s'agisse d'un office existant ou d'un office créé, dépend de l'Etat.

* Le notaire est soumis à diverses interdictions qui composent une discipline et une déontologie particulièrement strictes :

– interdiction de se livrer à des opérations spéculatives ou commerciales, interdiction de s'immiscer dans l'administration d'une société de commerce ;

– interdictions relatives aux dépôts de fonds et aux prêts ;

– interdiction de publicité à caractère personnel

pour ne citer que les principales.

Diverses incompatibilités avec la fonction de notaires sont par ailleurs prescrites.

D'une manière générale, il est interdit aux notaires de s'intéresser dans aucune affaire pour laquelle ils prêtent leur ministère.

Ils ne peuvent non plus recevoir les actes où sont parties leurs parents ou alliés au degré prohibé.

2. 1. 2 - Le notaire professionnel libéral

En même temps qu'il est officier public, le notaire exerce dans le cadre d'une activité libérale.

Ceci se marque principalement par les caractéristiques suivantes :

* le public a le libre choix de son notaire, comme il est libre de choisir son avocat.

* Le notaire ou la société professionnelle titulaire de l'office a le choix et la responsabilité des moyens humains, matériels et financiers à mettre en oeuvre pour rendre le service public de l'authenticité et répondre aux besoins de la clientèle.

* Le notaire a la responsabilité d' un chef d'entreprise mais avec les limites qui imposent sa qualité d'officier public et la nature de son activité.

* La comptabilité des offices est une comptabilité d'entreprise répondant au plan comptable spécifique à la profession notariale.

* Le notaire a le choix de sa structure juridique d'exercice : individuel, en société civile professionnelle ou en société libérale à forme commerciale (SEL).

* Le notaire salarié, s'il a pleinement la qualité d'officier public, n'a pas celle de professionnel libéral. Il exerce dans le cadre d'un contrat de travail qui le lie au titulaire de l'office.

2.2 - L'ACTE NOTARIE

2. 1. 1 -Le caractère d'acte authentique

Les notaires ont été institués pour établir des actes où ils apposent le sceau de l'Etat, ce qui leur confère les caractères et les garanties d'un acte authentique.

L'acte authentique atteste les faits énoncés par l'officier public comme ayant été vus et entendus par lui. Cette attestation fait foi jusqu'à inscription de faux. Celui qui produit un acte authentique n'a pas à en prouver la véracité ; c'est à celui qui le conteste à en démontrer la fausseté.

L'attribut premier de l'acte authentique est donc sa force probante.

L'acte authentique fait également par lui-même, et jusqu'à inscription de faux, pleine foi de sa date. Il a date certaine.

Enfin, à l'inverse de l'acte sous seing privé qui exige, en cas de contestation ou d'inexécution, la production d'un jugement, l'acte authentique est exécutoire de plein droit (force exécutoire).

L'acte notarié, acte authentique, constitue dont un outil de preuve (instrumentum) très supérieur.

C'est pourquoi le faux dans un acte authentique commis par un notaire est passible de lourdes sanctions (réclusion criminelle) en vertu de l'article 441.4 du code pénal.

L'acte authentique doit être conforme à la loi mais le notaire n'est pas tenu seulement d'assurer la régularité formelle des actes qu'il reçoit ; il doit veiller à leur efficacité.

On attend donc du notaire qu'il donne le conseil approprié pour que l'acte soit le plus favorable pour chacune des parties. Il doit les éclairer sur la nature de la convention, et les informer sur ses conséquences prévisibles.

Une jurisprudence ancienne et constante sanctionne le manquement au devoir de conseil.

Compte-tenu de l'impartialité à laquelle le notaire est tenu, ce devoir de conseil lui incombe alors même que son client est assisté d'un conseiller personnel. (Cass. 16 juin 1996).

2. 2. 2 - Acte authentique et prévention des contentieux

Dans sa finalité qui est non seulement d'offrir un moyen de preuve renforcé, mais d'être une convention équilibrée et conforme à la loi, l'acte notarié exige du notaire une multiplicité d'investigations et de contrôles.

Ceux-ci se sont multipliés et complexifiés en raison des modifications juridiques et économiques intervenues depuis le code civil :

L'obligation de bonne fin attendue de l'acte authentique conduit les notaires à des investigations accrues et à des contrôles multipliés.

La complexité accrue du droit depuis plus de 10 ans peut être illustrée par le nombre et l'importance des contrôles incombant aux notaires officiers publics, pour faire produire à l'acte authentique sa pleine efficacité.

Contrôle juridique

- actualité juridique (multiplication des textes, des réponses ministérielles, etc ...)
- identité et capacité des personnes ;
- formalisme contractuel lié au « consumérisme » :
- droits de préemption multiples.

Contrôle administratif

Spécialement en matière d'urbanisme et d'environnement.

Contrôle financier

- situations de surendettement ;
- opérations transfrontalières ;

- cessations de paiement ;

Contrôle de la fiscalité

– Les incidences fiscales font l'objet d'une forte demande de conseil, et elles conditionnent largement les décisions de la clientèle dans les opérations patrimoniales, spécialement en ce qui concerne les transmissions d'entreprises.

Contrôles techniques

– Le courant législatif actuel va dans le sens de la multiplication de tels contrôles concernant les biens immobiliers : indication de la superficie, recherche des insectes xylophages, analyse du sol et du sous-sol, contrôle des éléments d'équipement, recherche de l'amiante.

2. 2. 3 - Authenticité obligatoire ou facultative

Dans la catégorie générale des actes notariés, on peut distinguer ceux où l'authenticité est imposée par la loi pour la validité même de l'acte. C'est le cas par exemple des donations (art. 931 c. civ.), du contrat de mariage (art. 1394 c. civ.), du partage d'ascendant (art. 1075 c. civ), de la vente d'immeuble à construire portant sur des locaux d'habitation (art. L.261-11 c. const. et habit.), des conventions de liquidation pendant l'instance en divorce (art. 1450 c. civ), de l'hypothèque (art. 2127 c. civ.)

Le domaine des actes notariés pour lesquels l'authenticité n'est pas obligatoire est infini. Il n'a d'autre limite que l'interdiction d'établir des actes contraires aux lois, à l'ordre public et aux bonnes moeurs.

Lorsque les parties choisissent librement l'acte notarié, c'est pour bénéficier des avantages et garanties de l'acte authentique et de l'institution notariale.

2.2.4 - Avantages et garanties de l'acte notarié

Outre les attributs spécifiques de l'acte tenant à son caractère authentique, on peut relever sous ce titre :

– la conservation de l'original (la minute) de l'acte, par le notaire, puis, au delà de 100 ans, par les archives publiques ;

– la possibilité pour les intéressés d'obtenir des copies ayant le même caractère authentique que l'original ;

– l'exécution par le notaire sous sa responsabilité, des formalités préalables et postérieures à la signature de l'acte ;

– les garanties découlant du devoir de conseil pesant sur le notaire tenu d'éclairer les parties sur les conséquences de l'acte ;

– les garanties financières liées à la réglementation de dépôt des fonds des clients des offices de notaires ;

– le système de garantie collective de la profession notariale.

2.3 - CONTROLE, RESPONSABILITE, GARANTIE COLLECTIVE

Le caractère de service public lié à l'activité des notaires exige que des garanties soient apportées sur sa régularité.

La réglementation de la profession prévoit à cet effet un contrôle des offices de notaires. Chaque année, les offices sont inspectés. L'inspection porte non seulement sur la tenue régulière de la comptabilité, mais aussi sur la régularité des actes et des opérations, et sur la gestion de l'office. D'autres inspections peuvent être prescrites.

Une autre garantie pour le public résulte de l'assurance obligatoire des notaires pour leur responsabilité civile.

Cette assurance prescrite par le décret du 20 mai 1955 couvre les conséquences dommageables des notaires dans l'exercice de leurs fonctions. En sont exclus les insuffisances de gage et les fautes intentionnelles et dolosives.

Le législateur a voulu, pour la sécurité de la clientèle, que l'ensemble de la profession notariale soit garante de son indemnisation. Cette garantie collective s'applique aux conséquences pécuniaires non couvertes par l'assurance professionnelle. C'est une garantie essentielle de l'institution notariale qui n'a pas d'équivalent dans d'autres professions.

2.4 - LE TARIF

Corollaire de leur qualité d'officier public et de la mission de service public de l'authenticité qu'ils assument, les notaires sont tenus de respecter un tarif obligatoire dont le champ d'application correspond globalement au domaine de l'acte authentique obligatoire.

Le décret n° 86-358 a libéralisé la rémunération du secteur où le notariat est en concurrence avec d'autres professionnels du droit et qui concerne essentiellement les sociétés, les baux commerciaux, les cessions de fonds de commerce.

Les prestations de ce secteur sont rémunérées par des honoraires libres à la suite d'un accord préalable avec le client sur leur montant ou leurs modalités de calcul. Il en est de même pour toute autre prestation non tarifée.

3 - Organisation de la profession

La profession notariale est très structurée. Son organisation correspond à sa mission de service public et à son lien avec l'institution judiciaire.

En même temps, le libéralisme économique et fonctionnel des offices crée une dynamique qui est à l'origine de nombreuses initiatives.

On peut ainsi distinguer organismes officiels et organismes volontaires.

3 -1 - LES ORGANISMES OFFICIELS

Prévus par des textes légaux, ils ont le caractère d'établissement d'utilité publique et procèdent de l'élection.

3. 1. 1. Les chambres départementales

Elles ont un important pouvoir disciplinaire, qui les fait qualifier souvent de chambres de discipline.

Elles exercent en outre diverses attributions légales ou spontanées : organisation des inspections, plaintes et réclamations des tiers, différends entre notaires, avis sur les candidats, règlements et recommandations diverses.

Certaines chambres recouvrent plusieurs départements. Ainsi les Chambres de Paris et de Versailles sont interdépartementales.

3. 1. 2. Les Conseils régionaux

Le conseil régional représente les notaires du ressort de la Cour d'appel. Il participe à l'animation et à la promotion de l'activité notariale dans son ressort. Il joue un rôle important dans la politique de restructuration élaborée par la commission de localisation des offices de notaires. Il donne divers avis et procède à certaines désignations.

3. 1. 3. Le Conseil supérieur du notariat

Il représente l'ensemble de la profession auprès des pouvoirs publics et plus largement dans le monde économique, politique et professionnel, ainsi qu'au plan international.

Le Conseil supérieur du notariat a diverses attributions administratives : règlement national, organisations d'inspections au niveau national, propositions au Garde des Sceaux sur la répartition géographique des offices.

D'une manière générale, le Conseil supérieur du notariat détermine la politique de la profession et ses orientations.

3. 1. 4. Les organismes de garantie.

Aux structures représentatives sus-énoncées, on peut ajouter les caisses régionales de garantie (dans le ressort du conseil régional) et la Caisse centrale de garantie, au plan national.

3 -2 - <u>LES ORGANISMES VOLONTAIRES</u>

3. 2. 1. L'Assemblée de liaison des notaires de France

Organisme « sui generis » n'ayant ni la structure d'association, ni celle de syndicat. C'est une structure de réflexion et de concentration, d'information ascendante et descendante entre les notaires et le Conseil supérieur du notariat, pour faire connaître les difficultés et les propositions de l'ensemble de la profession.

Des délégués élus de cette assemblée participent aux travaux des commissions permanentes du Conseil supérieur du notariat.

3. 2. 2. Les syndicats de notaires

– ***L'Union générale des notaires de France - Syndicat national des notaires.***

Fondé en 1949, son objet est la défense des intérêts professionnels. Il représente 20 à 25 % des offices.

Le Syndicat des notaires de France.

Fondé en 1984, il visait prioritairement à la défense des intérêts moraux des notaires. C'est essentiellement aujourd'hui un organe de réflexion.

3. 2. 3. Le Mouvement Jeune Notariat

Il regroupe des notaires et des salariés du notariat. Son but est la promotion du rôle social et économique du notariat.

Il organise annuellement une journée d'information pour le grand public (Rencontres notariales de Maillot).

3. 2. 4. Les CRIDON

La profession a organisé des centres de recherches d'information et de documentation notariales (CRIDON) dont la mission est de fournir aux notaires une information et une assistance juridique. Il existe cinq CRIDON couvrant l'ensemble du territoire.

3. 2. 5. L'association pour le développement du service notarial. (ADSN)

Créé à l'initiative du Conseil supérieur du notariat, elle tend à promouvoir et coordonner diverses actions économiques : publications, fichiers notariaux.

La profession notariale se caractérise par l'abondance et l'importance des ses diverses structures et aussi par l'importance de manifestations, telles que le congrès annuel des notaires ou les rencontres notariales de Maillot.

Le congrès annuel donne lieu à un important rapport scientifique sur le thème du congrès. Les congrès sont à l'origine de nombreuses propositions législatives.

4 - L'activité notariale

4 -1 - LES DOMAINES D'ACTIVITES

Ces domaines sont multiples, l'authenticité ayant vocation à s'appliquer dans tous les secteurs de la vie juridique.

On peut toutefois relever quatre grands domaines :

4. 1. 1. Le droit de la famille

C'est un domaine traditionnel de l'activité du notaire : régimes matrimoniaux, libéralités, successions, partages, liquidations après divorce, patrimoine des incapables, consentements à adoption.

Le notaire est le conseiller des familles, notamment pour tout ce qui concerne l'organisation et la transmission du patrimoine familial.

4. 1. 2. L'immobilier

C'est un vaste domaine où l'authenticité est indispensable à la sécurité des mutations, du crédit, et au bon fonctionnement du système de publicité foncière.

Les notaires jouent ici un rôle fondamental : ventes immobilières, règlements de copropriété, crédit hypothécaire, droit de la construction et de la promotion immobilière.

Le notaire veille au respect des intérêts des parties en présence et au formalisme protecteur de plus en plus souvent imposé.

Sa parfaite connaissance du marché immobilier fait de la profession notariale un expert national reconnu comme tel. Le notariat publie régulièrement des indications fondées sur ses fichiers de référence des valeurs immobilières.

4. 1. 3. L'entreprise

Les notaires sont présents dans les divers secteurs : commerce, artisanat, agriculture, industrie.

Le rôle du notariat est particulièrement important dans le domaine rural où les transformations économiques ont entraîné la naissance de véritables entreprises agricoles.

Les notaires interviennent principalement pour les opérations suivantes : cessions de fonds de commerce, baux ruraux et commerciaux, constitution de sociétés, prêts.

L'activité de conseil se développe, spécialement au profit des petites et moyennes entreprises.

4. 1. 4. La fiscalité

A ces trois domaines, il convient d'ajouter la fiscalité qui en réalité recouvre toute l'activité notariale. Les actes notariés donnent lieu à la perception de droits et taxes.

Les notaires jouent un rôle de conseil important en ce domaine car la fiscalité conditionne fréquemment le choix de telle ou telle solution juridique.

Les notaires sont responsables du recouvrement et du paiement des droits et taxes afférents aux actes qu'ils reçoivent. Ils sont par suite de véritables auxiliaires fiscaux de l'Etat.

Ajoutons que les émoluments et honoraires touchés par les notaires sont soumis à la T.V.A.

4 -2 - L'ECONOMIE DU NOTARIAT

4. 2. 1. Les structures d'exercice

Les offices notariaux constituent des petites et moyennes entreprises.

La moyenne des offices emploie moins de 10 personnes. Mais d'importants offices urbains ont plusieurs dizaines de salariés.

Les notaires peuvent exercer sous des formes diverses :

– exercice individuel : le notaire est seul titulaire de l'office.

– exercice en société : la société est titulaire de l'office, chaque notaire exerçant pour le compte de la société.

Formes possibles : société civile professionnelle, société d'exercice libéral.

– exercice en tant que notaire salarié : le notaire salarié n'est pas titulaire d'office et ne peut avoir de clientèle. Il exerce la fonction dans le cadre d'un contrat de travail qui le lie à un notaire titulaire d'office, et pour le compte de celui-ci.

4. 2. 1. Indications chiffrées concernant le notariat

Effectifs de la profession (1997)

– 4.82 offices et 1208 bureaux annexes, soit 5790 lieux de réception du public.

– 7611 notaires, dont 905 femmes.

– 2218 notaires individuels,
– 2307 sociétés civiles professionnelles;
– 75 notaires salariés,
– 36000 collaborateurs salariés.

Poids économique

Par an, les notaires :
⇒ reçoivent 15 millions de personnes,
⇒ traitent des capitaux d'un montant total de .2000 milliards,
⇒ établissent 4,1 millions d'actes authentiques,
⇒ réalisent un chiffre d'affaires de 21 milliards de francs.

Répartition de l'activité notariale

◊ Immobilier, ventes, construction 38
◊ Activités de crédit 16
◊ Actes de famille, succession 29
◊ Négociation immobilière 4,
◊ Droit de l'entreprise, conseil, expertise, gestion de patrimoine 11

5 - L'accès à la profession

5 -1. CONDITIONS GENERALES

Pour pouvoir être notaire, il est nécessaire de remplir les conditions suivantes énoncées à l'article 3 du décret du 5 juillet 1973 :

1) être français ;

2) n'avoir pas été l'auteur de faits ayant donné lieu à condamnation pénale pour agissements contraires à l'honneur, à la probité ou aux bonnes moeurs ;

3) n'avoir pas été l'auteur d'agissements de même nature ayant donné lieu à mise à la retraite d'office ou à une sanction disciplinaire ou administrative de destitution, radiation, révocation, retrait d'agrément ou d'autorisation ;

4) n'avoir pas été frappé de la faillite personnelle ou d'une autre sanction en application du titre II de la loi n° 67-563 du 13 juillet 1967 ;

5) être titulaire d'une maîtrise en droit ou d'un diplôme reconnu équivalent.

5 -2. DIPLOME PROFESSIONNEL ET STAGE

La formation professionnelle est assurée soit par des centres de formation professionnelle (voie professionnelle) soit par les universités (voie universitaire).

Elle est accompagnée ou suivie d'un stage de deux ans au moins effectué dans un office de notaire.

(Pendant six mois, le stage peut être fait chez un autre professionnel, dans une administration, ou une entreprise, ou un organisme professionnel).

Voie interne : les titulaires du diplôme de 1er clerc, ayant 9 ans de pratique, peuvent par un examen de contrôle, être reconnus apte à l'exercice de la profession.

5 -3. NOMINATION

La nomination d'un notaire résulte d'un arrêté du Garde des Sceaux.

Elle exige l'acquisition d'un office individuel ou de parts sociales.

Le notaire qui se retire exerce en faveur du successeur le droit de présentation à l'agrément du Garde des Sceaux.

C'est la valeur patrimoniale de ce droit qui concrétise la notion d'acquisition.

Des prêts d'installation a des taux préférentiels sont consentis aux candidats, pour une longue durée, par la CDC, ce qui lève en pratique tout obstacle financier.

– Concernant les offices créés, les notaires sont nommés sur une procédure de concours.

– Dans le cas d'un notaire salarié, il n'y a pas financement du droit de présentation, mais simplement demande conjointe du titulaire de l'office et de l'intéressé au Garde des Sceaux. Le notaire salarié n'a aucun droit patrimonial sur l'office.

Notons enfin que le régime particulier du notariat d'Alsace-Moselle connaît un système de nomination par concours.

6 - La profession face à son avenir

Le rôle et l'avenir du notariat à l'approche du prochain siècle doivent être considérés d'une part au regard de son utilité sociale et d'autre part en prenant en compte la dimension internationale et plus particulièrement européenne.

L'authenticité notariale est un facteur primordial de prévention des conflits. En assurant l'équilibre des relations contractuelles, elle apporte la sécurité juridique et l'harmonie sociale. Par suite, elle répond à la définition aristotélicienne selon laquelle le droit et un juste rapport : suum quique tribuere.

L'authenticité apparaît ainsi nécessaire par la garantie qu'elle apporte, et qui est équivalente à une décision de justice.

Le rôle incontestable de l'institution notariale conduit à considérer qu'il serait opportun de rendre obligatoire le recours à l'acte authentique dans des domaines que la complexité du droit, ou l'augmentation des risques de dommages, ou de fraude, rendent particulièrement sensibles.

A cet égard, il est proposé de recourir obligatoirement à l'acte authentique pour les opérations suivantes :

– les constitutions de société et les modifications statutaires (le système français du contrôle par le greffier ne répond pas aux prescriptions de la directive européenne en la matière).

– les cessions de parts ou d'actions de sociétés exclusivement immobilières. (Il n'est pas normal que la mutation d'un immeuble sous forme de parts sociales ne donne pas lieu aux mêmes formalités et obligations que la mutation de l'immeuble lui-même).

– les cautionnements civils au-delà d'un certain montant. (La matière des cautionnements donne lieu à une très abondante jurisprudence que le recours à l'intervention notariale pourrait éliminer).

Concernant l'institution notariale au plan interne, son rôle juridique et social sera d'autant mieux assumé que les structures seront adaptées aux évolutions économiques et garantiront la rigueur et l'éthique attendues du corps des officiers publics.

A cet effet, la politique de localisation des offices, menée au sein de la commission de localisation, doit être poursuivie.

Une réforme peut être proposée pour donner aux chambres un pouvoir disciplinaire plus étendu et pour instaurer des sanctions financières.

Les Présidents de chambres doivent également avoir les moyens de régler efficacement les conflits entre associés.

Des aménagements sont par ailleurs nécessaires au régime notarial particulier d'Alsace-Moselle pour assurer la permanence du service public en cas de décès ou de démission d'un notaire.

S'agissant du contexte international, la construction européenne, et la mondialisation des relations juridiques et commerciales, ont mis en évidence l'existence de régimes juridiques nationaux se rattachant tous à la tradition romano germanique. L'un des traits communs essentiels de ce système de droit, c'est l'existence du notariat.

L'institution se retrouve dans la quasi-totalité des pays de l'Europe occidentale.

Au-delà des particularités locales, il y a, entre tous ces notariats européens, des éléments fondamentaux identiques : délégation du sceau de l'Etat, même concept de l'authentification et de son rôle.

Il a été créé une conférence des notariats de l'union européenne. C'est la structure de concertation et d'échange entre ces divers notariats d'Europe.

Sous son égide, les notariats européens ont élaboré une charte de déontologie, définissant les valeurs communes qui les caractérisent et les unissent, et précisant les règles applicables aux relations professionnelles entre notaires de pays différents.

La conférence se préoccupe par ailleurs de la manière dont l'acte authentique pourrait devenir plus directement un instrument juridique européen, tout en conservant son caractère d'acte public établi sous le sceau d'un Etat membre.

A cet égard, la possibilité pour le notaire français d'établir un acte notarié en plusieurs langues, avec s'il y a lieu l'assistance d'un expert traducteur, doit être une réforme prioritaire.

A l'ère du fax et d'une évolution galopante des technologies, le notariat doit relever de nombreux défis. Mais, institution millénaire, il garde toute sa pertinence, car le concept et le principe de l'authenticité ont fait leur preuve au service du bien commun.

IV

COMPTE-RENDUS DES VISITES DANS LES COURS D'APPEL

Eric MORAIN
Avocat à la Cour d'Appel de Paris

COMPTE RENDU DE LA VISITE A LA COUR D'APPEL DE COLMAR DES 6 ET 7 MARS 1997

Après avoir rencontré Monsieur le Premier Président Pierre VITAZ et Monsieur le Procureur Général Olivier DROPET qui ont eu à coeur de souligner les spécificités locales du droit alsacien-mosellan sur l'exercice du droit par les professions juridiques et judiciaires qui sont moins nombreuses qu'ailleurs puisqu'il n'existe pas de greffiers des Tribunaux de commerce, d'avoués à la Cour et de commissaires-priseurs, Jean-Marc VARAUT a procédé aux auditions des professions suivantes :

1°/ ADMINISTRATEURS ET MANDATAIRES JUDICIAIRES
MAITRE CLAUDE WEYL ET MAITRE TRENSZ

La profession souligne tout d'abord son originalité puisqu'elle est représentée au moyen de deux associations : l'I.F.P.P.C. et l'A.S.P.A.G.E.

Elle souligne par ailleurs l'excellence du système de l'échevinage en Alsace-Moselle entraînant une plus grande impartialité et indépendance du Juge qui se retrouve être alors un collègue du Parquet et non plus une sorte « d'Electron Libre ».

En ce qui concerne la déontologie, elle regrette que les règles qui gouvernent celle-ci soit seulement des recommandations et souhaite que la question soit approfondie notamment dans les relations entre Confrères.

En matière de désignation de Mandataire ad hoc, elle souhaite que celui-ci soit systématiquement assisté par un Administrateur pour des raisons d'assurance, de compétence et de rapidité.

Enfin, il existe en Alsace-Moselle un système de liquidation de biens personnels ce qui crée une discrimination avec la situation sur le reste du territoire national et entraîne l'installation dans la Région d'un grand nombre de personnes désireuses de trouver un échappatoire au paiement de leurs dettes.

2°/ Les Commissaires aux Comptes
Monsieur Castagnac, President de la Compagnie Regionale

La profession reconnaît qu'elle est une profession juridique et judiciaire mais ne se considère pas comme des auxiliaires de Justice.

En ce qui concerne la discipline, elle estime que la présence d'un Magistrat en matière disciplinaire tend à une sévérité mais aussi à une réelle qualité des décisions prises.

La profession entend souligner la grande qualité du contrôle qu'elle opère sur ses membres tant sur les comptes que sur les conditions d'exercice.

En ce qui concerne le fameux devoir de révélation, la profession constate que les Parquets sont engorgés de révélations en tous genres. C'est la raison pour laquelle les Commissaires aux Comptes ont édicté une norme : seuls les faits significatifs et délibérés font désormais l'objet de révélations.

D'autre part, en ce qui concerne le signal d'alerte, sa confidentialité n'est pas toujours assurée et souvent l'U.R.S.S.A.F. en est informée ce qui multiplie les problèmes de procédure. De plus, si dans les sociétés anonymes le Commissaire aux Comptes communique au Président du Tribunal de Commerce un signal d'alerte, c'est seulement à l'issue du Conseil d'Administration alors que dans les S.A.R.L. la procédure doit être enclenchée immédiatement à la découverte des comptes ce qui pose de réels problèmes.

L'interprofessionnalité apparaît possible mais seulement en tant qu'Expert Comptable mais pas en tant que Commissaire aux Comptes.

Il est prévu une refonte de l'article 228 de la loi de 1966 qui permettrait aux Commissaires aux Comptes d'effectuer des travaux en matière de fonctionnement ou d'organisation de la Société ce qui recueille un avis favorable au sein de la profession.

Par ailleurs, si les actionnaires majoritaires demandent souvent que le Commissaire aux Comptes puisse émettre des avis sur l'opportunité d'une convention, la profession n'est pas demanderesse d'un tel accroissement de ces pouvoirs en raison des difficultés que cela entraînerait ainsi que les dissensions dans ses relations avec les différents membres de l'entreprise.

Enfin la profession insiste sur le fait qu'un Commissaire aux Comptes n'a pas à livrer d'informations quelle qu'en soit la nature sur injonction du Tribunal.

3°/ <u>L'EXPERT JUDICIAIRE</u>
MONSIEUR CHAUMONT, PRESIDENT DE LA COMPAGNIE REGIONALE, ET MONSIEUR KASS, VICE PRESIDENT

Les Experts judiciaires se considèrent comme des techniciens non pas comme une profession.

Il existe environ 300 Experts à Colmar pour une soixantaine de spécialités ce qui ne va pas sans créer un certain nombre de problèmes notamment avec la multiplication de personnes portant le titre d'ingénieurs qui n'est pas un titre protégé ainsi que par la prolifération de pseudo professionnels en matière d'informatique.

D'autre part, ces techniciens présentent des différences en fonction de leur appartenance à une profession réglementée à ordre (médecins, architectes, etc...) ou à vue profession non réglementée comme les antiquaires par exemple.

Ils soulignent que le contradictoire est aujourd'hui bien mieux appliqué et que beaucoup d'entre eux pratiquent le système du pré-rapport qui préfigure le rapport définitif.

Ils estiment que les évaluations des provisions sont trop souvent irréalistes par rapport aux frais engagés et au temps accompli.

Ils manifestent deux souhaits :

- Ils peuvent être inscrits sur les listes jusqu'à l'âge de 70 ans. Or, pour toucher leur retraite consécutive à l'arrêt de leur profession, la Caisse de Retraite ne leur paie leurs prestations que s'ils s'engagent à ne toucher aucun revenu au-delà de 65 ans. Ce qui fait que la plupart des Experts ne peuvent continuer leur activité d'Expert une fois leur retraite professionnelle décidée. Or, il est incontestable que l'expérience de tels professionnels au-delà de 65 ans n'est pas négligeable et que de plus ils disposent, étant à la retraite d'un temps précieux.

- Le taux de T.V.A. à 20,6% pour une mission judiciaire est incontestablement un poids pour les justiciables. Il faudrait étendre l'exonération qui existe en matière d'expertise médicale à toutes les autres expertises.

4°/ <u>LES HUISSIERS DE JUSTICE</u>

MAITRE ZINCK, PRESIDENT DE LA CHAMBRE REGIONALE, MAITRE BRAUM, VICE PRESIDENT, MAITRE HELMLING, PRESIDENT DE LA CHAMBRE DEPARTEMENTALE DU HAUT-RHIN ET MAITRE GROLL, PRESIDENT DE LA CHAMBRE DEPARTEMENTALE DU BAS-RHIN

En ce qui concerne les particularités du droit local, il convient de souligner que l'exercice de la profession d'Huissier de Justice est identique sur l'ensemble du territoire et notamment depuis la réforme des voies d'exécution de 1991 sauf en matière immobilière où il existe le livre foncier au lieu de l'hypothèque. Ce livre permet d'inscrire des droits plutôt que des actes.

En vertu du statut du 1er Juin 1924, le droit de présentation n'a pas été réintroduit en Alsace-Moselle. On entre et on sort donc de la profession gratuitement. Il n'y a pas de patrimonialité.

En cas d'étude vacante déclarée par le Procureur Général, des candidats ayant réussis l'examen national plus un concours de droit local sont choisis par une Commission de présentation après avis des Chambres départementales qui présentent au Garde des Sceaux une liste de deux ou trois candidats.

La profession des Huissiers de Justice en Alsace-Moselle est demanderesse du régime national en ce qui concerne le droit de présentation.

Il existe dans la Région environ 110 Huissiers qui emploient 5 à 15 employés par Etude.

La profession insiste particulièrement sur la nécessité d'alléger certaines contraintes procédurales inutiles comme par exemple la nécessité de faire injonction avant de saisir les créances inférieures à 3.500 Francs ce qui augmente considérablement le coût des procédures ou encore certaines obligations en matière d'expulsion.

La profession est également demanderesse d'une plus grande maîtrise de sa discipline avec une réadaptation des sanctions et notamment une aggravation de l'échelle des peines.

En ce qui concerne l'interprofessionnalité, les Huissiers soulignent les inévitables problèmes de conflits d'intérêts qu'entraînerait un tel système.

5°/ LES NOTAIRES

MAITRE OHNET, VICE PRESIDENT DU CONSEIL INTER REGIONAL, MAITRE BOSSERT, PRESIDENT DE LA CHAMBRE DEPARTEMENTALE DU HAUT-RHIN ET MAITRE FEURER, PRESIDENT DE LA CHAMBRE DEPARTEMENTALE DU BAS-RHIN

En ce qui concerne les particularités de droit local, il faut souligner comme pour les Huissiers l'absence de patrimonialité. La procédure en matière de succession d'office est la même que pour les Huissiers.

Dans certains cas, les Notaires agissent comme Juges délégués (partage judiciaire, vente judiciaire, saisie immobilière). Ils sont alors nommés par le Juge d'Instance qui est compétent en Alsace-Moselle en matière successorale. La conséquence en est que 90% des partages sont réglés par le Notaire.

En Alsace-Moselle, la limite d'âge des Notaires est de 70 ans.

Un réel problème se pose lorsqu'il existe une S.C.P. de Notaires et que l'un des associés meurt ou quitte la société. La S.C.P. est alors dissoute de plein droit ce qui pose des problèmes considérables tant en matière de coût fiscal qu'en matière d'avenir des autres associés restants. Sur ce point, la profession demande que seul le poste d'associé soit déclaré vacant.

En ce qui concerne le passage au régime national, les Notaires ne sont pas favorables dans son entier mais demandent une meilleure prise en compte du Notaire qui quitte sa charge en ce qui concerne notamment l'imposition d'un prix décent du matériel contrôlé par la Chambre.

6°/ LES AVOCATS

MAITRE THIERRY KHAN, BATONNIER ELU DE L'ORDRE DES AVOCATS DE COLMAR, MAITRE SCHOTT, BATONNIER DE MULHOUSE, MAITRE NADAL, BATONNIER DE STRASBOURG, MAITRE WURTH, BATONNIER DE COLMAR, MAITRE PFEIFFER, BATONNIER DE SAVERNE, ET MAITRE ROSENBLIEH, BATONNIER DELEGUE DE COLMAR

La particularité du droit local Alsacien Mosellan en ce qui concerne les Avocats est l'absence d'Avoués à la Cour. Il existe en effet des Avocats postulants à la Cour et des Avocats postulants au T.G.I. même s'il n'y a qu'un Conseil de l'Ordre et un seul Bâtonnier.

Les émoluments devant la Cour se font en fonction d'un tarif mais celui-ci est bien inférieur à celui des Avoués.

De plus, l'honoraire se calcule en fonction d'un pourcentage comme cela se pratique en Allemagne.

La postulation est obligatoire devant la Chambre Commerciale du Tribunal et de la Cour et les Avocats réclament que les ventes forcées soient ordonnées non plus par le Tribunal d'Instance mais par le Tribunal de Grande Instance afin que la postulation y soit assurée.

Ils demandent en outre l'établissement d'un honoraire minima pour éviter une sorte de « dumping » ainsi qu'une prime à la conciliation en matière d'aide juridictionnelle.

Enfin, la profession insiste particulièrement sur la question du financement de la formation des Avocats par l'Etat initialement prévue à hauteur de 50%. On sait que celle-ci tourne aux alentours de 16% à 19% et que le complément de financement est assuré par les produits financiers des CARPA. Or, en Alsace-Moselle les CARPA ne sont pas alimentées par les ventes immobilières puisque celles-ci n'échoient pas aux Avocats. La conséquence est que les ordres ont deux à trois fois moins de moyen que les autres ordres du territoire et que ce sont les Confrères qui paient le coût de la formation.

Du fait de ce coût prohibitif, un réel problème de recrutement existe dans cette Région et un numerus clausus est unanimement demandé.

*

* *

En conclusion, il ressort de nos diverses auditions qu'un certain nombre d'éléments qui ne concernent que le droit alsacien mosellan seraient positivement transposables à ce que les professionnels de cette Région appellent la Vieille-France ou encore l'Intérieur :

- l'échevinage en matière commerciale qui pourrait être étendu également en matière sociale ;

- le système des Avocats postulants à la Cour ;

- ainsi qu'un accroissement des compétences du Notaire en lien avec le Tribunal d'Instance pour certaines matières évitant ainsi un engorgement des Tribunaux.

COMPTE RENDU DE LA VISITE A LA COUR D'APPEL DE PAU DES 18 ET 19 AVRIL 1997

Après avoir rencontré Monsieur le Premier Président Hervé GRANGE et Monsieur le Procureur Général Dominique ROUSSEAU qui ont tous deux souligné la situation de paupérisation aggravée des professions juridiques et judiciaires dans un ressort modeste contenanat de nombreuses régions désertifiées, Jean-Marc VARAUT a procédé aux auditions des professions suivantes :

I. - <u>LES HUISSIERS DE JUSTICE</u>

MAITRES LAURENT, PRÉSIDENT DE LA CHAMBRE RÉGIONALE, BERARD, PRÉSIDENT DE LA CHAMBRE DÉPARTEMENTALE DES PYRÉNÉES ATLANTIQUES, PIPAT, PRÉSIDENT DE LA CHAMBRE DÉPARTEMENTALE DES LANDES ET VILLON, PRÉSIDENT DE LA CHAMBRE DÉPARTEMENTALE DES HAUTES-PYRÉNÉES

Ils sont au nombre d'environ 80 dans le ressort de la Cour et émettent un certain nombre de voeux concernant l'exercice de la profession :

- ils insistent sur la nécessaire conservation du *numerus clausus* pour contrôler la démographie de professionnels qui sont eux-mêmes des officiers ministériels,

- ils regrettent le peu de possibilités de rendre la discipline au niveau de la Chambre Départementale,

- ils souhaitent que le stage passe à une durée de trois ans au lieu de deux actuellement,

- ils souhaiteraient, en cas d'étude de mise sous administration, de pouvoir contraindre les administrés de l'Etude pour pallier notamment les déficits de trésorerie,

- ils soulignent leurs difficultés devant les demandes croissantes en citations ou sommations à l'encontre de Procureurs Généraux, Procureurs de la Républiques, voire même de Ministres, alors qu'ils ont parallèlement une obligation de délivrance.

II. - LES AVOCATS : *MAITRES GARRETA, BATONNIER DE PAU, BERRANGER, BATONNIER DE TARBES*

La Profession nous a fait part d'un grand malaise et d'une grande inquiétude face à la paupérisation de leurs membres.

Ils regrettent notamment la dévalorisation des émoluments de postulation et demandent qu'un parallèle soit établi avec ceux des avoués.

Ils soulignent que la paupérisation croissante de la profession d'avocat va dans le mouvement inverse du rôle croissant des Professions Juridiques en général.

Ils s'indignent d'être soumis à une *« TVA de garagistes »* et de recevoir une indemnité d'aide judiciaire de *« femmes de ménage »*.

Cette paupérisation entraîne même parfois un divorce entre les exigences déontologiques et les exigences économiques.

Ils souhaiteraient l'instauration d'un barème d'honoraires minimum qui pourrait être publié.

Ils s'inquiètent de la puissance toujours croissante des clients institutionnels qui ont le moyen d'imposer eux-mêmes un barème et font ainsi baisser les prix en-deçà de la décence.

Ils soulignent un certain nombre d'aberrations comme le paiement à hauteur de quatre unités de valeur en matière d'aide judiciaire en correctionnel lorsque l'on est en défense, alors que la même situation, mais en tant que partie civile, entraîne une indemnité de huit unités de valeur.

Ils souhaitent que le domaine de la consultation juridique soit réformé pour éviter des dérives inéluctables vers la tentation de faire des actes.

Du fait de la paupérisation, les jeunes avocats n'ont plus la même idée de la profession.

Ils souhaitent la suppression des passerelles et notamment celle des juristes d'entreprises sauf s'ils sont titulaires du CAPA.

Ils soulignent que le Garde des Sceaux, lors de l'assemblée générale de la Conférence des Bâtonniers en 1997, souhaitaient *« une profession libre, forte et prospère »* .

III. - LES AVOUES A LA COUR

Il existe huit avoués à la Cour à Pau qui est une région particulièrement sinistrée du point de vue économique.

Les avoués regrettent d'être trop souvent assimilés à l'institution judiciaire par les clients.

Devant la multiplication des procédures d'exception, ils soulignent la nécessités d'une gestion unique des procédures et par conséquent l'instauration obligatoire du ministère d'avoués.

Néanmoins, ils souhaitent un règlement rapide de leurs problèmes de rémunération notamment en fonction de la proportion de l'aide judiciaire. Un dossier coûte à l'avoué environ 2.250 francs. Or, il touche comme indemnité d'aide judiciaire 1.750 francs. Dans certaines Etudes, la proportion d'aide judiciaire atteint 25%.

Ils soulignent le fait que la réforme du Président Jean-Marie COULON sur la procédure civile augmentera considérablement cette proportion.

IV. - LES MEDIATEURS CONCILIATEURS

IV.-I - LES MEDIATEURS

Les médiateurs sont mandatés par le Procureur de la République dans le cadre de l'opportunité des poursuites. Leur intervention est une alternative à l'initiative judiciaire.

La technique de la médiation est un substitut aux poursuites et en cas d'échec, il y a retour de l'affaire ou du dossier vers le Procureur.

Il est à noter qu'en aucun cas l'avocat n'assiste aux rencontres entre les parties.

En cas d'accord, il est établi un protocole écrit, mais il est tout à fait dans les pouvoirs du Parquet de continuer les poursuites même en cas d'accord.

On observe sur la région de Pau un taux de 85% de réussite.

La plupart des conflits réglés ont pour matière les affaires familiales, les coups et blessures volontaires ou encore les atteintes aux biens.

La rémunération des médiateurs s'effectue en vertu d'une taxe suivant le temps de la mission de médiation (articles R 121 du Code de Procédure Pénale et 41 alinéa 6). Il est à noter que les associations de médiateur perçoivent des subventions très souvent du Conseil Général, de l'Ordre des Avocats, etc...

IV.-II - LES CONCILIATEURS : *MONSIEUR BARRUEL*

Ils existent en vertu du décret de 1978 ainsi que de celui de 1996.

Ce sont des auxiliaires de justice 100% bénévoles.

Ils s'occupent de tous les litiges, sauf administratifs et droits des personnes.

Ils ont quatre types de mission :

- extrajudiciaire, en vertu du décret de 1978, ils sont alors saisis par les individus,

- conciliation judiciaire, en vertu du décret de 1996 où ils agissent en lieu et place du Juge,

- médiation judiciaire, le nouveau système mis en place n'est pas encore pratiqué,

- médiation pénale.

Pour toutes ces missions il faut un minimum de trois ans de formation juridique.

La candidature est à adresser au Président du Tribunal d'Instance qui transmet au Procureur Général, qui transmet lui-même au Premier Président qui prend alors une ordonnance de nomination.

Une seule incompatibilité existe : il ne faut pas être élu dans le ressort de la Cour.

Les conciliateurs se plaignent du manque de moyens et de locaux même s'il est à noter qu'un certain nombre de mairies fournissent ces derniers.

Leur mission en milieu rural s'apparente souvent à celle des travailleurs sociaux ou voire même de conseiller conjugal.

Ils estiment eux-mêmes qu'ils rendent plus un service qu'ils n'exercent une profession, service qui relève du traitement social.

V. - **LES COMMISSAIRES AUX COMPTES** : *MESSIEURS BARRERE, PRÉSIDENT DE LA COMPAGNIE RÉGIONALE ET CHARRIER, VICE-PRÉSIDENT*

Les professionnels entendent souligner que la majorité d'entre eux accède à cette profession par le biais du diplôme d'expert comptable.

Ils soulignent l'importance du contrôle sur les Cabinets par la profession elle-même ainsi que l'obligation de formation qui atteint dans le ressort de la Cour de quarante heures par an notamment en matière informatique.

Ils sont fortement demandeurs d'une représentation réelle de leur profession.

Dans le ressort de la Cour, ils sont environ deux cents employant plus de deux mille salariés.

VI. - **LES ADMINISTRATEURS ET MANDATAIRES JUDICIAIRES**

Les professionnels soulignent que dans certaines villes il manque de mandataires, ce qui est préjudiciable pour la bonne santé économique des entreprises.

Ils soulignent la pesanteur des structures et des procédures qui est souvent en contradiction avec la fluctuation et le caractère urgent des affaires.

Ils sont favorables à une plus grande maîtrise de la discipline ainsi qu'à une réforme de la composition de la Commission Nationale.

Ils soulignent leur particularité par rapport à l'exercice de leur profession à Paris en ce sens où ils exercent personnellement leur métier sans le sous-traiter.

Ils souhaitent supprimer les dispositions concernant la possibilité pour le Tribunal de nommer des administrateurs extérieurs à la liste nationale.

Ils souhaitent le rétablissement de la prestation de serment devant la Cour au moment de leur installation ainsi que l'instauration de procédures d'urgence devant la Cour en matière de procédure collective pour faciliter le traitement de ces affaires particulières.

VII. - LES GREFFIERS DES TRIBUNAUX DE COMMERCE : *MAITRES SALAGOTY ET HOUZELOT, GREFFIERS*

Il existe dans le ressort sept tribunaux de commerce.

Les greffiers soulignent l'importance de l'informatique dans leur métier qui est source selon eux de la performance de leur greffe (deux cent vingt greffes informatisés sur deux cent trente six sur l'ensemble du territoire).

Ils souhaitent l'alignement sur les autres professions juridiques et judiciaires quant aux diplômes requis et donc la maîtrise.

Ils souhaitent également l'instauration de passerelle pour pouvoir leur permettre de bifurquer vers une autre profession juridique, passerelle qui n'existe pas dans ce sens alors que de nombreuses professions peuvent accéder à la profession de greffier de tribunaux de commerce (notaires, avocats, huissiers, etc...).

VIII. - LES COMMISSAIRES PRISEURS

Les professions entendent souligner les différents problèmes de superposition de compétence avec d'autres officiers ministériels et notamment les huissiers dont ils subissent parfois une concurrence sauvage.

Dans le cadre de la réforme, ils demandent l'exclusivité pour les ventes judiciaires.

Ils sont également demandeurs d'un examen pour l'accès à la profession, examen prenant en compte tant le domaine juridique, artistique et industriel.

Ils souhaitent également une meilleure séparation des pouvoirs : il n'est pas normal qu'un huissier qui saisit puisse vendre après la saisie lui-même. La situation est identique pour le mandataire ou pour le notaire quand celui-ci règle la succession.

Ils souhaitent également garder une tarification légale ce qui serait un moyen de ne pas les mettre en péril face à la concurrence des sociétés étrangères.

IX. - LES JURISTES D'ENTREPRISES

Les juristes d'entreprises rencontrés à Pau sont tous membres de l'Association Française des Juristes d'Entreprises (AFJE).

Ils ne sont pas du tout favorables à l'instauration d'un tableau B mais plutôt à la création d'un statut légal dont les critères resteraient à définir.

Ils veulent pouvoir traiter en toute confidentialité avec les avocats.

X. - LES NOTAIRES : *MAITRES DUMAS, BLANC, REGAGNON ET REUTIN, PRÉSIDENT DU CONSEIL RÉGIONAL*

Les notaires rencontrés sont favorables à une interprofessionnalité avec les experts comptables mais expriment des réserves quant à la possibilité de travailler dans un cadre interprofessionnel avec les avocats.

Ils soulignent la nécessité de maintenir les spécificités de chacun pour éviter des problèmes d'indépendance ou de conflit d'intérêt.

Ils regrettent que le rôle du notaire et de l'authentification soit aujourd'hui oublié. Ils sont de plus trop souvent considérés comme un passage obligé.

Ils souhaitent augmenter le champ d'activité de la profession comme par exemple en matière de cessions de parts, de société ou d'actes de cautionnements afin de jouer pleinement le rôle de prévention des conflits.

Il sont également favorables à un accroissement du pouvoir disciplinaire ainsi que des pouvoirs du Conseil Supérieur qui devrait pouvoir prendre des mesures d'exécution dans la gestion administrative de la profession pour assurer une meilleure cohésion.

Ils souhaitent le maintien du tarif car ils exercent selon eux une mission de service public. Ils indiquent que le Québec a abrogé récemment le tarif et que la situation entraînée est devenue catastrophique et a coûté aux notaires leur indépendance.

XI. - LES EXPERTS JUDICIAIRES : *MESSIEURS POLLET, PRÉSIDENT DE LA COMPAGNIE RÉGIONALE, HITIER, BORDENAVE, MAZUYER ET MADAME LE BORGNE*

Les experts judiciaires soulignent l'importance de la formation y compris sur la procédure civile et pénale.

Ils organisent à ce titre eux-mêmes des cessions de formation ainsi que des fascicules pour permettre aux experts de répondre utilement aux questions de procédure.

Il existe dans le ressort de Pau environ quatre cents experts dont 50% font partie de la Compagnie Nationale des Experts.

Il convient de remarquer que la Cour consulte la Compagnie pour l'établissement des listes.

Les experts sont demandeurs d'un statut ainsi que d'une représentation nationale avec des échelons régionaux qui permettraient d'assurer une meilleure cohésion, un meilleur contrôle sur leurs membres ainsi que l'instauration d'une discipline et d'une déontologie propre.

Ils regrettent l'instauration d'un taux de TVA prohibitif.

COMPTE RENDU DE LA VISITE A LA COUR D'APPEL DE DOUAI DES 25 et 26 AVRIL 1997

Après avoir rencontré Monsieur le Premire P'résident Jean-Paul COLLOMP et Monsieur le Procureur Général Roger TACHEAU qui ont souligné, outre l'étendue considérable du ressort de la Cour, la situation économique sinistrée de la région qui faisait peser sur les professions juridiques et judiciaires le poids d'une aide judiciaire lourde, Jean-Marc VARAUT a procédé aux auditions suivantes :

I - LES ADMINISTRATEURS JUDICIAIRES ET LES MANDATAIRES LIQUIDATEURS
MAITRE JEAN-LUC MERCIER, MAITRE WIART, MAITRE JEAN-MARIE BECQUET ET MAITRE DOMINIQUE MIQUEL

Les deux professions sont demanderesses d'une plus grande maîtrise de la discipline même si elles constatent un certain désintéressement sur ce sujet de la part de la « base ».

Elles s'accordent pour admettre que seul le Conseil National devrait pouvoir gérer la discipline.

Elle souhaitent l'allongement de la durée du stage à cinq ans.

Elles constatent un certain manque de rigueur dans les contrôles que la profession effectue elle-même dans les différentes Etudes ainsi qu'un manque d'efficacité dans la répercussion de ces contrôles au niveau de la Chancellerie.

Elles souhaitent conserver la compétence nationale qui est la leur actuellement.

Elles se refusent à l'idée d'instauration d'un rôle qui entraînerait inévitablement une paupérisation du fait du manque de motivation ainsi que la désignation d'un administrateur parfois incompétent dans certaines affaires délicates ou techniques.

Les deux professions se considèrent comme les artisans de la procédure collective et regrettent que dans certaines grosses structures parisiennes la sous-traitance soit devenue de règle alors que selon eux ils doivent intervenir de A à Z dans toute la procédure.

Sur l'interprofessionnalité les deux professions estiment qu'elles seraient mal comprises par les clients qui y verraient des risques d'entente entre des intérêts opposés.

Les deux professions insistent sur le fait qu'elles exercent bien distinctement deux professions différentes dans les façons de travailler et qu'il faudrait l'instauration de deux Conseils de l'Ordre ou de deux Conseils Nationaux, un pour les administrateurs et un pour les mandataires.

Enfin, elles souhaitent que la Caisse des Dépôts et Consignations devienne la banque officielle des administrateurs et des mandataires pour éviter les attraits des banques privées et les inévitables problèmes qui s'en suivent.

II - <u>AVOCATS</u>
<u>MAÎTRE CLAEYS ET MAÎTRE CAILLE, BÂTONNIER DE DOUAI</u>

Les Avocats souhaitent l'interprofessionnalité mais simplement au niveau des Sociétés Civiles de Moyen. Ils l'estiment inévitable avec les Experts Comptables.

Ils sont favorables à une déontologie des juristes d'entreprise ainsi qu'au développement de l'interconfidentialité mais l'intégration des juristes d'entreprise dans la profession d'Avocat posera inévitablement des problèmes d'indépendance notamment vis-à-vis des grands groupes industriels et commerciaux.

Ils soulignent l'indécence du tarif de la postulation qui n'a pas augmenté depuis 1975.

Ils ne sont pas partisans de la suppression des Avoués qui remplissent selon eux un rôle irremplaçable et leur suppression poserait immanquablement des problèmes aux Avocats établis dans le ressort mais dans un Barreau différent de celui de la ville qui abrite la Cour et qui auraient des problèmes pour se déplacer et seraient obligés de prendre un correspondant.

Les Avocats sont entièrement favorables à l'élaboration d'un barème d'honoraires minimum afin de lutter contre le dumping de certains clients institutionnels ou de compagnies d'assurances.

III - Les Avoues a la Cour

MAITRES COCHEME, PRÉSIDENT DE LA COMPAGNIE, THÉRY, SYNDIC, CONGOS, VICE-PRÉSIDENT DE L'ASSOCIATION DES JEUNES AVOUÉS ET KRAUT.

Le ressort de DOUAI est un vaste ressort composé de 4.000.000 d'habitants, de 43 juridictions et de 11 Barreaux.

Dans un tel ressort le rôle de l'Avoué est essentiel.

Le pourcentage d'aide judiciaire par Etude s'élève en moyenne à 30% et atteint 99% devant les Chambres Familiales.

Il y a dans le ressort 14 Avoués dont la moyenne d'âge est de 43 ans qui emploient 80 salariés.

Le coût d'un dossier d'aide judiciaire représente une perte de 300 Francs par dossier pour l'Avoué.

Les Avoués estiment que le statut d'officier ministériel est incompatible avec une interprofessionnalité effective.

IV - Les Commissaires aux Comptes

MESSIEURS VANDENBURIE, PRÉSIDENT DE LA COMPAGNIE, GOBERT, VICE-PRÉSIDENT, DELANNOY, VICE-PRÉSIDENT ET PREUD'HOMME, SECRÉTAIRE.

Ils sont 600 à DOUAI.

Ils estiment que leur représentation au sein des Chambres de Discipline est aberrante.

Pour palier leur manque de pouvoir disciplinaire ils ont instauré une obligation très stricte du contrôle d'activité annuelle qui a entraîné un sursaut dans la qualité de la matérialisation des prestations effectuées.

Ces vérifications donnent lieu à un dossier très complet qui leur permettent soit de voir avec le professionnel ce qui peut être amélioré, soit parfois de l'obliger à suivre une formation spécifique, soit enfin à saisir la Chambre de Discipline ce qui est rare.

Ils sont favorables à une véritable Chambre de Discipline dans laquelle ils seraient majoritaires.

Ils soulignent le caractère souvent tardif de la procédure d'alerte.

Ils se félicitent de l'accroissement de leurs interventions dans le domaine associatif notamment.

Ils soulignent les problèmes qu'ils ont parfois avec les Chambres Régionales des Comptes ainsi qu'avec certains Parquets qui n'acceptent pas les normes qu'ils se sont fixés notamment quant aux critères des faits donnant lieu à l'obligation de révélation.

V - LES COMMISSAIRES PRISEURS
MAÎTRE GUFFROY

Ils sont 33 dans le ressort de DOUAI.

Devant le projet de loi, ils soulignent les grandes tentations que celui-ci instaurera du fait de la confusion entre officiers ministériels et sociétés commerciales.

Ils insistent sur le fait qu'ils n'exercent pas le même métier qu'à PARIS.

Ils sont souvent au bout de la chaîne du judiciaire.

Ils exercent à concurrence de 60% d'activité judiciaire et de 40% de ventes volontaires.

VI - LES EXPERTS JUDICIAIRES
MONSIEUR DARUZET, PRÉSIDENT DE LA COMPAGNIE RÉGIONALE

Ils regrettent qu'actuellement ils ne soient pas considérés comme une profession mais seulement comme des collaborateurs occasionnels du Juge.

Ils regrettent également que soient inscrits sur de la liste des officiers de police judiciaire, des membres de la fonction publique ou des professionnels commerciaux.

Ils soulignent que pour beaucoup l'activité d'Expert est à 90% secondaire ou marginale.

Ils insistent sur le problème des Experts traducteurs qui sont rémunérés à des barèmes excessivement bas.

Ils souhaitent la création d'une Compagnie Nationale où l'inscription serait obligatoire et qui aurait la possibilité d'exercer un pouvoir disciplinaire.

Ils soulignent le problème des cotisations sociales sur leurs honoraires qui sont lourdes pour ceux qui sont déjà salariés et qui paient ainsi des doubles cotisations.

La question de la formation est pour les Experts Judiciaires essentielle notamment dans les domaines de la procédure.

Ils souhaitent également que le Tribunal soit obligé en matière civile de désigner un Expert inscrit sur la liste nationale.

VII - LES GREFFIERS DES TRIBUNAUX DE COMMERCE
MAITRES DEJENLIS ET SINGER, GREFFIERS

Dans le ressort, il existe 10 Tribunaux de Commerce et donc 10 Greffes.

La profession est unanime pour regretter les passerelles des autres professions vers celles de Greffiers des Tribunaux de Commerce et qui n'existent pas dans le sens inverse.

Ils sont également favorables à l'instauration du niveau de maîtrise pour accéder à la profession.

Ils se félicitent de la mise en place d'Infogreffe qui n'a pas d'équivalence en Europe et qui est souvent envié par les pays étrangers.

Ils souhaitent une plus grande maîtrise de la discipline avec notamment l'instauration d'un véritable pouvoir disciplinaire du Conseil National.

VIII - LES HUISSIERS DE JUSTICE
MAÎTRES GUÉPIN, ANCIEN PRÉSIDENT DE LA CHAMBRE NATIONALE, CASTELAIN, VICE-PRÉSIDENT DE LA CHAMBRE RÉGIONALE, BAUVIN, TRÉSORIER.

Dans le ressort, ils sont environ 185 pour 110 offices.

Ils sont favorables à une maîtrise de leur discipline car souvent lorsqu'il y a transmission au Parquet celui-ci classe sans suite.

Ils souhaitent également que la Chambre puisse inscrire les plaintes et les réclamations à l'instar du Conseil de l'Ordre des Avocats et non plus le Parquet.

Ils souhaiteraient l'instauration d'un visa de la Chambre Départementale pour les actes délivrés par des procéduriers chroniques à l'encontre de certains élus ou institutions.

Ils soulignent le rôle de dialogue de l'huissier et notamment dans des régions juridiquement désertifiées où celui-ci fait office souvent de Juge de Paix.

Ils soulignent également la lourdeur des charges des audiences.

Ils souhaitent l'instauration d'une prescription décennale ce qui les alignerait sur les autres professions juridiques au lieu de la prescription trentenaire actuellement en vigueur.

IX - Les Mediateurs Conciliateurs
MONSIEUR PIERRESTIGER

Ils estiment qu'ils ne sont pas une profession compte tenu de leur caractère bénévole.

Dans le ressort, ils ont été saisis par près de 9.000 personnes.

Ils ont la possibilité de faire de la publicité.

Très actifs dans le ressort, ils regrettent le manque de moyens mis à leur disposition par la Chancellerie et le caractère forfaitaire et excessivement bas d'un tarif qui ne correspond pas à la réalité des prestations effectuées (1.000 F. / an).

X - Les Notaires
MAÎTRE BAVIÈRE, PRÉSIDENT DU CONSEIL RÉGIONAL

Ils sont sur le ressort environ 385 pour 200 Etudes employant plus de 2.100 salariés ce qui représente plus que les deux agences départementales du CREDIT DU NORD.

Il est à noter que les Notaires ont dans cette région une tradition de négociation immobilière ce qui leur a valu de subir moins rudement la crise immobilière.

Ils s'accordent sur le fait qu'ils n'ont pas assez de pouvoir disciplinaire et sont demandeurs afin d'assurer une meilleure prévention de la profession d'avoir au niveau des Chambres Départementales un lien informatique avec la comptabilité de chaque Etude.

Ils estiment que dans un but de meilleure sécurité juridique ils devraient obligatoirement intervenir en matière de cession de parts de S.C.I. ou encore de cautionnement ce qui aurait pour effet de désengorger les Tribunaux.

Très intéressés sur l'exportation des professions, ils estiment que celle-ci passe par trois critères :

- la qualité de la formation ;
- la responsabilité du professionnel ;
- l'idée d'Ordre ou de Chambre ou de Conseil National.

COMPTE RENDU DE LA VISITE A LA COUR D'APPEL DE LYON DES 16 ET 17 MAI 1997

Après avoir rencontré Monsieur le Premier Président Jean-Claude GIROUSSE et Monsieur le Procureur Général François FALLETTI qui ont souligné le dynamisme de la ville de Lyon, véritable métropole du droit qui donne aux professions juridiques et judiciaires de véritables moyens d'ambition et une réelle vision d'avenir, Jean-Marc VARAUT a procédé aux auditions des professions suivantes :

I. - LES AVOCATS : *M. le Bâtonnier BOYER*

L'interprofessionnalité pose préalablement le problème de l'indépendance et de la capacité des professionnels à le rester en cas d'exercice interprofessionnel avec d'autres professions juridiques ou judiciaires.

Il y a à cet égard une véritable demande de la part des clients d'un service complet, rapide, fiable et au moindre coût. Ce système ne poserait aucun problème avec les notaires, mais s'avèverait délicat avec les experts-comptables.

Il conviendrait d'ouvrir le capital des sociétés d'avocats à hauteur de 25% afin d'y faire rentrer les professions concernées.

Les avocats du ressort regrettent de ne pouvoir créer des réseaux ou holdings sur l'ensemble du territoire car selon eux l'avenir de leur profession est dans le regroupement. En Angleterre l'arrivé du nouveau pouvoir travailliste a mis en projet la fusion des sollicitors et des barristers ainsi que l'ouverture du capital aux experts-comptables dans les cabinets d'avocats. La conséquence en serait que des cabinets d'avocats britanniques contrôlés en partie au travers de la propriété du capital par des experts-comptables pourraient en tant qu'avocats venir participer au capital d'une société d'avocats français qui se retrouveraient alors contrôlées par des experts-comptables et des cabinets d'audits.

En ce qui concerne la représentation de la profession, il faudrait créer un Barreau de Cour avec à sa tête un Bâtonnier spécifique.

Le CNB quant à lui devrait être composé exclusivement de ces bâtonniers de Cour siégeant uniquement pendant la durée de leur mandat ainsi que certains présidents d'organismes techniques comme la CNBF. Une alternance de la présidence du CNB pourrait être organisée entre Paris et la province.

Le Bâtonnier BOYER souligne que dans le cadre d'échanges et d'accords avec différents barreaux étrangers, neuf jeunes confrères sont actuellement en stage à Montréal, Francfort, Manchester, Milan et bientôt Philadelphie.

II. - LES COMMISSAIRES AUX COMPTES : *M. FLORY, Président de la Compagnie Régionale*

Ils sont sur le ressort environ 800.

Ils estiment que la séparation des fonctions d'experts-comptables et de commissaires aux comptes est d'ordre déontologique.

Ils soulignent les bonnes relations qu'ils ont avec les parquets sur l'obligation de révélation.

Ils estiment la démographie de leur profession bien maîtrisée mais soulignent que beaucoup de jeunes inscrits en tant que commissaires aux comptes n'ont pas de mandat et vivent grâce à l'expertise comptable qui représente en moyenne 80% d'une activité d'un expert-comptable.

Ils soulignent le rôle essentiel qui se traduit notamment par l'existence de beaucoup moins de dépôts de bilans en SA qu'en SARL du fait du contrôle des comptes.

Ils se félicitent de leur zones d'intervention croissantes notamment en matière associative et sportive.

III. - LES EXPERTS JUDICIAIRES : *M. Pierre VIROT, Président de la Compagnie Régionale.*

Ils sont environ 550 sur le ressort inscrits sur la liste et 90% de ces experts appartiennent à la compagnie, ce qui est un chiffre sans équivalent en France.

La compagnie a créé un centre de formation, assure de nombreux colloques et publie les cahiers de l'expertise en lien avec des magistrats.

En outre la compagnie a développé un système original de parrainage où pendant la première année d'inscription le jeune expert ne fait qu'assister l'expert désigné avant ensuite d'être nommé directement et plus souvent pendant sa deuxième année mais toujours sous le contrôle de son parrain.

Les experts se considèrent comme des *« techniciens qui ont retenu l'attention de la Cour ».*

Ils soulignent la lourdeur des doubles cotisations sociales pour ce dont l'activité d'expert est marginale.

Ils souhaiteraient que la Cour puisse désigner un expert généraliste à charge pour lui de s'adjoindre un expert plus pointu ainsi qu'une extension de leur fonction envers celle de médiateur.

IV. - LES HUISSIERS DE JUSTICE *: Maître CHASTAGNET, Président de la Chambre Régionale et Maître DALMAIS, Président de la Chambre départementale du Rhône.*

Ils sont sur le ressort environ 125 pour 84 offices.

Ils sont tout à fait favorables à une plus grande responsabilité dans leur discipline au niveau départemental tout d'abord, puis à partir d'une certaine gravité de la faute au niveau des chambres régionales.

Ils estiment nécessaire le passage du stage à une durée de trois ans.

Ils souhaiteraient que la représentation devant le Juge de l'Exécution soit possible à l'huissier.

Ils souhaiteraient également que la vérification des dépens ne soit plus opérée par les greffiers des tribunaux, mais relèvent de la compétence de leur chambre départementale avec possibilité d'appel ou de contestation devant le Premier Président. Ils estiment en effet que la certification de ces dépens par un greffe est humiliante et surtout prend un temps considérable pour des sommes parfois peu importantes.

Ils soulignent à cet effet qu'au Tribunal de Commerce les problèmes des dépens sont réglés en quelques heures.

Ils souhaiteraient également que lorsque la chambre départementale donne un avis négatif pour une nomination d'un huissier dans un office, la Chancellerie ne devrait pas pouvoir le nommer, car en cas de problèmes ultérieurs, c'est bel et bien la profession qui pourtant avait donné un avis négatif qui supporterait la charge et les conséquences financières d'un sinistre.

Ils souhaiteraient enfin que soient réformés les articles 20 à 28 de l'ordonnance de 1945 sur l'administration d'un office lorsque son titulaire en est empêché. En vertu de ces articles tout déficit est à la charge de la chambre départementale, ce qui revient à faire supporter par celle-ci le déficit même antérieur à la nomination des administrateurs provisoires.

V. - LES MEDIATEURS CONCILIATEURS : *M. André PONS, Président des Conciliateurs de la Cour d'appel de Lyon.*

Ils ont traité en 1996 sur le ressort 1.300 affaires .

Ils sont inquiets de la désignation par les juges d'instance prévue par les dernières dispositions de Décembre 1996. En effet, ces juges manifestent en général de l'indifférence voire même de l'hostilité à leur encontre quand ils ne les considèrent pas comme des rivaux.

Il existe à Lyon la spécificité des maisons de justice qui s'occupent de la médiation pénale.

VI. - LES NOTAIRES : *Maître Jean-Paul GAYOT, Président du Conseil Régional et Maître Gérard NOEL, Président de la Chambre départementale du Rhône.*

Ils sont favorables à la discipline au niveau de la chambre départementale.

Ils souhaitent que des sanctions économiques soient instituées (amendes, augmentation de cotisations, etc....) car ils estiment que ce sont les seules efficaces.

Ils soulignent par contre du *numerus clausus* qui est un gage de qualité d'une profession et qui selon eux a sauvé le notariat de la crise qu'ils ont subie.

En France ils établissent 4,2 millions d'actes par an et s'occupent de plus de 240 milliards de francs de transactions.

Ils souhaiteraient fortement pouvoir établir des actes en plusieurs langues.

VII. - <u>LES AVOUES A LA COUR</u> : *Maître BRONDEL*

Ils sont sur le ressort 17 pour 12 études.

Ils soulignent le poids parfois insupportable du nombre d'aide judiciaire qui atteint 60% en matière familiale.

Ils soulignent la créativité du droit processuel français qui leur apparaît fondamental.

Ils indiquent que leur moyenne d'âge en France est de 43 ans.

Ils justifient le montant de leurs droits par le fait qu'une justice moderne est nécessairement une justice de répétibilité : celui qui perd son procès doit le payer.

Ils estiment que l'avoué est celui qui connaît la jurisprudence de sa Cour et qui est le plus à même de soutenir les incidents de procédure.

Un dossier d'aide judiciaire coûte dans le ressort à un avoué environ 750 francs.

Sur la discipline, ils souhaiteraient un système où les chambres départementales solliciteraient l'intervention de la chambre nationale pour statuer en matière disciplinaire.

Ils ont également mis en place une charte d'échanges de données informatiques avec la Cour, notamment en ce qui concerne la mise en état.

VIII. - <u>LES ADMINISTRATEURS JUDICIAIRES</u> : *Maître SAPIN*

Ils s'estiment traumatisés par les affaires récentes où certains administrateurs ont été mis en cause car pour eux ils étaient à l'abri de ce genre de problèmes en raison du nombre très important de contrôles dont ils faisaient l'objet, soit les contrôles de comptabilité, soit les contrôles par les commissaires aux comptes, soit les rapports annuels, soit les contrôles du Parquet.

Ils souhaiteraient que les contrôles actuellement séparés des commissaires aux comptes et des administrateurs eux-mêmes devraient aboutir à un rapport commun.

Ils souhaitent que le dépôt des fonds à la Caisse des Dépôts et Consignations soit institué et obligatoire ainsi que l'établissement d'un sous-compte par client à l'instar des comptes Carpa d'avocats.

Ils soulignent les difficultés qui surgissent parfois d'une carte géographique des tribunaux de commerce difficilement praticables.

IX. - LES GREFFIERS DES TRIBUNAUX DE COMMERCE : *M. LAVAUD et M. BAVRAD*

Les professionnels se félicitent qu'en vertu des dernières dispositions, les greffiers fonctionnaires disparaissent des tribunaux de commerce même si la conséquence sera que les missions de secrétariat administratif du Président seront assurées désormais à leurs frais et par leurs soins, ce qui représenterait une charge supplémentaire.

Ils soulignent sur les activités d'inscription représentent près des 2/3 de leur activité. Qu'ils sont bénéficiaires sur ces activités ainsi que sur Infogreffe, mais que leur partie judiciaire est fortement déficitaire.

Ils réitèrent leur demande de revalorisation du tarif.

Ils demandent l'obligation de la maîtrise pour accéder à leur profession ainsi que l'instauration de passerelle dans le sens d'autres professions.

Ils souhaiteraient pouvoir authentifier certains actes avec dépôt des minutes au greffe comme des accords, des protocoles ou des actes de cession ainsi que de la possibilité de délivrer des copies de jugements en plusieurs langues.

Avant de supprimer certains tribunaux de commerce qui ne correspondent plus à une réalité économique, ils souhaiteraient qu'il en soit créé de nouveaux à la place des TGI statuant actuellement commercialement (ils sont 27 en France) afin de permettre aux greffiers dont les tribunaux seraient par la suite supprimés de pouvoir trouver des offices vacants.

X. - LES CONSEILS EN PROPRIETE INDUSTRIELLE : *M MARTIN*

Ils sont fortement demandeurs d'une maîtrise de leur discipline ainsi que de la création d'un Ordre national.

Ils soulignent que la compétition internationale entraîne nécessairement la création d'une véritable interprofessionnalité ainsi que d'une nécessaire interconfidentialité dans les échanges de correspondances avec les autres professions juridiques et judiciaires.

Ils soulignent les problèmes posés par l'inscription sur la liste L 422-5 des sociétés qui leur assure ainsi une certaine pérennité alors que cette liste était vouée à disparaître.

Ils soulignent les problèmes posés par certains conseils donnés par les centres régionaux de l'INPI et par des fonctionnaires de ces services qui n'ont pas souvent la compétence voulue et qui agissent sans responsabilité et sans mandat.

COMPTE RENDU DE LA VISITE A LA COUR D'APPEL DE POITIERS DES 23 ET 24 MAI 1997

Après avoir été accueil par Monsieur le Procureur Général Christian ROQUE et Monsieur le Premier Président Patrick MICHAUX, Jean-Marc VARAUT a procédé aux auditions des professions suivantes :

I - LES ADMINISTRATEURS JUDICIAIRES

La profession est favorable de garder une école spécifique de formation par profession.

Ils souhaitent également un renforcement de la discipline exercée par la profession elle-même ainsi qu'au dépôt obligatoire des fonds qui leur sont confiés à la CAISSE DES DEPOTS ET CONSIGNATIONS.

En ce qui concerne la discipline, elle pourrait être exercée au niveau des Cours d'Appel pour le mandataire et au niveau du Conseil National pour les Administrateurs.

Ils émettent l'idée de la création d'une Chambre des Conflits, une sorte de Commission de Conciliation, qui se réunirait avant toute procédure disciplinaire en cas de conflit.

Certains membres de la profession estiment qu'on a transformé en 1985 des fonctions en profession ayant abouti à deux professions différentes alors que cela ne se justifiait pas. Il a fallu que ces fonctions soient données aux Avocats qui se seraient alors spécialisés dans les procédures collectives.

La profession souligne unanimement que les Cabinets parisiens n'exerce pas la même profession qu'eux qui sont des artisans et qui travaillent personnellement sur les dossiers en dehors de tout Cabinet secondaire.

Ils souhaitent que le lieu d'ouverture de la procédure collective soit le Tribunal du principal établissement afin de désengorger PARIS et sa couronne.

Ils seraient favorables à l'institution d'une Commission de Contrôle de Désignation des Administrateurs même si en pratique cela s'avérerait difficile.

Ils souhaitent également que l'aide judiciaire soit accordée à de petites personnes morales.

II - AVOCATS

Sur l'accès à la profession, ils indiquent que le C.N.B. travaille sur un projet de deux années de formation plutôt qu'une seule avec à la sortie la possibilité de s'installer directement.

Les Avocats soulignent le scandale de certaines rétrocessions ridicules données à des collaborateurs. Ils souhaiteraient la fixation d'un minimum de rétrocessions.

D'autre part, ils souhaiteraient qu'une réflexion approfondie prise en compte par la loi développe et mette en valeur la notion de Maître de Stage.

Pour palier à certaines difficultés dues à la crise, les stagiaires pourraient être salariés pendant les deux ans de stage au moyen d'un C.D.D.

L'U.J.A. pour sa part refuse le numerus clausus en raison notamment du fait que les résultats de celui-ci ne se feraient sentir que dans six ou sept ans. Or, on ne sait pas ce que sera la profession dans six ou sept ans et si elle n'aura pas besoin d'un nombre d'Avocats supérieur à celui déterminé par le numerus clausus.

Sur la réglementation commune de la déontologie aux professions juridiques et judiciaires, les Avocats estiment que celles-ci se feraient au détriment de leur profession qui a la déontologie la plus forte.

L'insertion des juristes d'entreprise fera selon eux baisser considérablement leur activité notamment libérale et l'activité libérale de l'Avocat en général.

Ils estiment qu'il faut absolument accroître la possibilité pour l'Avocat et les Cabinets en général de faire une publicité beaucoup plus directe.

Ils soulignent enfin le problème de la concurrence déloyale de plus en plus forte en provenance de certaines administrations (Chambre de Commerce, etc...). Ils faudrait à cet égard instaurer un délit d'exercice illégal du droit.

III - Les Avoues a la cour

Il existe sur le ressort 5 Etudes pour 10 Avoués.

Ils assument à hauteur de près de 90% des dossiers les fonctions de représentation mais surtout de conclusions et de plaidoiries des incidents de procédures.

Ils insistent sur le fait que les délais de jugement de la Cour de 30 mois laissent à peu près 7.000 dossiers en souffrance ce qui représente une gestion lourde pour leurs Etudes.

L'aide judiciaire représente à elle seule 15% à 20% de leur activité et chaque dossier leur coûte un manque à gagner de 300 Francs.

Ils remarquent que la réforme COULON sur la représentation obligatoire en matière sociale devant la Cour augmentera leurs dossiers d'aide judiciaire et qu'en conséquence il conviendrait de réévaluer les montants de cette dernière.

Sur la discipline, ils soulignent que leur dernière affaire en matière disciplinaire doit remonter aux années 1900 et qu'en règle générale, leur profession connaît peu de problème de cet ordre.

L'idée du rapport COULON d'une assignation motivée en appel leur apparaît délicate du fait de leurs difficultés de récupérer le dossier de l'Avocat qui peine lui-même à récupérer son dossier de plaidoirie ce qui entraîne des délais souvent supérieurs à quatre mois, date limite de leurs premières conclusions.

IV - Les Commissaires aux Comptes

Ils sont sur le ressort environ 200.

Ils estiment qu'ils exercent déjà un certain contrôle disciplinaire par l'intermédiaire de ce qu'ils appellent les contrôles article 70 qui aboutissent à des rapports et éventuellement à des sanctions.

Ils ont sur le ressort de très bonnes relations avec le Parquet.

Ils organisent régulièrement des cycles de formation en lien avec les Magistrats et les Avocats, notamment sur l'obligation de révélation.

Ils soulignent qu'en moyenne l'activité de Commissariat aux Comptes représente 10% de leur activité par rapport à celle de l'Expertise Comptable même s'ils constatent un accroissement de leur domaine d'activité notamment en matière sportive et associative.

Ils souhaiteraient introduire dans la loi une échelle d'appréciation plus souple en matière de révélation.

Ils soulignent qu'au sein de leur compagnie régionale il n'est pas question de tolérer les doubles missions et les doubles casquettes au sein d'une même entreprise supportée par un même professionnel à la fois Expert Comptable et Commissaire aux Comptes pour les problèmes évident d'indépendance.

V - LES EXPERTS JUDICIAIRES

Ils sont sur le ressort 70% d'inscrits à la Compagnie ce qui représente environ 300 sur les 450 que compte la liste.

Ils s'astreignent à une formation régulière et organisent tous les deux ans les journées de POITIERS, réunions d'envergure nationale sur des thèmes généraux comme l'indépendance de l'Expert, l'Expert face aux nouvelles technologies ou encore le contradictoire.

Ils estiment globalement que le choix des Experts est mal fait en raison du fait que c'est lui qui demande son inscription alors que c'est la Cour qui devrait proposer l'inscription et à cet égard ils souhaiteraient que le recrutement et la vérification des compétences ressortent d'une Commission indépendante.

Ils soulignent le coût de l'expertise qui fait qu'il est assuré soit par l'entreprise, soit par l'aide judiciaire mais qu'il est rarement possible à un particulier de le supporter.

Il souligne enfin le poids des doubles cotisations lorsque l'Expert est par ailleurs salarié ainsi que le poids beaucoup trop lourd d'une T.V.A. à 20,6%.

Ils souhaiteraient enfin que soit inscrit la solidarité des parties dans la rémunération de l'Expert.

VI - LES GREFFIERS DES TRIBUNAUX DE COMMERCE

Sur l'accès à la profession, ils souhaitent que la maîtrise soit le niveau requis afin de faciliter des passerelles vers d'autres professions.

Ils souhaitent l'augmentation de leurs tarifs qui n'a pas été augmenté depuis 1985.

VII - Les Huissiers de Justice

Ils sont 100 pour 65 Offices.

Ils sont favorables à une maîtrise de la discipline avec un passage au niveau régional à partir d'un certain niveau de sanction.

Ils soulignent le problème des Etudes mises administration lorsque c'est à la profession de supporter le poids des erreurs d'un professionnel avant la mise sous administration.

Ils sont favorables à une maîtrise de la taxation par la profession elle-même plutôt que par les Greffes comme c'est le cas actuellement.

Ils ne sont pas particulièrement favorables à la possibilité pour eux de représenter les parties devant le J.E.X.

Ils sont « la Justice au domicile du débiteur » ce qui dans des régions assez désertifiées leur donnent un rôle de conciliateurs.

Ils sont favorables à l'augmentation du stage à trois ans.

Ils soulignent l'importance des usages et des règlements antérieurs internes à leur profession qui sont actuellement en attente d'homologation à la Chancellerie.

VIII - Les Notaires

Ils soulignent qu'en France ils sont environ 7.600 employant près de 40.000 salariés.

Ils soulignent également que la tutelle du Procureur de la République est souvent gênante c'est pour cela qu'ils sont favorables à une maîtrise de leur discipline.

Sur l'interprofessionnalité ce système leur semble d'une pratique difficile notamment dans de petites villes.

Ils insistent sur le fait que la carence française de l'exportation des professions se situe le plus souvent à un niveau fiscal : il faudrait faciliter les sociétés de capitaux et la déduction des intérêts d'emprunts ainsi que les aides à l'emploi qui sont le plus souvent non applicables aux professions libérales.

COMPTE RENDU DE LA VISITE A LA COUR D'APPEL DE RENNES DES 30 ET 31 MAI 1997

Après avoir été reçus par Monsieur le Premier Président Claude HANOTEAU et Monsieur le Procureur Général Jacques BRUN, Jean-Marc VARAUT a procédé aux auditions suivantes :

I. - LES COMMISSAIRES AUX COMPTES

Ils sont environ 700 sur le ressort et titulaires de plus de 12.000 mandats.

Ils estiment que l'obligation de révélation doit se cantonner à un niveau raisonnable.

Ils observent que l'activité de commissaire aux comptes est de mieux en mieux structurée avec l'émergence de spécialisation selon les types de mandats.

Ils sont à l'initiative d'une formation originale avec des magistrats instructeurs et des magistrats du Parquet en matière de comptabilité, de bilan ou de provision.

Les professionnels s'accordent pour dire que le nombre de délits présents dans la loi du 24 Juillet 1966 est beaucoup trop important et notamment plus de 100 pour les sociétés anonymes.

En ce qui concerne la formation, ils soulignent que les contrôles de l'article 66 inclut un contrôle sur la participation effective aux 40 heures de formation.

En ce qui concerne l'interprofessionnalité, il existe un certain intérêt du fait de certaines manières techniques où l'intervention d'un avocat spécialiste en matière fiscale par exemple pourrait être importante, mais il existe une certaine limite dans le fait de ne pas mélanger d'autres professionnels dans une structure et dans un même client que celui du commissaire aux comptes pour maintenir son indépendance.

II. - LES NOTAIRES

Ils sont dans le ressort environ 600. C'est la Cour d'Appel où ils sont les plus nombreux : 1 pour 5.500 habitants au lieu d'1 pour 8.000 au niveau national.

Ils ont dans le ressort une activité de négociation immobilière représentant environ 4% de leur chiffre d'affaires.

Ils sont favorables à une extension de leur pouvoir disciplinaire et à la possibilité de prononcer des sanctions pécuniaires. La discipline ressortirait alors des Chambres Départementales à charge pour elles de transmettre aux Chambres Régionales, le cas échéant, soit en fonction de la gravité de la peine encourue, soit en fonction de la difficulté particulière de certains contentieux.

Les notaires soulignent les graves problèmes de mésentente entre associés qui ont parfois des conséquences graves. Il faudrait que les Chambres Départementales aient un pouvoir d'arbitrage et de nomination d'un administrateur dans ces cas là.

Ils soulignent le fait qu'il serait difficile de structurer l'interprofessionnalité du fait de la déontologie et de la garantie commune.

Ils indiquent qu'un décret de 1997 a instauré des spécialisations dans leur profession sous condition de diplôme, de cinq ans de pratique et d'un examen sanctionnés par les centres de formation.

Ils sont favorables à l'extension de leur rôle en matière de cautionnement et de cession de parts de sociétés civiles immobilières ainsi qu'en matière de compromis de vente d'immeubles.

Ils souhaiteraient rendre obligatoire et effective la formation continue des notaires tout au long de leur exercice professionnel.

III. - LES AVOUES A LA COUR

Ils sont au nombre de 16 pour 8 Etudes.

L'Aide Judiciaire représente près de 80% en matière familiale.

Pour pallier au dévoiement du système de l'Aide Judiciaire ils souhaiteraient qu'un système de tiers payant obligatoire soit instauré en cas d'exercice de l'appel.

Ils perdent de 400 à 500 francs par dossier d'Aide Judiciaire et soulignent que cette assistance entraîne souvent un refus d'écoute des clients dans le conseil qu'ils peuvent donner.

Ils soulignent que leurs opinions sont différentes selon les avocats du Barreau et de la Cour et les avocats des autres Barreaux du ressort.

Ils estiment que l'idée du rapport COULON sur l'exécution provisoire de droit est une aberration ainsi que la généralisation du juge unique en première instance n'est pas raisonnable compte tenu du fait qu'elle existe déjà et même en appel, ce qui provoque souvent une incompréhension du justiciable et des choix draconiens des chefs de Cours entre le délai et la collégialité.

Ils souhaiteraient l'instauration de l'échevinage au niveau du Tribunal de Commerce et du Tribunal d'Instance.

IV. LES ADMINISTRATEURS JUDICIAIRES ET LES MANDATAIRES LIQUIDATEURS

Ils sont réfractaires à l'idée d'une profession unique

Les mandataires estiment qu'ils exercent une profession libérale qui ne l'est pas vraiment puisque leur fournisseur est le Tribunal. Leur désignation résulte d'un mandat de confiance comme l'a souligné par différents arrêts la Cour de Cassation.

Ils seraient favorables à l'échevinage ainsi qu'à une plus grande maîtrise de la discipline au niveau national pour les administrateurs et au niveau régional pour les mandataires.

Ils soulignent que leur problème principal est l'indépendance vis à vis des magistrats consulaires.

V. - LES GREFFIERS DES TRIBUNAUX DE COMMERCE

Ils se plaignent d'un tarif qui n'a pas été augmenté depuis 1983.

Ils soulignent également la baisse sensible du nombre d'actions judiciaires essentiellement dûe à l'allongement des procédures.

Ils soulignent que leur rôle à la fois judiciaire et extrajudiciaire tend à se confondre puisque l'extrajudiciaire est souvent utilisé pour et par le judiciaire.

VI. - LES HUISSIERS DE JUSTICE

Ils sont sur le ressort environ 220.

Ils sont favorables à une plus grande maîtrise de la discipline ainsi qu'à l'accomplissement d'une période de stage y compris après l'examen pendant une année sous le contrôle d'un « ancien ».

Ils soulignent que la charge des audiences est devenue pour certains absolument insupportable et qu'il s'agit d'une activité à perte comme de nombreux actes qu'ils accomplissent comme l'Aide Judiciaire, la récupération de pension alimentaire ou les citations en matière pénale à la demande du Parquet.

Ils expriment leur indignation lors de nominations à des charges d'huissiers par le Garde des Sceaux malgré un avis négatif et du Parquet et de leurs Chambres.

Ils soulignent que les inspections régulières des Chambres Régionales ont entraîné un accroissement de la qualité des comptes des Etudes.

Ils souhaiteraient pouvoir avoir la possibilité de représenter les parties devant le JEX ou du moins d'être obligatoirement entendus.

Ils soulignent qu'un des remèdes à la longueur des procédures pourrait être le développement des constats d'audience.

Ils soulignent enfin leur rôle essentiel dans la conciliation dans certaines régions désertifiées et souhaitent la possibilité pour leur profession de régler directement certains problèmes ou requêtes à la demande de clients insatisfaits plutôt que de rédiger constamment des rapports qui encombrent le Parquet.

VII. - LES EXPERTS JUDICIAIRES

Ils sont environ 120 inscrits à la compagnie sur environ 500 inscrits sur la liste.

Ils soulignent l'importance de leur indépendance, ce qui les amène à refuser l'adhésion d'agents d'assurance, d'agents immobilier, de médecins des caisses, etc...

Ils insistent particulièrement sur la formation avec les magistrats de la Cour notamment sur l'organisation de la Justice, la technique de l'expertise, la procédure, le respect du contradictoire, etc....

Ils souhaiteraient que l'expert puisse être désigné plus souvent comme Médiateur.

VIII. - LES AVOCATS

Ils sont environ 1.300 dans le ressort qui compte le plus grand nombre de Barreaux (12).

Ils soulignent que l'on aura du mal à régler le problème de la formation des élèves avocats sans le concours des universités qui refusent de laisser à la profession une quelconque majorité dans les conseils d'administration des I.E.J. et qui brandissent le menace de lâcher l'organisation et la préparation des examens, ce qui coûterait environ 7.000.000 de francs par centre aux avocats.

Ils s'indignent de certains juristes qui se voient refuser l'inscription dans des Barreaux en province qui arrivent néanmoins à se faire inscrire au Barreau de Paris pour revenir ensuite dans le Barreau qui les a refusé.

Ils déplorent que les bureaux départementaux d'Aide Judiciaire n'aient jamais vu le jour, essentiellement du fait d'un manque de moyens financiers.

Le Barreau de Lorient a institué des bons de consultations gratuites délivrés par les Centres Communaux d'Action Sociale qui ont les moyens de contrôler le niveau des ressources et ensuite de diriger vers des avocats spécialistes dans tel ou tels domaines.

Les professionnels soulignent le rôle irremplaçable de l'avoué.

Sur la carte judiciaire et l'éventuelle suppression de Tribunaux, ils souhaiteraient qu'à l'instar de ce qui se passe pour certains hôpitaux on puisse faire des Tribunaux Interdépartementaux au lieu d'en supprimer.

COMPTE RENDU DE LA VISITE A LA COUR D'APPEL D'AIX-EN-PROVENCE DES 6 ET 7 JUIN 1997

Après avoir rencontré Monsieur le Premier Président Jean-Pierre PUECH et Monsieur le Procureur Général Jean-Louis NADA, qui lui ont exposé de manière très concrète les spécificités de l'exercice du droit par les professionnels de ce ressort très vaste, Jean-Marc VARAUT a procédé aux auditions des professions suivantes :

I - <u>LES COURTIERS EN MARCHANDISE</u> : *MONSIEUR ROBERT BRUN, PRESIDENT DE LA COMPAGNIE DES COURTIERS DE MARCHANDISES ASSERMENTE PRES LA CUR D'APPEL D'AIX-EN-PROVENCE*

Ils estiment qu'ils ne sont pas une profession mais qu'ils exercent une fonction.

Ils sont tous en tant que commerçants inscrits au Registre du Commerce mais ils prêtent serment devant la Cour d'Appel.

Ils sont organisés en 16 compagnies régionales qui dépendent des Cours et regroupés au sein d'une Assemblée Permanente.

Ils passent un examen au niveau régional équivalent environ à une première année de droit et s'inscrivent dans une spécialité en fonction de la nomenclature douanière :

- Cuir,
- Riz,
- Vin,
- etc...

Ils sont habilités à toutes ventes aux enchères, à tous inventaires.

Leur discipline dépend de la Cour suite à une plainte devant le Procureur Général qui prend ou non une décision pouvant aller jusqu'à la radiation.

II - LES AVOUES A LA COUR : *MAITRE PIERRE LIBERAS, PRESIDENT DE LA CHAMBRES DES AVOUES PRES LA COUR D'APPEL D'AIX-EN-PROVENCE*

Ils sont 32 sur le ressort employant plus de 200 personnes.

Ils soulignent que leur profession a beaucoup évolué depuis 1971 et qu'ils sont de plus en plus défendu par les Barreaux eux-mêmes.

De plus, leur rôle de postulation s'est renforcé du fait de l'Europe et de l'utilité pour un Avocat étranger d'avoir un interlocuteur privilégié auprès de la Cour.

Ils estiment qu'ils jouent un rôle de soupape, qu'ils gèrent les difficultés de fonctionnement des Barreaux de la Cour et de l'Administration.

Ils estiment par ailleurs que ce fut une erreur de rassembler les bureaux d'Aide Judiciaire auprès des Tribunaux en supprimant ceux-ci devant les Cours, ce qui pose des problèmes de fonctionnement parfois insurmontables.

Ils soulignent la nécessité d'augmenter leurs tarifs et ont estimé le coût d'un dossier devant la Cour à environ 3.000 Francs, ce qui leur fait perdre plus de 1.000 Francs par dossier en matière d'Aide Judiciaire.

Sur la critique du montant parfois exorbitant de leurs émoluments, ils estiment que ceux-ci sont en lien avec la responsabilité et le risque qui pèse sur leurs biens personnels qui sont systématiquement engagés. A ce titre, ils ont calculé que leurs revenus personnels après impôt étaient de l'ordre de 6% de leurs chiffres d'affaire.

Ils soulignent que le qualitatif a un coût et qu'il entraîne de plus le Juge à prendre une meilleure décision quand celle-ci est aidée par un véritable travail fait par les Avocats et les Avoués.

III - <u>Les Avocats</u> : *Messieurs les Batonniers UGOLINI du Barreau de MARSEILLE, MATHIEU du Barreau d'AIX-EN-PROVENCE, LAMOUREUX du Barreau de TARASCON, de GUILHERMIER du Barreau de DIGNE, LESTOURNELLE du C.N.B., PIAZZEZI du Barreau de NICE, SALVATICO du Barreau de GRACE, SERIES du Barreau de TOULON, GIANNESINI du Barreau de DRAGUIGNAN, CAROUBI du C.N.B.*

Ils estiment que le seul accès à la profession doit être la voie normale et qu'il faudrait supprimer les passerelles existantes, qui sont des « infiltrations parallèles ».

Ils remarquent que beaucoup d'Avocats salariés sont souvent sous payés et qu'en ce qui concerne la fusion avec les Conseils Juridiques, celle-ci n'a pas véritablement eu lieu, chacun restant cantonné dans son activité antérieure.

Ils souhaiteraient développer le côté pratique des études.

Ils estiment qu'il existe un véritable risque de fractures au sein de la profession entre des Cabinets structurés qui fonctionnent et ceux qui ne doivent leur survie qu'à l'Aide Judiciaire avant de se trouver en état de cessation de paiement.

Ils demandent que l'on revienne sur l'interdiction de publier des barèmes indicatifs.

Ils soulignent que le poids de l'Aide Judiciaire est devenu un problème quasiment insurmontable qui entraîne une certaine fonctionnarisation de certains jeunes Avocats et même parfois de moins jeunes.

Sur l'interprofessionnalité, ils soulignent qu'il ne s'agit pas d'une solution pour la plupart des Barreaux de Provence et que cela concerne essentiellement PARIS et quelques métropoles.

Ils remarquent une certaines difficultés pour les anciens Conseils Juridiques d'accepter la déontologie stricte des Ordres et de la respecter.

Certains émettent l'idée de faire différents tableaux en fonction des origines et des spécialités.

Certains enfin sont choqués de voir des Magistrats trancher des problèmes déontologiques en appel d'une décision du Conseil de l'Ordre et qu'il faudrait que sur ces points la décision d'appel revienne à la profession elle-même.

IV - LES HUISSIERS DE JUSTICE : *MAITRE REMUZAT PRESIDENT DE LA CHAMBRE REGIONALE*

La profession souhaite pouvoir imposer des cours de comptabilité obligatoires en raison des difficultés des Confrères en cette matière et de la responsabilité qu'ils ont de gérer leurs Etudes comme de véritables chefs d'entreprises.

Ils sont favorables à une plus grande maîtrise de la discipline et soulignent le scandale des nominations par le Ministre malgré le double avis négatif de la Chambre et du Parquet.

Ils soulignent l'aggravation des charges d'audience, notamment au pénal.

Ils ne sont pas favorables à la possibilité pour eux de représenter les parties devant le J.E.X.

V - LES NOTAIRES : *MAITRE DE RASQUE DE LAVAL*

Ils sont 526 sur le ressort.

Ils sont favorables à une maîtrise totale de leur discipline mais pas au niveau des Chambres Régionales.

Sur l'interprofessionnalité, ils estiment que celles-ci feraient perdre l'indépendance du client qui se sentirait comme enferré dans une structure complète.

Ils demandent la possibilité d'instaurer une formation continue obligatoire.

VI - LES GREFFIERS DES TRIBUNAUX DE TRIBUNAUX DE COMMERCE : *MAITRE JAUSSEN-PECETTI GREFFIER DU TRIBUNAL DE COMMERCE DE SAINT-TROPEZ*

Il existe 24 Tribunaux de Commerce dans le ressort.

Ils soulignent que leur tarif est inchangé depuis 1986.

Ils souhaitent que le niveau de diplôme soit la maîtrise au lieu de la licence ce qui permettrait d'instaurer des passerelles entre leur profession et les autres professions juridiques et judiciaires, passerelles qui n'existent actuellement qu'en sens unique.

Ils souhaiteraient également pouvoir bénéficier d'une formation à la gestion et à la comptabilité.

Ils indiquent une baisse de près de 30% des contentions en matière commerciale.

Ils souhaitent enfin que le Conseil National puisse avoir un droit de regard et de contrainte après les contrôles que la profession effectue sur les Greffes afin de pouvoir mieux exercer une discipline qui ne lui appartient actuellement pas.

VII - LES CONSEILS EN PROPRIETE INDUSTRIELLE : *MONSIEUR JEAN-LOUIS SOMNIER*

Ils ne s'estiment pas suffisamment protégés puisque seul leur titre l'est et qu'il faudrait que leur activité le soit également à titre de dessin, marque et modèle afin d'éviter que des personnes sans compétence, ni qualification, se permettent de donner des conseils dans ces matières.

Ils sont favorables à l'interprofessionnalité avec les Avocats.

VIII - LES COMMISSAIRES PRISEURS : *MAITRE ROBERT HOURS DELEGUE REGIONAL DE LA CHAMBRE NATIONALE*

Ils sont 70 dans le ressort.

Ils souhaitent que soient supprimées les distorsions de T.V.A. et de droit de suite avec les autres pays européens.

Ils estiment que leur discipline doit être de toute façon judiciaire et non devant le Conseil d'Etat comme le prévoyait le projet de loi et d'abord interne, c'est-à-dire exercée par la profession elle-même.

Ils soulignent la réelle difficulté d'adapter leur statut à un statut commercial au sein des nouvelles sociétés qui vont être créées.

IX - LES JURISTES D'ENTREPRISE : *MADAME RIBE DELEGUEE REGIONALE DE L'A.F.J.E.*

Ils sont demandeurs d'un statut, d'un label « juristes d'entreprise ».

Ils soulignent que leur rôle est d'anticiper et de préparer à la décision.

Ils soulignent le rôle d'interface qu'ils jouent entre les obligations souvent mercantiles de l'entreprise et le droit dans sa rigueur : ils doivent trouver un espace de liberté entre ces deux contraintes.

Ils sont également favorables à l'interconfidentialité ainsi qu'à la confidentialité de leurs avis qu'ils émettent au sein de l'entreprise.

Ils soulignent néanmoins que le fait juridique ne passe pas souvent dans l'entreprise où l'intérêt économique et financier prime sur tous les autres.

X - LES MANDATAIRES LIQUIDATEURS : *MAITRE JEAN ASTIER*

Ils sont 30 sur le ressort.

Ils soulignent qu'ils sont souvent soumis à l'arbitraire des Tribunaux.

Ils souhaiteraient être maîtres de leur discipline.

XI - LES ADMINISTRATEURS JUDICIAIRES : *MAITRE DOUHAIRE*

Ils estiment qu'ils ne sont pas indépendants vis-à-vis des Magistrats Consulaires.

Ils souhaiteraient abaisser le seuil de désignation obligatoire d'un Administrateur qui est actuellement de 50 salariés afin d'augmenter le nombre d'affaires qui leur seraient distribuées et gagner ainsi en indépendance.

Ils sont favorables à l'échevinage des Tribunaux de Commerce ainsi qu'aux dépôts obligatoires des fonds à la Caisse des Dépôts et Consignations.

XII - LES COMMISSAIRES AUX COMPTES : *MONSIEUR JEAN-FRANÇOIS BIGOUROUX PRESIDENT DE LA COMPAGNIE REGIONALE*

Ils sont 915 sur le ressort.

Ils ont d'excellentes relations avec le Parquet ce qui permet une application des normes dans le cadre de l'obligation de révélation des Commissaires aux Comptes.

Ils soulignent la nécessité pour eux de lutter contre ce qu'ils appellent le « Commissariat étendu », c'est-à-dire les missions communes d'expertise comptable et de commissariat aux comptes.

XIII - <u>LES EXPERTS JUDICIAIRES</u> : *MONSIEUR GEORGES CREST PRESIDENT DE L'UNION DES COMPAGNIES D'EXPERTS*

Dans le ressort, il n'y a pas une unique compagnie mais une union des différentes compagnies en fonction des professions. Cette union représente 25% du nombre total d'Experts de la Cour mais plus de 90% des expertises ordonnées.

Il existe un système de stage de deux ans permettant à l'Expert de se familiariser avec l'expertise.

Ils organisent également des formations en lien avec les Magistrats de la Cour en matière de procédure, de respect du contradictoire.

Ils sont favorables à l'extension du contradictoire en matière pénale.

LISTE DES AUDITIONS

– Association des Avocats Conseils d'Entreprises
– Association des Avocats inscrits à un Barreau étranger
– Association syndicale professionnelle des Administrateurs judiciaires
– Association Française des Juristes d'Entreprise
– Association des Responsables Juridiques d'Entreprise
– Chambre Nationale des Avoués à la Cour
– Chambre Nationale des Huissiers de Justice
– Compagnie Nationale des Commissaires aux comptes
– Compagnie Nationale des Commissaires-priseurs
– Compagnie Nationale des Conseils en propriété industrielle
– Confédération Nationale des avocats
– Conférence des Bâtonniers
– Conseil National des Administrateurs et Mandataires liquidateurs
– Conseil National des Barreaux
– Conseil National des Greffiers des Tribunaux de Commerce
– Conseil Supérieur du Notariat
– Délégation des Barreaux de France à Bruxelles
– Délégation interministérielle aux professions libérales
– Fédération Nationale des Compagnies d'Experts-Judiciaires
– Institut de droit local Alsacien-Mosellan
– Institut National de la Propriété industrielle
– Ordre des avocats à la Cour de Paris
– Ordre des Avocats au Conseil d'Etat et à la Cour de cassation
– Union des Jeunes Avocats de Paris
– Union Nationale des Professions Libérales

– Maître Antoine ADER, Commissaire-priseur
– Monsieur le Bâtonnier Henri ADER, Ancien Bâtonnier de Paris
– Maître Alain BENSOUSSAN, Avocat au Barreau de Paris
– Maître Bruno BOCCARA, Avocat au Barreau de Paris
– Maître Thierry CAHN, Ancien Président de la CNA, Avocat au Barreau de Colmar
– Maître Michel COSSA, Avocat au Conseil d'Etat et à la Cour de cassation
– Monsieur le Bâtonnier Guy DANET, Ancien Président du CNB, Ancien Bâtonnier de Paris
– Monsieur le Bâtonnier Philippe LAFARGE, Ancien Bâtonnier de Paris
– Monsieur Philippe LEMAIRE, Sous-Direction des Affaires judiciaires du Ministère de la Justice
– Maître SOQUET-CLAIRE LAFFONT, Ancienne Présidente de la CNA, Avocat au Barreau de Paris

V

RÉFORMES PROPOSÉES

DÉFINITION ET STATUTS DES PROFESSIONS JUDICIAIRES ET JURIDIQUES

RÉFORMES PROPOSÉES

TITRE I - DÉFINITION

• *art. 1er : Définition*

Un acteur professionnel de la justice et du droit est un professionnel indépendant et responsable dont le titre est protégé par la loi, prestataire à titre exclusif et rémunéré de services de conseil ou de consultations juridiques, de rédaction d'actes juridiques, d'assistance et/ou de représentation judiciaire, tenu au secret professionnel et à la confidentialité dans le cadre d'une déontologie stricte.
Il prête serment devant la Cour d'appel du ressort de son activité professionnelle.

• *art. 2 :*

Exercent une profession judiciaire et juridique les Administrateurs judiciaires, les Avocats, les Avocats au Conseil d'Etat et à la Cour de cassation, les Avoués à la Cour, les Commissaires aux comptes, les Commissaires-priseurs, les Conseils en propriété industrielle, les Experts judiciaires, les Greffiers des Tribunaux de Commerce, les Huissiers de Justice, les Juristes d'entreprise, les Mandataires judiciaires à la liquidation des entreprises et les Notaires

• *art. 3 : Accès*

L'accès aux professions judiciaires et juridiques est conditionné par le niveau minimum de la maîtrise en droit suivie de l'accès à l'Ecole Nationale du Droit et des examens et formations spécifiques à chacune ds professions.

• *art. 4 : Le tiers de confiance*

Le professionnel judiciaire et juridique peut être également le tiers de confiance agréé dans les conditions de l'article 17 d ela loi du 26 juillet 1996 sur la réglemenation des moyens de cryptologie.

• *art. 5 : Exercice illégal du droit*

Exerce illégalement le droit :

- toute personne physique ou morale qui prend part habituellement ou par direction suivie, même en présence d'un professionnel juridique ou judiciaire, à l'établissement de conseils, d'actes ou de consultations juridiques sans être titulaire d'un des titres protégés des professions juridiques ou judiciaires.
- toute personne physique ou morale exerçant la consultaion juridique ou la rédaction d'actes juridiques à titre d'accessoire sans être titualire d'une maîtrise en droit ou sans avoir la compétence juridique appropriée à son exercice professionnel au sens de la loi du 7 avril 1997.

L'exercice illégal du droit est puni d'une amende de 500.000 F et d'un emprisonnement d'un an.

TITRE II - DÉONTOLOGIE

• *art. 1er : Principes essentiels*

Dignité, conscience, indépendance, probité, humanité, honneur, loyauté, désintéressement, confidentialité, confraternité, délicatesse, modération, courtoisie, compétence, diligence et prudence sont les principes essentiels des professions judiciaires et juridiques

La méconnaissance d'un seul de ses principes, même au cours de faits accomplis en dehors de l'exercice professionnel, constitue une faute pouvant entraîner une sanction disciplinaire.

• *art. 2 : Secret professionnel*

En toute matière, que ce soit dans le domaine du conseil ou dans celui de la défense, les consultations adressées par un professionnel juridique ou judiciaire à son client ou destinées à celui-ci, les correspondances échangées entre le client et le professionnel, les agendas, les registres de maniements de fonds, et plus généralement toutes les pièces d'un dossier sont couvertes par le secret professionnel sous réserves des dispositions relatives au devoir de révélation des commissaires aux comptes.

Le professionnel judiciaire et juridique doit faire respecter le secret porfessionnel par les membres du personnel de son cabinet et par toute personne qui coopère avec lui dans son activité professionnelle.

Aucune saisie ne peut être pratiquée dans le cadre d'une instruction pénale, dans le cadre d'une enquête fiscale, douanière ou de droit de la concurrence sur des documents couverts par le secret professionnel sur le lieu de travail d'un professionnel juridique ou judiciaire.

• *art. 3 : Inter-confidentialité*

Les communications verbales et écrites entre professionnels juridiques et judiciaires sont confidentielles par nature et nul ne peut en faire état.

Leur production rend l'offre de preuve irrecevable sauf les cas où elles sont qualifiées d' « officielle » par leurs auteurs en accord avec leurs règles professionnelles propres ou lorsque l'autorité compétente en a ordonné la déconfidentialisation à la demande d'un professionnel pour constater un accord intervenu.

TITRE III - DISCIPLINE

• *art. 1er : Principe de la maîtrise de la discipline par les professions*

Les professions judiciaires et juridiques sont maîtres de leur discipline sous réserve d'un appel devant la Cour d'appel du ressort de leur inscription.

Elles peuvent prononcer les peines disciplinaires de l'avertissement, du blâme, de la suspension temporaire et de radiation à l'exception des officiers ministériels.

Elles peuvent également ordonner la suspension provisoire.

TITRE IV - REPRÉSENTATION DES PROFESSIONS

• *art. 1er : Haut Conseil des Professions juridiques et judiciaires*

Il est institué un Haut Conseil des Professions juridiques et judiciaires chargé de représenter les professions auprès du Gouvernement.

Ses membres sont désignés par chacune des professions. La présidence du Haut Conseil est confiée annuellement à une profession différente.

• *art. 2 : Observatoire Economique des Professions juridiques et judiciaires*

Il est institué un Observatoire Economique des Professions juridiques et judiciaires chargé d'évaluer les demandes de droit et de justice, de définir et de projeter les différents besoins économiques des professions pour répondre à ces demandes et de proposer aux pouvoirs publics les moyens d'y répondre.

TITRE V - FORMATION DES PROFESSIONS

• *art. 1er : Ecole Nationale des Hautes Etudes Pratiques du Droit*

Les Instituts d'Etudes Judiciaires (I.E.J.) deviennent des Grandes Ecoles des Hautes Etudes Pratiques du Droit implantées par Régions dont le Conseil d'administration est composé à parité de professeurs, de professionnels judiciaires et juridiques et de magistrats.

Elles préparent, à l'issu de la maîtrise en droit et pendant une durée d'une année, à un examen national, l'Examen National de la Pratique du Droit, à l'issu duquel les étudiants pourront choisir une année de spécialisation dans l'activité de leur choix organisée par les différentes professions : magistrature, notariat, avocature, ect.

TITRE VI - OBLIGATION DE FORMATION CONTINUE

• *art. 1er : Formation annuelle*

Les professionnels judiciaires et juridiques doivent suivre, sous le contrôle de leurs organismes professionnels et organisés par ceux-ci, une formation continue et permanente d'au moins 40 heures par an.

Le manquement injustifié à cette formation pourra entrainer une sanction disciplinaire.

TITRE VIII - DÉFINITION DES PROFESSIONS

Administrateurs judiciaires

Les administrateurs judiciaires sont les mandataires chargés par décision de justice d'administrer les biens d'autrui ou d'exercer les fonctions d'assistance ou de surveillance dans la gestion de ces biens.

Avocats

Les avocats sont les conseils en droit et auxiliaires de justice chargés de conseiller et/ou représenter les parties et de les assister, de postuler et plaider devant les juridictions et les organismes juridictionnels ou disciplinaires de quelque nature que ce soit sous réserve des dispositions régissant les Avocats au Conseil d'Etat et à la Cour de cassation et les Avoués à la Cour, ainsi que de négocier ou de rédiger des actes juridiques.

Ils peuvent recevoir des missions de justice ou encore être désigné comme conciliateur.

Avocats au Conseil d'Etat et à la Cour de cassation

Les avocats au Conseil d'Etat et à la Cour de cassation sont les auxiliaires de justice chargés d'assister, conseiller ou représenter les parties, postuler et plaider devant le Conseil d'Etat ou la Cour de cassation

Avoués à la Cour

Les avoués à la Cour sont des officiers ministériels compétents à titre exclusif pour postuler et prendre des conclusions devant la Cour d'appel auprès de laquelle ils sont établis.

Commissaires aux comptes

Les commissaires aux comptes sont les professionnels chargés par la loi du contrôle légal des comptes des entreprises et entités qui y sont tenus. Ils concourent à la sécurité des relations financières et économiques en exprimant sur les principales informations qui font l'objet de leurs missions une opinion compétente, indépendante et impartiale.

Commissaires-priseurs

Les commissaires-priseurs sont les officiers ministériels compétents à titre exclusif et sans préjudice des pouvoirs conférés par les lois et règlements en vigueur aux autres officiers publics et ministériels ou aux personnes légalement habilitées, pour organiser les ventes judiciaires de meubles aux enchères publiques, y procéder et faire les inventaires et prisées qui leur correspondent. Ils peuvent également être dirigeant, associé ou salarié au sein de sociétés commerciales de ventes volontaires de meubles aux enchères publiques.

Conseils en propriété industrielle

Les conseils en propriété industrielle ont pour profession d'offrir, à titre habituel et rémunéré, leurs services au public pour conseiller, assister ou représenter les tiers en vue de l'obtention, du maintien, de l'exploitation ou de la défense des droits de propriété industrielle, droits annexes et droits portant sur toute autre questions connexes. Les services visés incluent les consultations juridiques et la rédaction d'actes sous seing privé en tant qu'il sont relatifs ou connexes à des droits de propriété industrielle.

Experts judiciaires

Les experts judiciaires sont des techniciens qui ont retenu l'attention de la Cour et qui à ce titre et après leur inscription sur une liste, sont désignés par des magistrats en vue d'éclairer ceux-ci au moyen d'un rapport dans des matières techniques.

Greffiers des Tribunaux de Commerce

Les greffiers des Tribunaux de commerce sont des officiers ministériels chargés de l'organisation et l'administration des greffes des Tribunaux de commerce, de l'assistance desdits Tribunaux, de la conservation des minutes, de la délivrance de copies de jugements et de la gestion sous leur responsabilité, du Registre du Commerce et des sociétés ainsi que de la centralisation de la publicité légale en matière commerciale.

Huissiers de Justice

Les huissiers de justice sont les officiers ministériels qui ont seul qualité pour signifier les actes et les exploits, faire les notifications prescrites par les lois et règlements et ramener à exécution les décisions de justice ainsi que les actes et titre en forme exécutoire.

Ils peuvent représenter les parties devant le Juge de l'exécution.

Juristes d'entreprise

Les juristes d'entreprise sont des avocats salariés exerçant au sein d'une entreprise privée des fonctions de responsable des services juridiques d'au moins trois membres, inscrits sur un Tableau spécifique de l'Ordre des avocats et soumis à la déontologie de l'Ordre.

Mandataires judiciaires

Les mandataires judiciaires sont les mandataires chargés par décision de justice de représenter les créanciers dans le cadre d'une procédure de redressement judiciaire ou de liquidation judiciaire.

Notaires

Les notaires sont des officiers publics et ministériels établis pour recevoir tous les actes et contrats auxquels les parties doivent ou veulent faire donner le caractère d'authenticité attaché aux actes de l'autorité publique. Ils accomplissent également les formalités préalables ou postérieures aux actes qu'ils établissent.

Ils peuvent donner tout conseils ou consultations juridiques dans les matières relevant de leurs compétences et notamment le droit de la famille, le droit immobilier et le droit des succession.

RÉFORMES PROPOSÉES

ADMINISTRATEURS JUDICIAIRES

1. DÉFINITION ET STATUT

– Les administrateurs judiciaires sont les mandataires chargés par décision de justice d'administrer personnellement les biens d'autrui ou d'exercer les fonctions d'assistance ou de surveillance dans la gestion de ces biens.

– Ils sont inscrits sur une liste nationale divisée en sections régionales correspondant au ressort de chaque cour d'appel et établie par une commission nationale après avis du Conseil national des Administrateurs judiciaires.

– Nul ne peut être inscrit sur cette liste s'il n'est de nationalité française ou citoyen membre des Communautés européennes et s'il n'a subi avec succès l'examen d'aptitude aux fonctions d'administrateur judiciaire après l'accomplissement d'un stage professionnel de cinq années.

2.- LA DISCIPLINE

– Le Conseil National des Administrateurs judiciaires et des Mandataires judiciaires à la liquidation des entreprises est composé de seize membres, huit membres représentant les Administrateurs judiciaires, huit membres représentant les Mandataires judiciaires à la liquidation des entreprises.

– Les membres du Conseil national sont élus pour une période de quatre ans renouvelable une fois. Ils ne sont rééligibles qu'après un intervalle de quatre ans après l'expiration de leur deuxième mandat.

– Le Conseil National est chargé notamment d'organiser la formation initiale, les examens professionnels, la formation permanente des Administrateurs judiciaires et des Mandataires judiciaires à la liquidation des entreprises. Il a également pour mission de permettre aux candidats stagiaires de se mettre en relation avec les professionnels, de faciliter l'obtention et la mise en oeuvre des stages et d'en assurer le suivi.

– Le Conseil National siège comme chambre de discipline. Il peut prononcer les peines disciplinaires suivantes :

- l'avertissement,

- le blâme,
- l'interdiction temporaire pour une durée n'excédant pas trois ans,

Lorsque les faits reprochés à un Administrateur judiciaire paraissent suffisamment graves au Conseil National pour justifier une éventuelle radiation, celui-ci transmet alors le dossier à la Commission Nationale d'inscription qui siège alors comme Chambre de discipline et dont la composition est la suivante :

- un Conseiller à la Cour de Cassation, Président ;
- un Magistrat de la Cour des Comptes ;
- un Magistrat du siège d'une Cour d'appel ;
- un membre d'une juridiction commerciale du premier degré ;
- quatre Administrateurs judiciaires.

En cas d'égalité des voix, celle du Président est prépondérante.

– L'avertissement et le blâme peuvent être accompagné pendant un délai d'un an de mesures de contrôle soumettant l'Administrateur judiciaire à des obligations particulières déterminées par le Conseil National.

– Ces obligations peuvent être également prescrites par le Conseil National lorsque l'Administrateur judiciaire interdit temporairement reprend ses fonctions.

– L'acceptation de la démission d'une personne inscrite sur la liste des Administrateurs judiciaires ne fait obstacle au prononcé d'une mesure disciplinaire si les faits qui lui sont reprochés ont été commis pendant l'exercice de ses fonctions.

– Tout Administrateur judiciaire qui fait l'objet d'une poursuite pénale ou disciplinaire peut être suspendu provisoirement de l'exercice de ses fonctions par le Conseil National qui en informe aussitôt la Commission Nationale.

– En cas d'urgence, la suspension provisoire peut être prononcée même avant l'exercice des poursuites pénales ou disciplinaires si des inspections ou vérifications ont laissé apparaître des risques pour les sommes perçues par l'Administrateur judiciaire en raison de ses fonctions.

– Le Conseil National peut à tout moment à la requête de l'Administrateur judiciaire mettre fin à la suspension provisoire.

– La suspension cesse de plein droit dès que les actions pénales ou disciplinaires sont éteintes. Elles cessent également de plein droit dans le cas prévu au deuxième alinéa si à l'expiration d'un délai d'un mois à compter de son prononcé, aucune poursuite pénale ou disciplinaire n'a été engagée.

– L'action disciplinaire se prescrit par dix ans.

– L'Administrateur judiciaire interdit, radié ou suspendu doit s'abstenir de tout acte professionnel.

– Les actes accomplis au mépris de cette prohibition peuvent être déclarés nuls à la requête de tout intéressé ou du ministère public par le Tribunal statuant en chambre du Conseil.

– La décision est exécutoire à l'égard de toute personne.

– Toute infraction aux dispositions qui précèdent sera punie des peines prévues au 1er alinéa de l'article 403-17 du Code Pénal.

– Les recours contre les décisions prises tant en matière d'inscription ou de retrait que de suspension provisoire ou de discipline par le Conseil National ou par la Commission Nationale, sont portées devant la Cour d'appel de Paris.

– Ces recours, à l'exception de ceux dirigés contre les décisions de suspension provisoire ont un caractère suspensif.

3.- LE DÉPÔT DES FONDS

– Les Administrateurs judiciaires sont tenus de déposer les Fonds dont ils sont dépositaires au titre de leur exercice professionnel à la Caisse des Dépôts et Consignations.

4.- LE CONTRÔLE DES NOMINATIONS

La Commission Nationale d'inscription siège comme Commission de contrôle des nomination d'administrateurs judiciaires en cas de litige avec les magistrats d'un Tribunal de commerce.

Elle est saisie soit à la demande du Parquet, soit à la demande de l'intéressé.

Elle émet un avis sur les litiges qui lui sont soumis. Cet avis est transmis au Ministre de la Justice, Garde des Sceaux.

AVOCATS

I - L'INDEPENDANCE ECONOMIQUE

L'indépendance de la profession d'avocat est fortement menacée par une double action du développement des assurrances-procès qu imposent aux jeunes avocats désireux de travailler des barêmes d'honoraires indécents et de la proportion de l'aide juridictionnelle dans les revenus de certains professionnels.

L'aide juridictionnelle totale est actuellement accordée en dessous d'un plafond de 4.848 F ce qui correspond aux deux tiers environ du SMIC. Le plafond d'aide partielle est de 7.273 F.

Parralèlement, le montant de la rémunération del 'avocat au titre de l'aide juridictionnelle est inchangé depuis 1995 avec une unité de valeur à hauteur de 141 F. Une véritable augmentation significative de l'unité de valeur est indispensable afin que le travail accompli par un professionnel le soit dans des conditions qui garantissent le sérieux et la qualité de la prestation.

Enfin, il n'est pas concevable que les consultations et plus généralement les actes juridiques ou judiciaies soient imposés en matière de TVA et qui plus est à un taux qui pénalise durement les particuliers, simples consommateurs de justice agissant en vue de faire respecter leurs droits parfois les plus fondamentaux.

II - LA QUESTION DU PERIMETRE DU DROIT

L'évolution du domaine du Droit prend en considérant deux éléments spécifiques [1] :

- La France est de façon paradoxale victime du Code Civil qui est très proche du bon sens ; tout le monde fait du Droit sans s'en apercevoir, tandis qu'en Angleterre les choses sont tellement compliquées qu'il faut faire appel à un lawyer. Cet élément est très important parce que l'esprit français, cartésien, a pu faire confondre droit et bon sens jusqu'à une époque récente, mais un système d'organisation complexe. Au « droit de » s'est ajouté le « droit au ».

- Le second trait tient à la part considérable de l'Administration dans l'organisation sociale qui a privé en quelque sorte les opérateurs individuels d'organiser eux-mêmes leurs droits, ce qui

[1] Note réalisée par le Bâtonnier Bernard VATIER

fait que nous découvrons très tardivement le droit. Nous n'avons pas la culture qu'ont les autres pays. Même l'Allemagne, pays de Droit écrit, a une culture de protection du Droit parce qu'elle reconnaît précisément que le Droit ne peut être mis en oeuvre que par des professionnels responsables, l'organisation économique étant plus décentralisée et moins administratives.

C'est à l'aune de l'évolution qui se trace par des étapes 1971-1990 (loi du 31 Décembre 1971 et loi du 31 Décembre 1990) que l'on peut constater que le chemin n'est pas achevé.

L'organisation de l'exercice du Droit qui résulte de l'article 54 et suivants de la loi du 31 Décembre 1971 a créé ce qu'il est convenu de nommer un périmètre : l'exercice du Droit à titre principal doit être la fait de juristes qualifiés et compétents. Si les juristes sont indépendants, ils participent à des professions réglementées, les professions judiciaires et juridiques : notaire, avocat, avoué, avocat aux Conseils, huissier.

Mais comment imaginer qu'il puisse y avoir une cohérence dans les exigences d'éthique, dans l'exercice du Droit, qui sont toutes les mêmes, qu'on soit notaire rédacteur d'actes ou avocat rédacteur d'actes. Comment imaginer qu'il puisse exister encore des barrières entre les professions de notaire et d'avocat ? Comment ne pas concevoir aujourd'hui que l'interprofessionnalité notaire/avocat est, par la force des choses, en évolution ?

Les spécificités seront toujours présentes : les avocats plaideront, les notaires utiliseront la formule authentique. Mais aujourd'hui il leur est un domaines d'exercice en commun : c'est le conseil et la rédaction d'actes sous seing privé. Alors que ce domaine commun existe, subsiste entre les deux professions cette espèce de rempart qui vient à protéger les professions l'une de l'autre.

Cela prive à bien des égards l'intérêt du périmètre du Droit. A l'intérieur de ce périmètre se trouvent édifiés des fossés et des remparts, comme si les professionnels pouvaient craindre beaucoup l'un de l'autre, alors qu'en fait ils travaillent tous deux pour la même cause puisqu'ils ont la même fonction et les mêmes responsabilités dans le domaine qui leur est commun.

Il n'est pas utile d'insister sur le caractère historique des divisions dans le monde judiciaire avec les avoués à la Cour qui ont pour fonction exclusive la représentation devant la Cour, alors que la représentation appartient en première instance aux avocats. L'avoué se définit par rapport à son efficacité et sa fonction.

Imaginons des avocats spécialistes en procédure - et ils assumeront dans leur spécialité l'ensemble des actes depuis la procédure en première instance, la Cour, le Tribunal Administratif, la Cour Administrative et l'exécution.

L'avoué doit être avocat puisqu'au bout du compte c'est la même déontologie. Néanmoins notre culture, notre Histoire et cette espèce de pesanteur humaine conduit encore à retenir les professions dans des barrières.

Pour ce qui concerne les professions qui exercent le Droit à titre principal et à titre indépendant, il faut donner une cohérence à ce « marché » du Droit ; c'est un domaine qui doit avoir une spécificité dans une démocratie développée.

Quant au juriste d'entreprise, il a une responsabilité personnelle. Le juriste d'entreprise est juriste de haut niveau. Il va retrouver dans sa fonction les mêmes attributs que le juriste indépendant : il est l'aide à la décision de son « client », le chef d'entreprise.

L'avocat en externe est à titre indépendant l'aide à la décision : aide à la décision du juge lorsqu'il plaide, mais aide à la décision de son client lorsqu'il négocie, lorsqu'il conseille. Il y a identité de fonction.

Le juriste d'entreprise est l'aide à la décision du chef d'entreprise qui s'apparente de très près au juriste à titre indépendant. Une des spécificités du juriste d'entreprise tient à ce qu'il est intégré dans un système hiérarchique et qu'il a par conséquent d'autres responsabilités. On ne peut pas non plus imaginer qu'au nom de ces responsabilités liées à ses seules fonctions de juriste, il puisse être indépendant ; cela viendrait à remettre en cause le système hiérarchique. Il y a effectivement une spécificité liée à l'intégration.

Mais ces limites aux principes de l'exercice du Droit sont présentes partout, même pour les juristes qui exercent à titre indépendant.

- Quand l'avocat fait des écritures, il a une spécificité d'exercice liée à l'exercice judiciaire.

- Quand le notaire fait des actes, il a une spécificité d'exercice liée à l'acte authentique.

- Quand le juriste d'entreprise se trouve dans un système d'intégration, il a aussi des responsabilités liées à l'organisation à laquelle il appartient.

L'idée est de rechercher ce bien commun que partagent les juristes, et c'est ce bien commun qui fait la spécificité du domaine du Droit. Il y a plus à mettre en commun aujourd'hui que la simple équivalence avec les conditions d'accès au Barreau.

Le juriste qui exerce le droit à titre principal exerce une activité spécifique fondée sur les mêmes règles de déontologie.

Le secret professionnel est indispensable dans la mise en oeuvre de l'exercice du Droit, parce que le juriste de haut niveau, qu'il soit juriste d'entreprise, qu'il soit avocat, qu'il soit notaire, est à l'écoute d'une volonté. Il a pour charge de transfigurer cette volonté dans un espace juridique et de lui donner un corps juridique. A la base de son activité le juriste de haut niveau, quel qu'il soit, est dans cette relation d'écoute qui doit nécessairement être couverte par un secret, un secret absolu qui doit naturellement céder si cette relation d'écoute entre dans une relation pénalement répréhensible.

Cette relation d'écoute qui est à la base de l'exercice du Droit, qui est le fondement de cette éthique, justifie le secret professionnel. Le secret professionnel d'avocat s'étend non seulement à l'activité de défense, mais également à l'activité de conseil. Dans une relation entre un avocat et un juriste d'entreprise avec un juge d'instruction qui voudra connaître les échanges de correspondances, est-il possible que ce dernier puisse être privé des correspondances émises par l'avocat tandis qu'il pourrait saisir les correspondances émises par le juriste d'entreprise ?

Il y a aujourd'hui de fait perception d'exigences d'une déontologie commune. Ce sont des exigences nouvelles qui sont liées à l'exercice du Droit.

Lorsque l'employeur, personne morale, est mis en examen et que l'avocat remet la copie du dossier pénal au juriste d'entreprise, lequel sera au sein de l'entreprise le seul dépositaire du secret de l'instruction, il faudra bien organiser une déontologie.

On ne peut donc s'imaginer que le marché du Droit soit un marché de prestations banalisées. Si l'expression « law is business » » est avérée, c'est tout un système de culture, c'est toute une démocratie qui s'effondre.

L'Etat de Droit c'est beaucoup plus que les institutions judiciaires, c'est l'organisation d'une citoyenneté qui se fait exclusivement avec les juristes, et demain la société démocratique sera une société de juristes répondant aux principes d'éthique qui ont le même fondement.

III - EXTENSION ET PROTECTION DU PERIMETRE DU DROIT

C'est dans le cadre de cette réflexion du Bâtonnier Bernard Vatier que s'inscrit la création d'un délit spécifique d'exercice illégal du droit. Parce que la médecine est une science trop importante pour la santé des corps physiques pour être ouverte à n'importe qui, le droit est également une science essentielle au corps social qui nécessite l'assurance absolue pour le consommateur de droit d'avoir en face de lui un professionnel compétent et indépendant.

D'autre part, et dans le même sens que le rapport du Président Jean-Marie COULON sur la procédure civile, il conviendrait d'étendre à toutes les juridictions de première instance comme d'appel la représentation obligatoire par ministère d'avocat et notamment en matière sociale.

Enfin, il est curieux que l'organe qui a élevé le principe du contradictoire comme ayant valeur constitutionnelle, à savoir le Conseil constitutionnel ne respecte pas ce principe lorsqu'il statue comme juridiction notamment en matière électorale. L'intervention de l'avocat ou de l'avocat au Conseil d'Etat et à la Cour de cassation au soutien de leurs mémoires.

IV - UNE REFORME DES STRUCTURES PROFESSIONNELLES

On constate que les S.E.L. créées par la loi du 31 Décembre 1990 n'incitent pas véritablement le professionnel libéral à choisir ce type de structure par rapport à la S.C.P. optant pour l'impôt sur les sociétés. Selon l'appréciation de Monsieur le Professeur DAIGRE *« les Sociétés d'Exercice Libéral n'ont de capitaux que le nom, elles n'offrent pas aux professions libérales réglementées l'instrument de financement et de concentration dont nombres de Cabinets ont aujourd'hui besoin face à la concurrence interne d'autres professions réglementées ou non et internationales »*.

En fait, la S.E.L. devrait être une technique de concentration des Cabinets et un moyen efficace pour faciliter le financement de l'activité professionnelle.

Tel n'est malheureusement pas le cas dès lors que la souscription au capital des S.E.L. est en principe réservé aux professionnels eux-mêmes.

On constate en effet :

- qu'aucune ouverture de capital à des tiers n'est permise,

- que les Avocats exerçant dans le Cabinet doivent détenir plus de la moitié du capital et du droit de vote de la S.E.L.,

- qu'une S.E.L. ne peut être contrôlée par une société holding ce qui interdit de constituer un groupe de S.E.L.,

- enfin, qu'elle ne peut pas créer des filiales ou prendre des participations financières dans des sociétés exerçant des activités différentes bien que connexes ou complémentaires.

L'évolution des marchés, la libéralisation des échanges, la demande des consommateurs de droit et la concurrence des Avocats étrangers et des professions réglementées ou non poussent à un regroupement des Avocats français dans des structures pluridisciplinaires intégrant des activités juridiques et judiciaires, additionnant des compétences diverses tant il est vrai que la question n'est pas de défendre le périmètre du droit mais de délimiter de véritables périmètres de compétence.

Il y aura toujours des Cabinets individuels. Ils sont indispensables et nécessaires à l'équilibre des prestations fournies à la clientèle parce qu'ils sont parfaitement adaptés à certains besoins de celle-ci. Mais si des structures plus importantes ne se développaient pas dans les années à venir et très rapidement il est à craindre que le marché porteur du droit de l'entreprise soit totalement contrôlé par les grands Cabinets d'origine anglo-saxonne et que les Avocats français soient dans leur très large majorité contraints de compenser une activité juridique déficiente par une activité judiciaire elle-même réduite.

Il est donc urgent d'offrir aux Avocats les instruments nécessaires au développement de leur Cabinet tout en préservant leur indépendance et les règles fondamentales de leur déontologie.

Pour ce faire, les S.E.L. doivent être conçues et considérées comme de véritables sociétés de capitaux au sein desquelles l'indépendance des Avocats devra être assurée.

Trois conditions doivent être réunies pour permettre la concentration nécessaire au développement des Cabinets français sous forme de réseaux :

1°/ L'assujettissement à l'impôt sur les sociétés qui permet la mise en oeuvre d'une politique de réserve nécessaire à la constitution de capitaux propres d'un montant suffisant pour assurer le financement courant des investissements liés notamment à l'environnement technologique des Cabinets d'Avocats et aux développements d'informatique. Cet assujettissement permet de taxer le résultat après déductions des rémunérations versées aux dirigeants et aux associés et les charges sociales y afférentes à un taux d'impôt modéré de 33,33% au lieu du taux progressif de l'impôt sur le revenu de 56,8% porté à 61,7% en tenant de la C.S.G. de la R.D.S., etc...

2°/ Déductibilité des intérêts d'emprunt : l'application en effet des principes du droit fiscal ne permet pas à l'acquéreur des droits sociaux d'une société de capitaux de déduire les intérêts de l'emprunt contractés pour l'acquisition de ceux-ci. Pour que les intérêts d'un emprunt nécessaire à l'acquisition de parts sociales déductibles et il faut selon la doctrine administrative que lesdites parts constituent un bien professionnel. La jurisprudence fiscale a admis en matière de détention de titres par des professionnels libéraux dans des établissements de santé que les intérêts d'un emprunt contracté pour acquérir des droits sociaux dans une clinique soient déductibles dès lors que cette détention serait une condition déterminante de l'intégration du professionnel libéral dans l'établissement.

Néanmoins, cette déductibilité n'est possible que dans la mesure où le nombre des droits sociaux à détenir par le professionnel libéral demeure limité dans son quantum. Il est donc nécessaire d'avoir recours pour ce faire à des holdings.

3°/ La holding :

La loi du 31 Décembre 1990 a autorisé la création de holding dans le cadre d'un rachat d'entreprise par les salariés.

En fait, seuls les Cabinets déjà très importants ont pu effectuer ce type d'opération dans la mesure où parmi les conditions du régime de faveur du R.E.S. il en est une qui est liée au nombre des salariés de la société rachetée qui doit avoir employé au moins 20 salariés au cours des deux dernières années civiles et que ceux-ci doivent détenir plus de 50% des droits de vote attachés aux actions ou aux parts de la holding de reprise.

Ce régime particulier ayant pris fin au 31 Décembre 1996 pour les opérations nouvelles, le seul moyen de développement d'un Cabinet consiste donc aujourd'hui à faire grossir la structure existante.

- L'intégration de jeunes Confrères serait facilitée par la possibilité pour la société de holding de filialiser certaines activités, ou d'ouvrir un Cabinet dans une autre région voire dans un autre pays en considérant que pour ce faire il est souhaitable d'intéresser fortement un jeune Confrère qui pourrait créer son propre Cabinet dont le capital dans une première étape pourrait être détenu très majoritairement par la structure holding tandis que lui-même serait minoritaire.

  Il y aurait alors un véritable intérêt commun à développer ce Cabinet avec les avantages suivants pour le plus jeune Confrère :

  - mise de fond minimum,
  - parts de détention plus importante du capital de cette nouvelle structure que celles qu'il aurait pu obtenir dans la société mère,
  - possibilité de jouer la complémentarité avec les compétences des Avocats de la société mère,

- plus grande motivation...

- La société holding pourrait être également utilisée dans le cadre d'un achat de la totalité d'un Cabinet afin de permettre la déductibilité de l'emprunt nécessaire à cette acquisition. De la sorte, les intérêts de l'emprunt contracté par la holding pour cette prise de participation viendraient en déduction de son résultat soumis à l'impôt sur les sociétés.

- Enfin, la société holding pourrait être l'instrument de la constitution d'un réseau par des prises de participation dans plusieurs Cabinets situés le cas échéant dans des régions différentes ou relevant de spécialités différentes.

- On constate aujourd'hui une interpénétration des techniques et du droit de sorte que l'Avocat seul dans bien des domaines ne peut pas intervenir faute de connaissances techniques précises et particulières. C'est cette interpénétration des techniques et des droit qui assure aux clients le service total auquel il aspire. Il apparaît donc souhaitable pour toutes les raisons ci-avant exposées que la profession d'Avocat puisse constituer des S.E.L. pour prendre des participations dans des sociétés ayant des activités connexes et complémentaires aux nôtres, soit avec d'autres professions juridiques et judiciaires au sens du présent rapport, soit même avec des professions techniques. La loi et les décrets d'application devraient limiter ces prises de participations ou même interdire celles-ci dans des activités qui apparaîtraient trop étrangères aux nôtres.

Il ne suffit pas de dire que le Cabinet d'Avocats est devenu une entreprise, encore faut-il mettre le discours en harmonie avec la réalité économique et prendre en compte l'évolution et les besoins de notre temps tout en préservant la spécificité de cette entreprise.

V - UNE REFORME DE LA REPRESENTATION DE LA PROFESSION

Contrairement aux autres professions juridiques et judiciaires au sens du présent rapport, la profession d'Avocat n'a pas de représentation réelle, efficace et complète au niveau national. En effet, trois organismes concourent à cette représentation :

- le Conseil National des Barreaux (C.N.B.) qui est l'organe institué par la loi mais dont les pouvoirs sont limités et les champs d'action restreints ;

- la Conférence des Bâtonniers qui regroupe au sein d'une même organisation la quasi totalité des Bâtonniers de France ;

- le Barreau de PARIS qui fort de ses 14.000 membres joue un rôle non négligeable.

A ces trois structures s'ajoute les principaux syndicats représentatifs :

- le Syndicat des Avocats de France,

- la Confédération Nationale des Avocats,

- la Fédération Nationale de l'Union des Jeunes Avocats,

- les Avocats Conseils d'Entreprise,

- Juri Avenir.

On constate que le principe de l'indépendance des Barreaux reste un réflexe naturel qui les pousse à se manifester aux côtés de organes qui sont censés les représenter voire même à s'affranchir leur relais en s'adressant directement à la Chancellerie.

Incontestablement, cette manière de procéder porte atteinte à la représentativité des organes de la profession.

Enfin, tous les organismes techniques, CARPA, C.N.B.F., ANAAFA, qui interviennent chacun dans leurs domaines de compétence représentent aussi la profession lorsqu'ils agissent dans ces domaines.

Un représentation éclatée peu efficace et préjudiciable aux intérêts de la profession d'Avocat empêche celle-ci de pratiquer un holding dont d'autres professions ne se privent pas et qui leur permet d'intervenir utilement lorsque des projets de lois, de règlements ou d'arrêtés sont élaborés par les services de la Chancellerie.

De plus, on constate que 15 Barreaux sur les 181 de la Conférence des Bâtonniers ont plus de 300 membres et que 3 Barreaux seulement si l'on excepte PARIS ont plus de 1.000 membres (LYON, MARSEILLE et HAUT de SEINE), le Barreau de PARIS représentant à lui seul environ 40% des effectifs du Barreau français.

Il est donc temps de réfléchir à une organisation qui aboutirait à un regroupement des forces de la profession et donnerait une plus grande efficacité pour préparer l'avenir et défendre les intérêts légitimes de la profession d'Avocat.

Plusieurs réformes peuvent être donc envisagées :

- regroupement des CARPA par Cour d'Appel ;

- regroupement des Centres Régionaux de Formation de la Profession d'Avocat (C.R.F.P.A.) pour les ramener à une dizaine pour l'ensemble de la France et en les spécialisant dans tel ou tel domaine du droit ;

- élection d'un Barreau de Cour où serait représenté chacun des Barreaux du T.G.I. et maintient d'un Bâtonnier délégué auprès de chaque T.G.I. pour assurer la représentation de proximité et la discipline immédiate des Confrères exerçant dans le ressort et avec le pouvoir de renvoyer les cas d'interdiction temporaire de plus d'un an et de radiation devant le Conseil de Discipline établi au niveau de la Cour ;

- élection d'un Vice-Bâtonnier de Cour pour assister le Bâtonnier et élu parmi les Bâtonniers de T.G.I. ;

- élargissement de la compétence du C.N.B. aujourd'hui limité à la formation pour lui conférer celui de représenter la profession auprès des pouvoirs publics en lui reconnaissant le droit d'imposer ses décisions à l'ensemble des Barreaux tout en laissant aux Barreaux de Cours pleine compétence en matière disciplinaire, de contrôle des centres de formation, de gestion et de contrôle de la CARPA et de représentation du Barreau dans le cadre territorial de la Cour ;

- les Bâtonniers de Cours pourraient être membres de droit du C.N.B. dans le collège ordinal pendant la durée de leur mandat ;

- création d'une Commission de Liaison au C.N.B. à laquelle participeraient les Présidents des Organismes Techniques afin qu'existe une liaison entre ces organismes et le C.N.B. qui paraît indispensable pour assurer une parfaite information de chacun et une prise de décision en pleine connaissance de cause au niveau National ;

- Présidence tournante du C.N.B. PARIS-PROVINCE ou bien Présidence ou Vice-Présidence alternée.

VI - Reforme de la formation professionnelle

Les Centres de Formation Professionnelle devraient pouvoir bénéficier d'une reconnaissance identique à celle de tous les établissements d'enseignement supérieur classique et ce afin de pouvoir récupérer la taxe d'apprentissage ce qui représenterait un complément non négligeable.

Il faudrait de plus que l'Etat respecte ses engagements de financement des Centres afin que celui-ci atteigne au moins 20%.

- Création d'une grande école des hautes études pratiques du droit ou école nationale du Barreau qui sous l'égide du C.N.B. organiserait un enseignement pendant deux années avec une formation d'alternance Cabinet-Ecole.

  Cette école serait accessible à compter de la maîtrise à l'issue d'un examen national organisé par la profession elle-même et dont la préparation serait assurée soit par l'université, soit par des écoles privées.

  L'apprentissage dans les Cabinets d'Avocats serait généralisé par l'allongement de la durée du stage pendant deux durées de six mois avec accomplissement obligatoire d'un stage en juridiction.

  La pédagogie serait ainsi décentralisée au profit des maîtres de stage et il faudrait envisager la création d'un label « Maître de Stage » qui deviendrait en quelque sorte le délégué de l'école dans la formation grâce à l'apprentissage qu'il fournit à l'élève.

VII - L'integration des jeunes Avocats dans la profession

Compte tenu de la démographie galopante de la profession d'Avocat et de l'impossibilité en tant que telle de mettre en place un numerus clausus contraire aux traditions du Barreau et qui serait sans aucun doute un risque pris par la profession qui ne sait pas quels seront les besoins de droit dans dix ans, date à laquelle les effets du numerus clausus commenceraient seulement à se faire ressentir, il convient de faciliter par tous les moyens possibles des intégrations différentes du jeune Avocat :

- possibilités de devenir juriste d'entreprise (voir chapitre sur les juristes d'entreprise) ;

- incitation fiscale à la création de Cabinet (voir plus haut chapitre sur les holdings).

L'article 77 du décret du 27 Novembre 1991 dit décret d'application de la loi de fusion entre les professions de Conseils Juridiques et d'Avocats prévoit par ailleurs que pendant la durée du stage, le jeune Avocat peut accomplir sa période de formation dans l'Etude d'un notaire auprès d'un Avocat inscrit à un Barreau étranger, dans un Cabinet d'Expert Comptable ou de Commissaire aux Comptes, au Parquet de la Cour d'Appel ou d'un Tribunal de Grande Instance ou encore auprès d'une Administration Publique où dans les services juridiques ou fiscaux d'une entreprise employant au moins trois juristes ou d'une organisation Internationale.

Or, on constate que rien n'a été prévu financièrement par les pouvoirs publics pour mettre en place le recrutement des jeunes Avocats dans le cadre de cet article 77 et que plus encore le statut d'Assistant de Justice créé par la loi du 8 Février 1995 permettant à des juristes possédant au moins la maîtrise en droit d'apporter leur concours aux travaux préparatoires réalisés par les Magistrats des Tribunaux d'Instance, des Tribunaux de Grande Instance et des Cours d'Appel pour l'exercice de leurs attributions a semble-t-il fermé aux Avocats la possibilité d'exercer cette fonction. En effet, la circulaire du 18 Juin 1996 précise que les fonctions exercées par les assistants de Justice ne constituent pas un stage et que leur exercice ne doit pas être considéré comme tel et que l'assistant de Justice ne peut avoir exercer antérieurement une profession libérale juridique et judiciaire dans le ressort territorial de la Cour d'Appel ou du Tribunal qui l'emploierait, ceci pour éviter des situations de conflits d'intérêts.

Il serait donc essentiel de modifier ces dispositions afin de permettre à de jeunes Avocats, collaborateurs de haut niveau et présentant des compétences indiscutables, de pouvoir être appelés comme assistants de Justice pour une durée de un an maximum à plein temps dans des conditions lui permettant de respecter les termes de son serment auprès des Magistrats des Tribunaux d'Instance, des Tribunaux de Grande Instance et des Cours d'appel que des Administrations Publiques, Cabinets Ministériels, Assemblées Territoriales ou Locales ou Assemblée Parlementaire.

Cette année devrait être validée comme année de stage extérieur aux Barreaux dans le cadre de l'article 77 du décret du 27 Novembre 1991.

Il conviendra enfin de modifier ledit article en incluant dans les possibilités offertes aux jeunes Avocats le siège de la Cour de Cassation, de la Cour d'Appel ou du Tribunal de Grande Instance ainsi que les juridictions internationales ou communautaires ou même encore une juridiction d'un autre Etat membre de l'Union Européenne.

L'ensemble des avocats rencontrés ont déploré la mise à l'écart systématique des professions libérales en général, et de la profession d'avocat en particulier, des aides à l'embauche des jeunes, des incitations fiscales ou encore des allocations chômage.

VIII - LA REMUNERATION DE L'AVOCAT

Seule une rémunération juste et décente des Avocats peut offrir aux justiciables les garanties d'une défense efficace de leurs intérêts et ce dans le cadre d'un monopole de représentation des justiciables dévolus aux seuls Avocats.

D'autre part, seul un tarif égal fixant la rémunération minimale des Avocats par type d'affaire offrant une telle rémunération sera de nature à permettre l'information précise du justiciable sur le coût d'un procès ou d'un conseil, un accès plus large à la Justice notamment par la répétibilité de ce tarif sur la partie perdante, une information concrète des Magistrats sur le coût d'un procès peut leur permettre d'en tirer toutes les conséquences, une harmonisation des législations européennes et enfin un rempart contre la paupérisation d'une profession qui s'accentue avec la mise en concurrence à la baisse de certaines sociétés d'assurance procès.

Un tel tarif d'honoraires minima devrait pouvoir être publié sous le contrôle des Ordres.

Par ailleurs, il conviendra de réévaluer le tarif des droits et émoluments des Avocats postulants en ALSACE-MOSELLE qui n'a plus été modifié depuis 1976.

IX - LA PUBLICITE DE L'AVOCAT

Longtemps considérée comme totalement incompatible avec un exercice digne de la profession, la publicité est devenue un véritable enjeu de survie pour certains cabinets face à une concurrence étrangère de plus en plus forte.

Dans ce cadre il conviendrait de permettre aux avocats et aux cabinets de donner au public une information non plus seulement nécéssaire mais aussi plus promotionnelle toujours respectueuse du secret professionnel et dans les limites de la loi sur la publicité mensongère et comparative.

AVOUÉS A LA COUR

1 - L'AIDE JURIDICTIONNELLE

Les Avoués estiment qu'il estime une dégradation progressive de l'exercice de leur profession en raison principalement de l'augmentation de l'aide juridictionnelle. En effet, certains Avoués en sont à 40% de leur activité en cette matière où ils ne sont payés que forfaitairement 1.250 Francs par dossier ce qui abouti à une rémunération à perte ou quasi nulle pour un Avoué estimant le coût d'un dossier devant la Cour d'Appel à environ 3.000 Francs. Une autre conséquence est que ces cas d'aide juridictionnelle, l'Avocat se décharge souvent du travail sur l'Avoué du fait du manque de rémunération.

2 - LA REVALORISATION DU TARIF

Il est de plus envisagé à la Chancellerie d'augmenter le plafond de l'aide juridictionnelle mais sans augmenter l'indemnité forfaitaire des auxiliaires de justice. Il faut remarquer que seule la France possède un système d'indemnité forfaitaire en Europe et que ce tarif date de 1984.

3 - LE PARTICULARISME DES COURS D'APPEL

Il faut tout être conscient de la place tout à fait exceptionnelle et capitale que jouent les Cours d'Appel dans l'organisation judiciaire française. Il est admis que ces Cours d'Appel fonctionnent bien qu'elles rendent des décisions de qualité dans un délai raisonnable. Ces constatations procèdent du fait que les Cours d'Appel sont exclusivement constituées de Magistrats professionnels alors que des juridictions de premier degré sont composées souvent de professionnels participant à la vie sociale et ne possédant pas obligatoirement une parfaite maîtrise des connaissances juridiques. De plus, les Cours d'Appel ont un rôle jurisprudentiel bien plus important que les juridictions de premier degré ce qui leur donne une mission régulatrice du droit. Enfin le droit d'appel est en fait le droit de critiquer son Juge, celui qui a rendu la décision en première instance. C'est le caractère particulier de ce droit qui justifie l'existence d'un mandataire spécialisé.

4 - LE ROLE INDISPENSABLE DE L'AVOUE

De nombreuses raisons justifient le maintien d'un mandataire spécialisé au second degré de juridiction.

Une des raisons invoquées le plus souvent réside dans le fait que c'est souvent le seul moyen de limiter efficacement les recours.

D'autre part, la présence de ce mandataire contribue largement à l'évacuation rapide des rôles et constitue un moyen efficace pour lutter contre la lenteur de la Justice parce que sa spécialisation, sa compétence, sa disponibilité et la connaissance qu'il a de sa juridiction lui permettent seul de résoudre les problèmes particuliers d'une affaire qui doit aller vite ou les problèmes généraux qui tiennent à l'organisation des Cours.

Enfin, de par l'importance des décisions d'Appel il est nécessaire de s'assurer de la qualité de cette décision. Or, il est courant d'affirmer qu'il n'existe pas de bonne décision sans de bonnes conclusions.

L'ensemble de ces considérations justifie la présence auprès des Cours d'Appel d'un mandataire spécialisé du judiciaire et de la procédure d'appel.

Néanmoins, pour des raisons liées essentiellement au surcoût de la procédure, il est difficile de trouver une réelle contrepartie économique au confort que les avoués apportent devant les Cour d'appel sans compter la condamnation quasi-inéluctable du système au regard du droit communautaire.

Bien que les réformes successives n'aient pas modifié leur statut, la motivation qui milite pour leur suppression continue d'être soutenue.

Déjà en 1988, dans son rapport à Monsieur Philippe LAFARGE, Bâtonnier de l'Ordre des avocats à la Cour de Paris, Daniel SOULEZ-LARIVIERE préconisait "une fusion entre les avocats et les avoués. Le coût de rachat des charges représentant une année de tarif".

Il faut remarquer également que la grande majorité des syndicats de Magistrats (U.S.M., A.P.M., S.M.) qui se sont exprimés au sein des groupes de réflexion du rapport SAINT-PIERRE sont favorables à la suppression de cette profession que certains qualifient même de "droit de péage souvent disproportionné par rapport aux diligences réellement effectuées".

Lors des deux réformes de 1971 sur la fusion des avocats et des avoués de Grande Instance et de 1990 sur la fusion des avocats et des conseils juridiques, il avait été envisagé d'aller en quelque sorte jusqu'au bout de la grande profession en intégrant à celle-ci les avoués à la cour.

A deux reprises, cette proposition fut rejetée notamment sur intervention auprès de la Chancellerie des Premiers Présidents des Cours d'appels.

Depuis, l'on constate que la profession a considérablement évolué :

elle s'est rajeunie (moyenne d'âge : 45 ans), elle supporte depuis quelques années le poids considérable de l'augmentation de l'aide judiciaire, elle assure un véritable service de proximité de la mise en état, parfois même par le biais de l'informatique.

Il convient de souligner que du point de vue des justiciables, la fonction d'avoué à la Cour est souvent mal comprise et trop souvent assimilée à l'institution judiciaire dont il serait la première marche, sans compter les problèmes liés à la répétibilité ou au droit proportionnel dont le montant atteint parfois des sommes exorbitantes mais que les professionnels justifient par l'engagement de leur patrimoine personnel comme garantie vis à vis de leur assurance professionnelle.

Du côté des avocats, les opinions divergent le plus souvent en fonction des avocats exerçant dans la ville où se trouve la cour d'appel et les avocats des autres tribunaux du ressort qui n'envisagent d'aucune manière la suppression de cet interlocuteur disponible et privilégié, qui leur procure un gain de temps et de déplacement considérable, notamment dans les ressorts de Douai qui compte onze barreaux et de Rennes qui en compte douze.

Deux options se présentent alors dans le cadre d'une éventuelle codification des professions juridiques et judiciaires :

• **1ère option** : la suppression de la profession d'avoué à la cour par l'intégration de ces derniers dans la profession d'avocat. Une étude réalisée par M. le Bâtonnier Philippe Lafarge du barreau de Paris, a fait ressortir que l'indemnisation des avoués devenus avocats pourrait se faire sans surcoût budgétaire, rien qu'en conservant leurs droits proportionnels et émoluments pour les procédures introduites devant la cour pendant une année.

Dans cette option, il n'est nullement question de supprimer cet interlocuteur qui connaît parfaitement la jurisprudence de sa cour ainsi que de ses magistrats et qui est le plus à même de soutenir les incidents de procédure et inévitablement les anciens avoués devenus avocats continueraient à exercer ce rôle indispensable pour des avocats éloignés de la cour, mais la suppression du droit proportionnel entraînerait une baisse des coûts d'un procès.

Les arguments recueillis auprès des différents professionnels sont les suivants :

– Il est assez inexact d'affirmer que la présence de l'Avoué limite les recours puisque la décision d'appel n'est qu'exceptionnellement prise après l'avis d'un Avoué. Ce n'est donc pas celui-ci qui se prononce sur l'opportunité du recours. En ce sens, leur rôle régulateur est nettement moindre que celui des Avocats aux Conseils.

–L'institution d'Avocats correspondants aux sièges de la Cour pourrait facilement palier à la suppression des Avoués. S'il n'existe pas de bonne décision sans de bonnes conclusions, elles sont rarement le fait de l'Avoué puisque la proportion des conclusions rédigées par les Avoués avoisines à peine le quart des dossiers.

– De plus, la procédure devant la Cour d'Appel n'est pas spécifiquement différente, c'est la démarche intellectuelle qui change, ce qui se traduit dans la rédaction des conclusions. Or, la rédaction de ces conclusions est déjà assumée pour la grande partie par les Avocats ce qui démontre que ceux-ci sont capables de changer de logique et de stratégie lorsqu'ils interviennent en appel.

• **2ème option** : le maintien de la situation actuelle avec un certain nombre de réformes structurelles pour permettre aux avoués à la cour de jouer pleinement leur rôle : l'ensemble de la profession s'est dite accablée par le poids croissant de l'aide judiciaire qui s'élève en moyenne pour une étude à 30 % du nombre des dossiers et atteint 90 à 99 % en matière d'affaires familiales.

Ce poids entraîne un coût par dossier d'aide judiciaire pour l'avoué à la cour d'environ 2 000 à 2 500 F. Or, l'indemnité d'aide judiciaire que touche de l'état un avoué à la cour est actuellement de 1 750 F, ce qui fait que les professionnels perdent entre 300 et 800 F par dossier. Cette situation est évidemment fortement préjudiciable à une profession qui se retrouve de fait quelque peu fonctionnarisée et qui ne peut plus assurer un service de qualité.

La solution d'un tiers payant obligatoire inciterait le justiciable mécontent d'un jugement ou simplement soucieux d'allonger les délais de procédure pour se soustraire à ses obligations, à mieux considérer la nécessité ou non de faire appel.

De plus, le poids de l'aide judiciaire va considérablement augmenter si la réforme proposée par le Président Jean-Marie Coulon d'instituer la représentation obligatoire devant les chambres sociales de la cour d'appel aboutit.

Enfin, compte tenu du poids en temps, en formation et en formalités que représente la gestion de l'aide judiciaire, il conviendrait d'établir des bureaux d'aide judiciaire non plus seulement devant les tribunaux, mais également devant la cour en ce qui concerne les procédures d'appel.

L'instauration de l'exécution provisoire de droit souhaitée dans le rapport Coulon, est une idée qui parait poser bien plus de problèmes qu'elle n'en résout et il faut noter que les avoués à la cour ne sont absolument pas favorables à cette réforme.

Une autre réforme proposée par le même rapport était celle d'une assignation motivée en appel qui là aussi leur parait délicate du fait de leurs difficultés parfois de récupérer le dossier de première instance de l'avocat qui peine lui-même souvent à récupérer son dossier de plaidoirie, ce qui entraîne souvent des délais supérieurs à quatre mois, date limite des premières conclusions d'appel.

• **une troisième option**, médiane, pourrait consister à supprimer le ministère d'avoué obligatoire devant la cour d'appel de Paris, tout en le conservant pour le reste du territoire national.

COMMISSAIRES AUX COMPTES

Comme on l'a constaté, cette profession hybride entre le droit et le chiffre mais qui se considère totalement comme une profession juridique et judiciaire, relève d'une organisation qui la prive notamment de l'organisation de sa discipline et de ses moyens de développement.

A ce titre, il conviendrait de donner aux compagnies régionales et à la compagnie nationale un véritable pouvoir de sanctions disciplinaires allant jusqu'à la radiation et de cantonner le rôle de la commission qui siège à la chancellerie en matière d'inscription à l'instar du modèle proposé pour les administrateurs judiciaires.

En ce qui concerne le fameux devoir de révélation prévu à l'article 233 de la loi du 24 juillet 1966, il conviendrait pour désengorger les parquets et rendre à ce devoir sa véritable finalité, de redéfinir celui-ci comme ayant pour objet uniquement les faits significatifs et délibérés, conformément aux normes éditées par la compagnie nationale.

De plus, le nombre de délits présents dans la loi du 24 juillet 1966 devrait être sensiblement diminué afin de conserver uniquement ceux pouvant faire l'objet du devoir de révélation défini plus haut.

Une disposition réglementaire pourrait également reprendre à son compte ce que la profession exerce déjà avec un grand sérieux, c'est à dire l'obligation de formation de quarante heures annuelles, sanctionnée le cas échéant en cas d'inexécution.

Un commissaire aux comptes n'a pas à livrer d'information quelle qu'en soit la nature sur injonction du tribunal.

Il pourrait dans le cadre d'une refonte de l'article 228 de la loi du 24 juillet 1966, effectuer des travaux en matière de fonctionnement ou d'organisation de la société dont il a la charge, mais ne pourrait émettre des avis sur l'opportunité d'une convention en raison de sa nécessaire indépendance.

La confidentialité du signal d'alerte doit être absolue.

Le commissaire aux comptes doit communiquer au Président du tribunal de commerce un signal d'alerte seulement à l'issue du conseil d'administration pour les sociétés anonymes et à l'issue d'une assemblée générale extraordinaire pour les SARL.

Article 1er :

Le Conseil régional des commissaires aux comptes siège comme conseil régional de discipline pour statuer sur l'action disciplinaire intentée contre les membres de la compagnie régionale quel que soit le lieu où les faits reprochés ont été commis.

Toute infraction aux lois, règlements et règles professionnelles, toute négligence grave, tout fait contraire à la probité ou à l'honneur commis par un commissaire aux comptes, personne physique ou société, même ne se rattachant pas à l'exercice de la profession, constitue une faute disciplinaire, passible d'une peine disciplinaire.

Article 2 :

Les peines disciplinaires sont :

- l'avertissement,
- la réprimande,
- la suspension à temps pour une durée n'excédant pas cinq ans,
- la radiation de la liste qui ne peut être prononcée que par la commission nationale d'inscription après avis de la commission régionale d'inscription et du conseil régional dont dépend le commissaire aux comptes poursuivi.

Article 3 :

Les décisions de chambres régionales de discipline sont exécutoires après l'expiration des délais d'appel.

L'appel est porté devant la Cour d'appel.

Article 4 :

Les commissaires aux comptes révélent au Procureur de la République les faits délictueux délibérés et significatifs dont ils ont eu connaissance. En dehors de ce seul cas, le commissaire aux comptes est soumis au secret professionnel des professions juridiques et judiciaires. Le Tribunal ne peut lui donner injonction de communiquer des renseigenements confidentiels dont il serait détenteur dans le cadre de ses fonctions.

Article 5 :

Le commissaire aux comptes effectue des travaux en matière de fonctionnement ou d'organisation de la société dont il a la charge et à la demande expresse et écrite de celle-ci. Il ne peut en aucun cas émettre des avis sur l'opportunité d'une convention.

COMMISSAIRES PRISEURS

1 - PROJETS DE REFORMES

1.2 - LA REFORME DES VENTES AUX ENCHERES PUBLIQUES

C'est pour pallier au problème de la concurrence internationale que s'est attachée une commission présidée par M. Léonnet, Conseiller à la Cour de Cassation, sous l'autorité de Monsieur le Ministre de la Justice. Cette initiative était d'autant plus nécessaire que, activée par la société Sotheby's, la commission de Bruxelles était à plusieurs reprises intervenue pour que soient rendues complètement libres en France les ventes publiques d'objets mobiliers d'occasion.

La commission Léonnet a mis au point un projet de loi portant nouvelle réglementation des ventes de meubles aux enchères publiques ainsi qu'un article unique destiné à être inséré dans la loi de finances pour 1997.

Dans ce projet sont nettement distinguées les ventes volontaires de meubles aux enchères publiques et les ventes judiciaires.

Toutes les ventes volontaires devront être effectuées par des sociétés commerciales de la loi de 1966 (y compris des sociétés unipersonnelles). Ces sociétés agiront en tant que mandataires du vendeur. Elles ne pourront acheter ou vendre directement ou indirectement pour leur propre compte les biens proposés.

Ces sociétés devront être agréées par un " Conseil des ventes volontaires de meubles aux enchères publiques ", organisme composé de membres désignés par les ministres de la justice, de l'économie de la culture et du commerce et assisté d'un Commissaire du Gouvernement. Ce Conseil vérifiera les garanties apportés par ces sociétés, l'honorabilité de leurs dirigeants, et les assurances qu'elles auront contractées. Il veillera au respect par ces sociétés des règles régissant leur fonctionnement, et pourra prononcer des sanctions administratives allant jusqu'à l'interdiction d'exercer.

Ces sociétés comporteront nécessairement dans leur sein, au moins comme salarié, une personne titulaire du titre de commissaire priseur ou d'un diplôme reconnu comme équivalent qui sera seule habilitée à procéder aux adjudications.

Le régime des ventes judiciaires restera le régime actuel. Le monopole des commissaires priseurs (qui prendront alors le titre de commissaires priseurs judiciaires) comme ceux des notaires et des huissiers seront confirmés. Ces officiers ministériels pourront participer aux sociétés commerciales chargées des ventes volontaires.

Le projet élaboré par la commission Léonnet comporte également un important volet consacré à l'indemnisation des commissaires priseurs actuellement en exercice. Deux hypothèses sont envisagées, les commissaires priseurs disposant d'un délai de cinq ans pour fixer leur choix. Soit le commissaire priseur décide de se retirer et il sera indemnisé sur la valeur totale de son office (à moins qu'il n'ait trouvé un cessionnaire). Soit le commissaire priseur poursuit son activité, et il sera alors indemnisé pour le seul secteur des ventes volontaires désormais ouvert à la concurrence.

L'indemnité sera calculé sur la moyenne des produits demi-nets de l'office des cinq années 1991 à 1995 multipliée par un coefficient qui pourra évoluer de 3 à 4 en fonction des situations particulières. Une commission nationale fixera les indemnités. Il sera fait face à celles-ci par une taxe perçue sur le produit des ventes, au profit d'un fonds d'indemnisation. Cette loi devrait entrer en vigueur le 1er janvier 1998.

Ce projet, qui a reçu l'accord du Ministre de la justice, est favorablement accueilli par la profession qui voit dans l'indemnisation prévue une possibilité de se restructurer. Il n'en reste pas moins qu'une correction des handicaps fiscaux est aussi impérativement nécessaire pour que le marché français des ventes publiques retrouve la place qu'il mérite et qu'il a eue autrefois.

3.2.2 - PROJET DE DIRECTIVE COMMUNAUTAIRE SUR LE DROIT DE SUITE

Introduit en France en 1920, le droit de suite permet aux créanciers de profiter de l'enchérissement de leurs oeuvres : à chaque vente aux enchères, le vendeur soit actuellement verser 3% du prix de l'adjudication à l'artiste ou à ses héritiers pendant cinquante ans plus les années de guerre.

Conçu originellement pour pallier l'absence de sécurité sociale, le droit de suite a perdu sa vocation. De plus la durée du droit de suite est trop longue à l'heure de la mondialisation où un artiste est reconnu plus rapidement qu'autrefois. D'autre part le droit de suite est perçu par des sociétés d'auteurs dont les frais de gestion représentent jusqu'à 40% des sommes reçues. Enfin il aboutit à éteindre la création, patrimoine de demain, en favorisant l'exode des créateurs.

L'objectif du droit de suite n'est donc pas atteint : en France, six familles se partagent 80% des sommes perçues à ce titre. S'il ne peut néanmoins pas être remis en cause, il doit être harmonisé et réaménagé pour promouvoir la création et le marché européen.

• Sur ce point du droit de suite il existe **quatre propositions** pouvant être reprises par le projet de directive actuellement en discussion à Bruxelles :

– combiner un taux de 1% au delà de 10.000 écus dont bénéficieraient encore les artistes les plus renommés et un taux d e3% pour les oeuvres en dessous de 10.000 écus au bénéfice de l'ensemble des artistes.

– élargir l'assiette du droit de suite grâce à l'harmonisation effective des taux ce qui fixera et attirera les ventes en Europe.

– limiter la durée du droit de suite à 30 ans après le décès de l'auteur.

– appliquer un moratoire du droit de suite ménageant une période de non perception pour relancer le marché de l'art européen.

Les taux ainsi retenus atténueront le différentiel Europe/Etats-Unis tout en permettant de concilier l'exigence sociale avec la protection du patrimoine et le soutien à la création.

• Sur la question du **nouveau statut** plusieurs corrections pourraient être apportées au projet de loi :

– exercice de la discipline par la profession elle-même par le biais des Chambres régionales et appel devant la Cour plutôt que devant le Conseil d'Etat (articles 5, 6 et 7 du projet)

– réforme de l'examen d'accès à la profession qui prenne en compte le juridique, l'industriel, l'artistique et l'histoire.

– maintien d'une tarification légale y compris pour les sociétés commerciales afin de pouvoir contrer la concurrence des sociétés étrangères qui pourront se permettre pendant un temps de proposer des tarifs très bas.

CONSEILS EN PROPRIÉTÉ INDUSTRIELLE

Article 1er :

La chambre de discipline de la compagnie nationale des conseils en propriété industrielle prévue à l'article L422-10 du code de la propriété intellectuelle pour connaître des manquements des conseils en propriété industrielle à leurs obligations, est composée de sept membres tous inscrits sur la liste des conseils en propriété industrielle.

Ils sont élus par l'assemblée générale de la compagnie nationale des conseils en propriété industrielle pour une durée de deux ans.

Article 2 :

Cette chambre de discipline peut être saisie à la suite d'une plainte, par un conseil en propriété industrielle ou par toute autre personne intéressée.

Article 3 :

Les décisions disciplinaires pouvant être prises par la chambre de discipline sont l'avertissement, le blâme, la suspension temporaire d'une durée maximale de trois ans, et la radiation définitive après avis du directeur général de l'institut national de la propriété industrielle.

Article 4 :

La compagnie nationale des conseils en propriété industrielle établit son règlement intérieur qui rentre immédiatement en vigueur.

Les personnes visées à l'article L422-5 ne peuvent donner aucun conseil juridique. Elles sont soumises à la déontologie et à la discipline de la chambre de discipline de la compagnie nationale des conseils en propriété industrielle.

Aucune personne morale ne peut être inscrite sous peine de radiation dans le cadre de l'article L422-5.

Article 5 :

Nul n'est autorisé à donner des conseils en matière de dessins, marques et modèles s'il n'exerce la profession de conseil en propriété industrielle inscrit sur la liste nationale ou s'il n'est avocat.

EXPERTS JUDICIAIRES

La création d'un véritable statut légal de l'expert judiciaire part de trois constats :

D'une part, le titre d'expert judiciaire près la cour d'appel est un titre recherché parfois pour lui-même sans aucune volonté d'être désigné par la suite. Ainsi, dans la cour d'appel d'Aix en Provence, 40 % des personnes inscrites sur la liste assurent à elles seules plus de 90 % des expertises.

D'autre part, il apparaît indispensable, eu égard à l'absence de formation juridique des experts judiciaires, d'organiser sur l'ensemble du territoire comme cela se fait ponctuellement dans certaines cours d'appel, des sessions de formation en lien avec d'autres professionnels juridiques et judiciaires ainsi qu'avec des magistrats.

Enfin, l'instauration d'un statut va de paire avec la mise en place d'une structure nationale avec adhésion obligatoire divisée en compagnie régionale qui serait titulaire du pouvoir disciplinaire sous réserve d'un appel devant la cour et qui émettrait un avis au moment de l'inscription.

Il apparaît toutefois nécessaire de conserver le droit pour les magistrats de désigner mais à titre exceptionnel une personne hautement qualifiée en tant qu'expert bien que non inscrit sur une liste.

Article 1er :

Les experts judiciaires sont des techniciens qui ont retenu l'attention de la cour.

Article 2 :

Ils sont nommés par une commission d'inscription dépendant de la cour d'appel après enquête du procureur de la république et avis obligatoire de la compagnie régionale des experts judiciaires.

Article 3 :

Il est créé une compagnie nationale des experts judiciaires qui regroupe tous les experts judiciaires inscrits sur les listes de la cour d'appel qui élisent un bureau de neuf membres chargés de la représentation de la profession, de l'organisation et de la coordination au niveau national de la formation des experts judiciaires et de la représentation de ceux-ci auprès des pouvoirs publics.

Article 4 :

Il est créé auprès de chaque cour d'appel une compagnie régionale des experts judiciaires qui regroupe tous les experts judiciaires inscrits sur la liste de la cour d'appel qui élisent tous les deux ans un président ainsi qu'un bureau de neuf membres chargés de donner des avis sur les inscriptions et titulaires du pouvoir disciplinaire.

Article 5 :

Le bureau de la compagnie régionale des experts judiciaires siège comme chambre de discipline et peut prononcer les peines disciplinaires suivantes : avertissement, blâme, interdiction temporaire.

Pour le cas où une radiation définitive serait envisagée, la chambre de discipline de la compagnie régionale des experts judiciaires transmettrait cette demande à la commission d'inscription dépendant de la cour d'appel.

Article 6 :

Une formation spécifique en matière juridique est instituée de manière obligatoire pour les experts judiciaires au niveau de la cour.

Article 7 :

Pendant la première année de son inscription, l'expert judiciaire ne pourra qu'assister l'expert désigné. Sa nomination effective et personnelle ne pourra être effectuée qu'à partir de la deuxième année d'inscription.

Article 8 :

Lorsqu'un expert est désigné, il peut, avec l'autorisation du magistrat s'adjoindre un expert dans des matières connexes indispensables à la rédaction de son rapport.

GREFFIERS DES TRIBUNAUX DE COMMERCE

Une des revendications principales de la profession réside dans l'augmentation de leur tarif qui n'a pas été modifié depuis près de dix ans ce qui est un cas unique dans les professions juridiques et judiciaires et qui pèse lourdement sur leurs activités compte tenu notamment de la baisse sensible qu'ils constatent du nombre d'actions judiciaires essentiellement due à l'allongement des procédures.

D'autre part, s'ils constatent effectivement que certains Tribunaux de Commerce ne correspondent plus aux besoins d'une région ou d'un département compte tenu de l'évolution économique ce qui justifierait dans le cadre d'une réforme de la carte judiciaire leur suppression et par conséquent la suppression de leur Greffe. Les Greffiers des Tribunaux de Commerce souhaiteraient qu'en contrepartie de nouveaux Tribunaux de Commerce soient créés dans certains ressorts où l'activité de Tribunaux de Grande Instance statuant en matière commerciale est forte ce qui permettrait de compenser les suppressions par de nouveaux postes.

Article 1er :

Le candidat à la profession de Greffier des Tribunaux de Commerce doit être titulaire d'une maîtrise en droit ou de son équivalence.

Article 2 :

Le Conseil National des Greffiers des Tribunaux de Commerce statue en matière disciplinaire et peut prononcer les peines suivantes :

- avertissements,
- blâmes,
- interdictions temporaires ne pouvant excéder un an. Il peut également prononcer la suspension provisoire.

HUISSIERS DE JUSTICE

L'ensemble des professionnels rencontrés s'est dit favorable à une maîtrise de la discipline par la profession elle-même. Les professionnels relevant du régime d'Alsace-Moselle souhaitent par ailleurs rejoindre le système de patrimonialité en usage sur l'ensemble du territoire.

Néanmoins, et malgré une santé relative, tous soulignent la charge croissante et devenue pour certains insupportable, des audiences qu'ils supportent comme une activité à perte à l'instar de nombreux autres actes qu'ils accomplissent en matière d'aide judiciaire, de récupération de pension alimentaire ou encore de délivrance de citation en matière pénale à la demande du Parquet qui déséquilibre considérablement leur budget.

Article 1er :

Les Chambres Départementales des Huissiers de Justice siègent comme Chambres de Discipline. Elles peuvent prononcer les peines disciplinaires suivantes :

- avertissements,
- blâmes,
- interdictions temporaires.

Lorsque l'interdiction temporaire est envisagée, la Chambre Départementale de Discipline peut transmettre pour décision à la Chambre Régionale qui siège alors comme Chambre de Discipline. Elle peut également prononcer une suspension provisoire.

Article 2 :

Les Chambres Départementales ont compétence en matière de taxation et de vérification des dépens. Le Président de la Chambre Départementale rend une ordonnance exécutoire sous réserve d'appel devant le Premier Président de la Cour.

Article 3 :

La Prescription en matière de responsabilité des Huissiers de Justice est de dix ans.

Article 4 :

Lorsque la Chambre Départementale donne un avis négatif pour la nomination d'un huissier dans un nouvel Office et lorsque cet avis est suivi d'un avis également négatif du Parquet, le Ministre de la Justice Garde des Sceaux ne peut nommer cet huissier à cette Charge.

Article 5 :

Le Président de la Chambre Départementale est compétent pour recevoir requêtes et réclamations de la part de clients, d'huissiers et procède au règlement des litiges à charge d'appel devant le Premier Président de la Cour.

Article 6 :

Lorsqu'un huissier de justice est empêché d'exercer et que son Office est mis sous administration en vertu des articles 20 et suivants de l'ordonnance de 1945, la Chambre Départementale prend à sa charge tout déficit à compter de la nomination des administrateurs provisoires.

JURISTES D'ENTREPRISE

I - LA NECESSITE D'UN NOUVEAU STATUT

On a donc constaté qu'en France les deux professions d'avocat et de juriste d'entreprise, si elles sont indépendantes l'une de l'autre, ont déjà des liens :

• le métier exercé est en partie le même puisque l'article 58 de la loi du 31 décembre 1990 dispose que « *les juristes d'entreprise exerçant leur fonction en exécution d'un contrat de travail au sein d'une entreprise ou d'un groupe d'entreprises peuvent dans l'exercice de ses fonctions et au profit exclusif de l'entreprise qui les emploie ou de toute entreprise du groupe auquel elle appartient, donner des consultations juridiques et rédiger des actes sous seing privé relevant de l'activité desdites entreprises.* »

• la passerelle existe depuis 1971.

• l'avocat peut se faire omettre du barreau et devenir juriste d'entreprise.

Une réforme envisagée aurait pour objectif de renforcer cette évolution qui peut être considérée comme une garantie pour l'entreprise, pour les tiers et pour les avocats en général.

De nombreuses réflexions ont délà été exprimées par les différentes associations représentatives de juristes d'entreprise comme le Cercle Montesquieu, l'Association des Responsables Juridiques d'Entreprise ou l'Association Française des Juristes d'Entreprise.

Récemment encore, le CNPF a fait connaître son accord de principe sur un rapprochement avocats/juristes d'entreprise.

Le Barreau de Paris, pour sa part, a fait des propositions en vue d'un tel rapprochement dans un rapport de M. le Bâtonnier Bernard du Granrut en 1996. Le Bâtonnier Vatier pour sa part a plaidé, lors d'un récent colloque organisé à la Maison de l'avocat le 24 juin dernier, pour une formation commune impliquant l'examen d'avocat afin d'inscrire l'ensemble des professionnels du droit dans un système cohérent de compétence et de déontologie.

Le fait que les juristes exerçant à titre libéral ou en tant que juriste d'entreprise aient la même formation, respectent la même déontologie, aient prêté le même serment, soient soumis à la même discipline, permettrait un dialogue de confiance réciproque qui ne peut être que bénéfique pour la recherche de solutions dans le cadre d'un litige.

Le juriste d'entreprise définit alors comme *« un avocat salarié exerçant au sein d'une entreprise privée des fonctions de responsable des services juridiques d'au moins trois membres, inscrit sur un Tableau spécifique dit « Tableau B » de l'Ordre des avocats où il est employé et soumis à la déontologie de l'Ordre »* pourrait alors se voir doter du statut suivant :

2 - LE STATUT DE L'AVOCAT JURISTE D'ENTREPRISE

Les avocats juristes d'entreprise exerceront leur activité professionnelle de conseil et de rédacteur d'actes dans le cadre des articles 58 et 59 de la loi du 31 décembre 1971.

Ils ne pourront en aucun cas assister ou représenter leur entreprise, postuler et plaider devant les juridictions et les organismes juridictionnels ou disciplinaires de quelque nature que ce soit.

L'avocat juriste d'entreprise serait lié à son entreprise par un contrat de travail contrôlé par le Conseil de l'Ordre mais dont les litiges survenant à l'occasion de son exercice relèveront du conseil des prud'hommes.

Pour toute autre matière, l'avocat juriste d'entreprise sera soumis à la discipline du barreau.

Il participera aux élections et sera éligible au conseil de l'ordre.

Les avocats juristes d'entreprise ne disposeront pas de l'usage d'un compte CARPA.

Ils pourront utiliser leur titre d'avocat en mentionnant leur inscription sur la liste spéciale.

A - LES CONDITIONS D'ACCES

1. L'AVOCAT VOULANT DEVENIR AVOCAT JURISTE D'ENTREPRISE

Les avocats déjà inscrits au tableau d'un Ordre ou sur la liste du stage pourront exercer la profession d'avocat juriste d'entreprise, tout en restant membre du barreau auquel ils appartiennent.

Ils devront à cet effet solliciter du conseil de l'ordre leur inscription sur le Tableau B en produisant une copie de leur contrat de travail ainsi que l'accord écrit de l'employeur pour cette inscription.

2. LE JURISTE D'ENTREPRISE VOULANT DEVENIR AVOCAT

A titre transitoire, la passerelle issue de l'article 98-3 du décret du 27 novembre 1991 serait maintenue pendant une durée d'une année, afin de permettre aux juristes d'entreprise remplissant les critères de huit années au sein d'une même entreprise et à la tête ou dans un service juridique d'au moins trois membres de demander directement leur inscription au tableau B.

A l'expiration de cette période transitoire, seuls les juristes d'entreprise titulaires du CAPA pourront solliciter leur inscription sur la liste spéciale.

B - LE STATUT DES ACTES DU JURISTE D'ENTREPRISE

La correspondance des avocats juristes d'entreprise entre eux ou avec leurs confrères inscrits au barreau sur la liste générale ou avec toute autre profession juridique et judiciaire au sens de la loi sera soumise aux règles de la confidentialité de la correspondance entre avocats.

L'avocat juriste d'entreprise sera soumis au secret professionnel et devra respecter la confidentialité des avis qu'il devra donner en toute indépendance de jugement au profit de son employeur ou de son groupe.

L'ensemble des notes juridiques, des avis, des consultations ainsi que des correspondances couvertes par le secret professionnel seront insaisissables.

Dans un procès civil, commercial ou pénal, l'avocat juriste d'entreprise ne pourra plaider qu'à la condition d'être aux côtés de l'avocat régulièrement constitué dans l'affaire.

L'avocat juriste d'entreprise aura accès aux dossiers d'instruction dans les affaires pénales de son entreprise, sous réserve du respect du secret de l'instruction.

C - LES AVOCATS JURISTES D'ENTREPRISE ET L'ORDRE DES AVOCATS

Les avocats juristes d'entreprise seraient membres de l'ordre des avocats et donc électeurs et éligibles au conseil de l'ordre.

Un siège au moins leur serait réservé au conseil de l'ordre, dès lors que le barreau comprendrait plus de cent membres.

Afin de faciliter un certain regroupement des avocats juristes d'entreprise, ceux-ci devraient pouvoir choisir le barreau auquel ils s'inscriraient dès lors qu'une société du groupe dans lequel ils sont employés a fixé son siège social dans le ressort du tribunal ou de la cour d'appel auquel est rattaché le barreau choisi.

Les avocats juristes d'entreprise verseraient à l'ordre une cotisation n'excédant pas 10 % du plafond mensuel de la sécurité sociale.

Ce système renforcerait la défense de l'entreprise d'une part par la confidentialité des avis du juriste d'entreprise, d'autre part par l'association plus étroite avec l'avocat plaidant et enfin par l'accès au dossier pénal.

De plus, un renforcement notable apparaîtrait dans la compétence et l'image des juristes d'entreprise dans les négociations internationales avec leurs confrères.

Enfin, à une époque ou l'éthique joue un rôle d'image de marque essentiel, l'apparition d'une catégorie spéciale de salariés soumis à une déontologie stricte et à un secret professionnel renforcé serait un atout pour l'entreprise.

MANDATAIRES JUDICIAIRES

- possibilité d'exercer en EURL,

- allongement du stage avec un minimum de cinq ans,

- stabilisation du statut,

- stabilisation du droit des procédures collectives, car lorsqu'on touche aux procédures collectives on touche aux statuts et inversement,

- demande d'avis et de consultation plus régulière par les pouvoirs publics dès lors qu'une nouvelle disposition intéressant la profession est en discussion,

- nécessité d'intégrer la notion de profession spécialisée dans la représentation des créanciers dans le cadre du projet de directive sur la faillite internationale en cours d'élaboration à Bruxelles.

En ce qui concerne la réforme de la discipline les propositions s'inscrivent dans le cadre de celles relatives aux administrateurs judiciaires exposées dans le chapitre les concernant.

NOTAIRES

Le rôle et l'utilité du notariat en cette fin de siècle doivent être immanquablement considérés avec un regard international et plus particulièrement communautaire.

La construction européenne a mis en évidence l'existence de système juridique nationaux héritiers de la tradition romano germanique et dont l'un des traits communs est l'institution du notariat. Même si chaque notariat a ses particularités, il y a entre tous les notariats européens des éléments fondamentaux identiques : délégation de la puissance publique, même concept de l'authentification et de son rôle. Les notariats européens ont ainsi élaboré une charte de déontologie définissant les valeurs communes qui le caractérisent et les unissent et qui précisent les règles applicables aux relations professionnelles entre notaires des différents pays d'Europe.

C'est ainsi également qu'une conférence des notariats de l'Union Européenne a été créée et se préoccupe activement de la manière dont l'acte authentique pourrait devenir un instrument juridique européen tout en conservant sa spécialité d'acte public placée sous l'autorité de la protection d'un Etat membre.

Il y a donc un avenir de la profession notariale qui passe par un avenir de l'authentification au moyen de deux axes complémentaires :

- le premier est la modernisation, non pas du concept et du principe qui sont intangibles, mais des modalités d'application à l'ère du fax, de la signature électronique et d'une évolution galopante des nouvelles technologies,

- le second est l'extension des champs d'application par l'obtention de créneaux nouveaux.

L'authentification notariale, facteur primordial du droit préventif assure donc l'équilibre contractuel et partant un secteur essentiel de la sécurité et de l'harmonie sociale et par suite elle répond à la définition aristotélicienne selon laquelle le droit est un juste rapport : *suum quique tribure*.

Article 1er :

Les Chambres Départementales des notaires siègent comme Chambres de Discipline. Elles peuvent prononcer les peines disciplinaires suivantes :

- avertissements,
- blâmes,
- interdictions temporaires.

Ces peines peuvent être assorties d'amendes civiles versées à la Caisse de garantie.

Lorsque l'interdiction temporaire est envisagée, la Chambre Départementale de Discipline peut transmettre pour décision à la Chambre Régionale qui siège alors comme Chambre de Discipline.

Elle peut également prononcer une suspension provisoire.

Article 2 :

Les cessions de parts de Sociétés civiles prévues à l'article 1861 du Code civil sont faites par acte authentique.

Les actes de cautionnement civil ou commercial seront portés par acte authentique pour les engagements supérieurs à 50.000F.

Article 3 :

Les notaires peuvent établir des actes en plusieurs langues avec l'assistance d'un expert traducteur.

Article 4 :

Les Chambres départementales peuvent agir, à la demande d'une des parties, comme amiable compositeur en cas de conflit grave entre associés d'une même SCP.

Article 5 :

Lorsqu'un associé d'une SCP établie en Alsace-Moselle décède ou quitte la structure, le poste de celui-ci est déclaré vacant dans l'attente d'une nouvelle nomination.

TABLE DES MATIÈRES

CHAPITRE TROISIÈME 101

LES ACTEURS PROFESSIONNELS DU DROIT

CHAPITRE QUATRIÈME 189

COMPTE-RENDUS

D.L. n° 48006 - 2e trimestre 1998